스토리텔링성경 6

스토리텔링 성경

로마서, 고린도 전·후서

스토리텔링 성경

6 로마서, 고린도 전·후서: 바울서신I

2025년 7월 31일 초판 2쇄 발행

지은이 김영진, 강정훈, 천종수
발행처 (유) 성서원
일러스트 김천정
교정·교열 유영일
출판등록 1997년 7월 8일 (제300-1997-79호)
창업일 1972년 2월 1일
주 소 경기도 고양시 덕양구 덕은로 60-12 우) 10541
전 화 (02)765-0011~17
팩 스 (02)743-6811
성서원 홈페이지 www.biblehouse.co.kr
페이스북·E-mail saebut-9106@hanmail.net

ISBN 978-89-360-2757-5 03230

스토리텔링성경 · 신약
6

성경 전 장章을 이야기로 풀어 쓴

스토리텔링 성경

지은이
김영진 강정훈 천종수

로마서, 고린도 전·후서

성서원

차례

로마서

고린도전서

고린도후서

로마서

오직 믿음으로 구원!

의심의 감옥에 갇힌 채
죄의 구렁텅이에서
고통받는 사람들아
여기 믿음의 문이 있네
믿음에서 믿음에 이르고
의인은 믿음으로 살 것이니
이제야 깨달은 사람들아
하나님의 의가 여기 나타나네

믿음으로 구원받은 사람들은
의로운 삶 실천하며 살아가네
빛을 찾아 헤매는 사람들아
여기에 영원한 빛이 있네

영생을 추구하는 사람들아
믿음과 의로움이 무엇인지
어디로부터 어떻게 오는지
복음 안에 해답이 있네

1
믿음으로 살리라

그리스도 예수의 종 나 바울은
복음의 일꾼이며 이방인의 사도
하나님의 부르심을 받은 자로서
로마의 성도들에게 편지를 씁니다

서막

성경은 모두 66권의 책으로 구성된 기독교의 유일무이한 경전이다. 그리스도(메시아) 예수의 탄생을 중심으로 그 이전에 쓰인 성경을 '구약성경'이라 일컫는데, 창세기부터 말라기까지 전체 39권이다. 그 이후에 쓰인 성경을 '신약성경'이라 일컫는데, 마태복음부터 요한계시록까지 전체 27권이다.

모든 성경은 하나님의 감화 감동으로 쓰인 것이므로(딤후 3:16), 본질상 모든 성경의 원저자는 성령님이시다. 성령님은 사람을 통해 성경을 기록하셨는데, 대략 40여 명의 인간 저자들에 의해 주전 1,400년 경부터 주후 100년경까지 1,500년가량의 기간에 걸쳐 성경 66권을 전부 기록하셨다. 성령님은 인간 저자들에게 하나님의 말씀을 기계적으로 기록하도록 한 게 아니라 상호 유기적인 관계를 통해 기록하게 하셨으므로, 각각의 책에는 그 책을 기록한 저자의 성품이나 필체나 재능, 그리고 그 저자만의 고유한 특징들이 나타난다.

성경 66권은 각 책의 내용과 성격에 따라 여러 묶음으로 분류될 수 있다.

[구약성경]

① 율법서(모세오경 5권, 창세기~신명기)
② 역사서(12권, 여호수아~에스더)
③ 시가서(5권, 욥기~아가)
④ 예언서(17권, 이사야~말라기)

[신약성경]

① 복음서(4권, 마태복음~요한복음)
② 행전서(혹은 역사서 1권, 사도행전)
③ 바울서신(13권, 로마서~빌레몬서)
④ 공동서신(혹은 일반서신 8권, 히브리서~유다서)
⑤ 묵시서(혹은 예언서 1권, 요한계시록)

여기서 '바울서신'은 말 그대로 사도 바울이 쓴 편지들을 가리키는데, 일찍이 유대 최고의 랍비인 가말리엘의 문하에서 수준 높은 학문을 터득한 바울은 그 재능을 십분 살려 신약성경 27권 중 무려 절반가량에 해당하는 13권을 기록했다. 로마서, 고린도전서와 후서, 갈라디아서, 에베소서, 빌립보서, 골로새서, 데살로니가전서와 후서, 디모데전서와 후서, 디도서, 그리고 빌레몬서가 바울서신에 해당된다.

공동서신은 '일반서신' 혹은 '교회서신'이라고도 칭한다. 이 서신들은 바울서신처럼 어느 특정한 교회나 개인에게 보내진 것이 아니라, 전체 교회를 위한 내용 곧 모든 교회의 교인들이 두루 돌려가며 읽는 회람용 서신이라는 점에서 그렇게 불렸다. 처음에는 단순히 '바울서신' 이외의 다른 서신들을 가리키는 말로 사용되었지만, 서신들의 특징이 하나같이 "이단을 배격하고, 환난과 핍박 가운데서도 믿음을 굳건히 지켜라!"라는, 모든 교회에 해당되는 공통된 메시지를 담고 있어 전체 교회를 위한 서신 곧 '공동서신'이라 칭하게 되었다.

전체 스토리텔링성경 가운데 본권(제6권, 로마서~고린도후서; 바울서신 Ⅰ)과 다음 권(제7권, 갈라디아서~빌레몬서; 바울서신 Ⅱ)에서 우리가 다루고자 하는 부분은 '바울서신'이다. 바울서신은 신약성경 27권 가운데 사도 바울이 쓴 편지들을 총칭하는 말로, 로마서부터 빌레몬서까지 13통의 편지를 가리킨다. 이 13통의 편지들은 사도 바울이 세 차례의 전도여행을 하던 중에 자신이 직접 개척하거나 혹은 간접적으로 세운 교회들에게, 또한 주님의 일을 함께하는 사랑하는 동역자들에게 보낸 것들이다.

바울이 당시의 교회들에게 보낸 편지들은 모두 9통인데, 그것들은 이러하다. 로마서(로마 교회에 보낸 편지), 고린도전서(고린도 교회에 보낸 첫 번째 편지), 고린도후서(고린도 교회에 보낸 두 번째 편지), 갈라디아서(갈라디아 교회에 보낸 편지), 에베소서(에베소 교회에 보낸 편지), 빌립보서(빌립보 교회에 보낸 편지), 골로새서(골로새 교회에 보낸 편지), 데살로니가전서(데살로니가 교회에 보낸 첫 번째 편지), 데살로니가후서(데살로니가교회에 보낸 두 번째 편지).

교회들에게 편지를 보낼 경우, 대체적으로 바울은 자기 혼자의 이름으로가 아니라 동역자들의 이름을 함께 열거하면서 보냈다. 그래서 편지 서두의 인사말에서 "바울과 실루아노와 디모데는~" 또는 "바울과 형제

각처의 교회들에게 편지를 쓰고 있는 바울(발랭탱 블로냐 작, 16세기)

소스데네는~" 식으로 편지를 시작한다. 이처럼 교회들에게 보낸 바울의 서신들은 교회가 당면하고 있는 여러 문제들을 해결하기 위한 목적이 대부분이다.

바울이 동역자들에게 보낸 편지들은 모두 4통인데, 그것들은 이러하다. 디모데전서(디모데에게 보낸 첫 번째 편지), 디모데후서(디모데에게 보낸 두 번째 편지), 디도서(디도에게 보낸 편지), 빌레몬서(빌레몬에게 보낸 편지).

개인에게 편지를 보낼 경우, "바울은 믿음 안에서 참 아들 된 디모데에게 편지하노니~" 또는 "나 바울은 같은 믿음을 따라 나의 참 아들 된 디도에게 편지하노니~" 식으로 편지를 시작한다. 이처럼 개인에게 써 보낸 서신일 경우에는 그 사람에 대한 위로와 격려와 조언, 또는 무언가 개인적으로 부탁할 일이 있을 경우에 썼다.

또한 바울서신 13권에 대하여, 그 책에서 다루고 있는 내용이나 당시 바울이 처한 상황에 따라 다음과 같이 분류하기도 한다.

① 초기서신(2권): 데살로니가전서, 데살로니가후서
② 교리서신(4권): 로마서, 고린도전서, 고린도후서, 갈라디아서
③ 옥중서신(4권): 에베소서, 빌립보서, 골로새서, 빌레몬서
④ 목회서신(3권): 디모데전서, 디모데후서, 디도서.

'초기서신'은 바울이 가장 초기에 쓴 서신들을 가리키고, '교리서신'은 기독교(그리스도교) 교리에 대하여 집중적으로 다루고 있는 서신들이다. '옥중서신'은 바울이 감옥에 갇힌 상태에서 써 보낸 서신들이고, '목회서신'은 당시 교회를 맡아 목회하고 있던 디모데와 디도에게 목회자로서 지녀야 할 마땅한 자세와 함께, 교회를 올바로 이끌어 나가는 데 필요한 조언과 도움을 주기 위해 써 보낸 서신들이다.

바울서신 13권에 대하여, 바울이 그 편지를 써 보낸 순서 곧 작성의 연대순으로 살펴보면 대략 이러하다. ① 데살로니가전서(51년경) ② 데살로니가후서(51~52년경) ③ 갈라디아서(53~56년경) ④ 고린도전서(55~56년경 초엽) ⑤ 고린도후서(56년경 말엽) ⑥ 로마서(57~58년 초엽) ⑦ 에베소서(62년경 초엽) ⑧ 골로새서(62년경 중엽) ⑨ 빌레몬서(62년경 말엽~63년경) ⑩ 빌립보서(63년경) ⑪ 디모데전서(63~65년경) ⑫ 디도서(64~65년경) ⑬ 디모데후서(67년경).

바울의 서신들은 두 가지 뚜렷한 목적을 가지고 기록되었다.

첫째, 목회적인 목적. 복음 전도자와 교회 지도자의 자격으로서 사도 바울은 자신이 직접 개척했거나 간접적으로 세운 교회에 대하여 뜨거운

고대 세계에 파피루스에 쓰인 편지

애성을 품고, 자신이 앞서 선한 하나님의 말씀을 다시금 설명하고 사세히 가르쳐 온갖 그릇된 교훈과 이단 사설로부터 성도를 온전히 보호하고 또한 교회를 진리 말씀의 터 위에 굳건하게 세우고자 했다.

둘째, 변증적인 목적. 바울의 사도 직분을 공격하고 무너뜨림으로써 바울이 전한 그리스도의 십자가 복음을 무력화시키려는 교회 내부와 외부의 온갖 불순한 세력들에 대하여, 바울은 자신의 사도 직분을 여러 측면에서 변증함으로써 자신이 전하고 가르친 복음의 진정성과 순수성을 입증하고자 했다.

이제 바울이 교회들과 개인들에게 써 보낸 13통의 편지들을 차례차례 살펴보도록 하자. 신약성경에서 바울서신 13권의 배열은 그 편지를 작성한 연대기 순서에 따른 것이 아니라 적절한 편의에 따른 것이다. 그래서 오늘날 우리는 신약성경의 바울서신 13권 중에서 가장 먼저 '로마서'를 만나게 된다.

로마서! 이 말은 곧 '로마 교회의 성도들에게 보내는 편지'란 뜻이다. 사도 바울이 이 편지를 써 보낼 당시(주후 57년 말엽~58년 초엽), 지중해 세계와 서유럽 대부분을 지배하고 있던 로마제국의 수도 로마에는 '로마 교회'가 존재하고 있었다. 알렉산드리아의 저명한 철학자 필로는 바울 당시 로마에 살고 있는 유대인들의 수효를 대략 4만 명으로 추정했다. 이들 유대인들은 주전 63년경 로마의 폼페이우스 군대에 의해 이스라엘에서 포로로 잡혀가 노예로 지내다가 석방된 후 로마에 그대로 정착함으로써 디아스포라(흩어진) 유대인이 된 사람들이다.

이런 로마의 디아스포라 유대인들이 주후 30년경 유대인의 오순절을 맞아 예루살렘에 모여 들었는데(행 2:10), 바로 이때 오순절 성령강림 사건으로 인해 성령 충만을 받은 사도들을 통해, 특히 베드로의 오순절 설교를 통해 예수 그리스도의 복음을 전해 듣고 세례를 받아 신자가 된 자들이 있었다(행 2:37-41). 이처럼 예루살렘에서 신자가 된 이들 로마의 유대인들이 다시 로마로 돌아가 그곳에서 복음을 증거하고 수고한 결과, 로마에 신자들의 공동체 곧 로마 교회가 형성된 것이다.

따라서 로마 교회는 소아시아 지역의 여러 교회들과는 달리 바울이나 베드로, 혹은 다른 사도들에 의해 세워진 교회가 아니고, 예루살렘에서 복음을 듣고 기독교로 개종한 무명의 유대인 신자들에 의해 자체적으로 설립되고 발전된 자생적, 자립적 교회였다.

그러했기에 당시 로마 교회에는 교회를 이끄는 뚜렷한 지도자나 특별한 권위를 지닌 사도적 인물이 없었고 조직화된 구심점도 없었다. 따라서 로마 교회의 구성원으로는 유대인 개종자들과 다양한 이방인 신자들이 섞여 있었는데, 숫자적으로는 이방인 신자들이 더 많았다. 이런 사실은 바울의 문안인사 속에 언급된 인물들이 대부분 로마나 헬라 출신이라는 점에서 확인된다(롬 16장).

바울이 로마 교회의 성도들에게 써 보낸 편지, 곧 로마서는 '바울서신' 13권 중에서 고린도전서, 고린도후서, 갈라디아서와 함께 '4대 교리서신'으로 분류되는데, 그중에서도 단연코 으뜸이다. 바울 신학의 백미이고, 복음의 정수이며, 기독교 사상의 면류관이다. 요컨대, 복음서가 예수님의 삶과 가르침에 대한 전기적인 기록이라면, 로마서는 그것의 신학적인 의의와 사상을 체계적으로 다룬 교리적인 기록이다. 예수 그리스도의 탄생(성육신), 교훈, 십자가 죽음, 부활, 승천 등에 근거하여 기독교의 중심 사상인 구원, 죄, 믿음, 칭의, 화목, 은혜, 성화 등의 주제를 심도 있게 서술한 교리서신인 것이다.

로마서는 단순히 서신이라기보다는 치밀하게 짜인 논문이라고 볼 수 있을 만큼 내용 전개가 아주 체계적이고 대단히 논리적이다. '바울의 복음서'라 칭할 정도로 구원에 이르는 진리의 도(道)가 중점적으로 다뤄진 로마서에는 무엇보다 구약성경이 폭넓게 인용되고 있다. "오직 의인은 믿음으로 말미암아 살리라"(롬 1:17)라는 이신득의(以信得義)의 대주제 하에 바울은 구약성경을 60회 이상 인용하고 있다. 그 까닭은, 구약성경의 말씀과 신약성경의 복음을 십자가 아래서 하나로 연결시켜 줌으로써, 로마 교회를 구성하고 있는 유대인 신자들과 이방인 신자들을 '그리스도 예수 안에서' 하나로 단단히 묶어주기 위함이었다.

"더디오, 나 좀 보세나."

"네, 사도님. 무슨 일이십니까?"

제3차 전도여행(주후 53~58년경) 중이었던 바울은 어느 날 동역자인 더디오에게 특별한 만남을 요청했다. 당시에 그는 소아시아의 중심도시이며 항구도시인 에베소에서의 3년 사역을 마치고, 마케도니아를 거쳐 헬라(고린도)에 이르러 3개월가량 머물고 있던 시기였다(주후 57년 말엽~58년 초엽, 행 20:1-3). 이때는 바울이 로마 교회를 방문하기 대략 4년 전이었다.

여러 날을 이런저런 생각에 몰두하던 바울이 마침내 큰 결심을 하고 자신의 서기 노릇을 하고 있던 동역자 더디오를 가까이 부른 데에는 까닭이 있었다.

“자네도 알다시피, 내가 로마 교회 방문하기를 평소에 얼마나 간절히 원하고 있는지 잘 알지 않는가?”

“네 맞습니다. 사도님은 로마를 방문하고자 간절히 기도하고 계신 걸로 알고 있습니다.”

“주님께서 내게 언제 로마 교회 방문을 허락하실는지 알 수 없는 상태에서 마냥 이대로 손 놓고 있을 수만은 없네. 로마 교회의 성도들에게 편지를 써 보내야겠어. 그런데 자네도 알다시피 내가 눈이 썩 좋지 않아 내 손으로 직접 글 쓰는 게 쉽질 않네. 자네가 대필을 좀 해주게나.”

그랬다. 바울은 눈이 매우 좋지 않았다(갈 4:15). 아마도 다마스쿠스 도상에서 부활의 주님을 만날 때 갑자기 하늘에서 아주 강렬하게 내리비친, 태양보다 더 강했던 그 빛 때문에 일평생 ‘육체의 가시’가 되었던 안질이 생겼을 가능성이 높다(당시에 바울은 눈이 얼마동안 먼 상태로 지내야 했다). 그때 이후로 바울은 글을 쓸 때에는 늘 ‘큰 글자’로 써야 했다(갈 6:11).

“아, 그래요? 저야 큰 영광이죠. 기꺼이 도와드리겠습니다.”

더디오, 그는 육체의 아픔을 지닌 바울을 대신해서 그의 긴 편지를 대필함으로써 바울을 가까이에서 도운 인물이다(롬 16:22). 고대에 편지를 대필하는 일은 쉬운 일이 아니었다. 당시에는 고급 용지나 다양한 필기구가 없었으므로 진흙 파편이나 양피지, 파피루스 등을 사용해서 글을 썼다.

바울이 불러주는 대로 더디오가 글을 옮겨 썼는지, 아니면 바울이 좋지 않은 눈으로 잘 알아보지 못할 정도로 흘려 쓴 것을 깨끗하게 다듬었는지는 자세히 알 수 없다. 하지만 짧은 내용도 아니고 16장에 달하는 긴 내용을 대필하는 과정에는 어려움이 많았을 것이다. 당시에 대필하는 사람들은 밀랍이나 목판에 먼저 기록했다가 나중에 파피루스

나 양피지에 천천히 조심스럽게 옮겨적었기 때문이다.

여하튼 우리는 더디오의 수고를 간과해선 안 된다. 성경에 딱 한 번 문안인사를 할 때 언급되고 있는 더디오는(롬 16:22), 바울이나 다른 사도들처럼 유명하지는 않지만 자신에게 주어진 재능으로 주님의 일을 감당한 사람이다.

주후 1세기 바울시대의 편지 재료 및 도구들

때는 제3차 전도여행 중이던 주후 57년 말엽, 장소는 로마제국 내 아시아도(道)의 고린도시(市). 대략 5년에 걸친 제3차 전도여행(주후 53~58년경)을 마치고, 전도여행 보고 차 예루살렘으로 돌아가는 귀환길에, 고린도에서 세 달 정도 머물고 있던 시기.

이때 바울은 자신의 편지를 대필해 주는 서기 더디오를 곁에 두고, 평소에 방문하기를 그토록 소원했던(그러나 아직껏 한 번도 가보지 못했던) 사랑하는 로마 교회에 보내는 긴 편지를 쓰기 시작한다.

로마 교회의 성도들을 향한 바울의 문안인사 (1:1-7)

그리스도 예수의 종인 나 바울은, 주님의 부르심을 받아 사도가 되었고 하나님의 복음을 전하도록 따로 택하심을 받고 세우심을 받은 사람입니다. 내가 전하는 이 복음은 하나님께서 구약의 선지자들을 통해 성경에 미리 약속하신 것으로서, 하나님의 아들이신 우리 주 예수 그리스도에 관한 소식입니다.

바울이 자신을 '사도'로 소개한 점에 주목하라. 사도(使徒)는 '보냄 받은 자'란 뜻이다. 초대교회 당시에만 존재했던 특별한 직분으로, 예수님을 따르던 수많은 제자들 가운데서 예수님께 직접 선택되어 세상으로 보냄 받은 열두 제자에 국한된다(마 28:18-20).

사도의 자격은 생전의 주님을 보고 가르침을 받은 자로서 부활의 주님을 직접 목격함으로써 예수님의 증인이 될 수 있는 자라야 했다(행 1:21-22). 그래서 예수님의 열두 제자가 '12사도'로 불렸다. 그러나 그중에서 예수님을 배반한 가룟 유다는 사도의 반열에서 탈락되고, 그를 대신하여 '맛디아'가 그 자리를 채웠다(행 1:26).

바울의 경우, 그는 생전에 주님을 따른 자는 아니었지만 다마스쿠스 도상(道上)에서 부활의 주님을 체험하고 예수님에게서 직접 복음 전파의 사명자로 위임되었다는 점에서(행 9:3-6) 12사도 외에 특별히 사도로 인정받았다. 하지만 이 사실을 인정하지 않는 자들은 집요하게 바울의 사도 직분에 의문을 표하며 공격했고, 바울은 자신이 전한 복음의 진정성을 수호하기 위해 강력하게 자신의 사도 직분을 변호했다. 바울의 구술(口述)은 계속되고, 더디오는 바짝 귀를 기울여 그의 말을 듣고 대필한다.

> 여러분, 그분 예수 그리스도는 인간의 몸으로는 다윗의 혈통에서 태어나셨고, 성결의 영 곧 성령으로는 죽은 자들 가운데서 부활하심으로써 능력 있는 하나님의 아들로 인정되신 분입니다. 우리는 그분을 통해 오직 은혜로 사도의 직분을 받았는데, 그 목적은 우리가 그분의 이름을 세상에 널리 전함으로써 모든 나라와 모든 민족의 사람들로 하여금 그분을 믿고 그분께 순종하도록 만들기 위해서입니다.

유대인들은 구약 선지자들의 많은 예언에 따라 장차 이 땅에 오실 메시아(그리스도)는 반드시 다윗의 후손으로 오실 것이라고 굳게 믿고 있었다(삼하 7:16; 막 11:10). 과연 예수님은 그 예언에 따라 다윗의 후손인 요셉의 아들로 이 땅에 성육신하셨다(마 1:1-16).

오늘날 여러분도 수많은 사람들 가운데서 부르심을 받아 지금 예수 그리스도께 속한 사람들이 된 것입니다. 그러므로 나는 하나님의 사랑과 은혜를 받아 '성도'로 부르심을 받은 로마에 사시는 여러분 모두에게, 우리 아버지 하나님과 우리 주 예수 그리스도께서 크신 은혜와 평강을 내려주시기를 빕니다.

바울은 로마 교회의 믿는 자들을 가리켜 '성도(聖徒)'라고 칭했다. 성도는 '(하나님 앞에서) 거룩한 자들'을 가리킨다. 그 사람의 업적과 공로로 거룩한 자가 된 것이 아니라, 예수 그리스도의 십자가 구속사역과 성령의 사역을 통해 죄를 씻고 성결케 되어 이제는 의롭게 되었다고 하나님께서 인정한 자를 가리킨다. 따라서 우리가 '성도'가 된 것은 내 공로가 아니라 전적으로 하나님의 은혜다.

바울이 로마에 방문하기를 간절하게 원함 (1:8-15)

지금 나는 무엇보다도 로마 교회 성도님들 모두에 대해 예수 그리스도를 통해 나의 하나님께 감사를 드립니다. 그것은 여러분의 믿음이 온 세상에 널리 알려졌기 때문입니다. 지금껏 나는 하나님의 아들 예수 그리스도의 복음을 전함으로써 온 마음과 정성을 다해 하나님을 신실하게 섬겨 왔습니다. 또한 내가 여러분을 위해 얼마나 간절하게 기도를 드리는지, 하나님께서 나의 증인이십니다.

로마 교회의 성도들을 향한 바울의 기도는 그의 마음속 깊은 곳에서 진심으로 우러나오는 뜨거운 사랑의 기도였다. 그러했기에 바울은 조금도 망설이지 않고 하나님을 그 일의 증인으로 삼을 수 있었다. 유대인 사회에서 '하나님'을 증인으로 내세운다는 사실은 자신의 생명과 영혼을 내건 진심의 표현이었다.

> 사실, 나는 오래전부터 하나님의 뜻에 의해서 어떻게든지 여러분에게 나아갈 수 있는 길이 열리기를 간절히 기도해 오고 있었습니다. 내가 이처럼 간절히 로마에 가서 여러분을 뵙고 싶어 하는 것은, 여러분께 나의 신령한 은사를 나누어 드려, 여러분을 더욱 굳세게 하기 위해서입니다. 더불어 여러분과 내가 서로의 믿음으로 상호 간에 위로와 격려를 받고자 하기 위해서입니다.

바울이 이 편지를 쓸 때는 그가 로마 교회에 방문하기 대략 4년 전이다. 지금 이 편지를 쓴 때로부터 2년 후쯤에 바울은 자신을 고발한 유대인들에 맞서 로마 시민권자의 자격으로 가이사(로마 황제)에게 상소함으로써 죄수의 몸으로 로마행에 오르게 된다(주후 59년경). 이후 재판을 기다리는 동안 2년 정도 로마 셋집에서 가택 연금된 상태로 있다가 유대인들의 재판 불참으로 연금에서 풀려나, 자유의 몸으로 미침내 로마 교회의 성도들을 만나게 된다(주후 61년경).

바울은 평소에 로마에 꼭 방문하길 원하는 자신의 심정을 간절히 내비친 바 있었다(행 19:21). 하지만 여러 이유로 로마 방문은 생각보다 쉽게 이루어지지 않았다. 이 편지에서 바울은 그런 안타까운 심경을 드러내고 있는데, 로마서 전체를 살펴보면 바울이 로마 방문을 간절히 원한 이유를 알 수 있다.

무엇보다도, 바울 자신이 가진 신령한 은사로 로마 교회의 성도들에게 하나님의 구원계획을 체계적으로 자세히 가르치기를 원했기 때문이었고, 아울러 그런 하나님의 구원계획과 관련하여 로마 교회를 구성하고 있던 유대인들과 이방인 간에 올바른 관계성을 정립시키기를 원했기 때문이었다. 더 나아가, 자신의 손으로 직접 개척하지는 않았지만, 어느 교회 못지않게 애정 깊은 로마 교회의 성도들과 더불어 믿음의 교제를 나누면서, 환난과 핍박의 시기에 상호 간에 위로하고 격려받기를 원했기 때문이었다. 바울의 구술은 이어진다.

> 로마 교회의 형제 여러분, 이 사실을 꼭 알아주시기 바랍니다. 나 바울은 아시아 지역과 마케도니아 지역에서 다른 이방 사람들에게서 거둔 성과를 여러분에게서도 훌륭하게 거둘 수 있기를 바라는 마음으로 지금까지 여러분에게 나아가려고 나름대로 여러 번 계획을 세웠습니다. 하지만 어찌된 일인지 로마행이 번번이 방해를 받았습니다.

바울은 나름대로 전도 계획을 세우고 여러 번 로마행을 추진한 듯하다. 그러나 그런 바울의 계획은 번번이 무산되었다. 피상적으로 볼 때는 이런저런 개인적인 사정이나 여건의 미비 등이 이유일 수 있겠지만, 근본적으로는 성령께서 강력하게 간섭하셨기 때문이다. 성령께서는 바울의 계획과는 다른 계획, 즉 더 적절하고 더 나은 또 다른 계획을 준비하셨기 때문이다. 이러한 사실은 앞선 제2차 전도여행 때(주후 51년경), 성령님의 간섭으로 바울이 아시아에서 복음을 전하지 못하고 마케도니아로 건너간 사실에서도 잘 알 수 있다(행 16:6-10).

> 진실로 말하지만, 나는 헬라인이든 미개인이든 지혜로운 사람이든 어리석은 사람이든, 세상의 누구를 막론하고 모든 사람에게 복음을 전해야 할 빚을 진 사람입니다. 이런 이유로 나는 로마에 살고 있는 여러분에게도 속히 나아가서 우리 주 예수 그리스도의 복음을 전하기를 간절히 원하고 또 원한 것입니다.

복음을 전하는 바울의 전도 정신은 '복음에 빚진 자'라는 자세였다. 그토록 값지고 귀한 구원과 생명의 복음을 먼저 들은 자로서, 아직도 그 복음을 듣지 못한 온 세상의 모든 사람에게 그 복음을 한시라도 빨리 전해야 할 '빚'을 지고 있다고 생각한 것이다. 고대 로마 세계에서의 '빚'은 오늘날보다 훨씬 무겁고 심각한 의미를 지닌다. 빚을 진 자는 곧 죄를 지은 자와 같아서 그 빚을 갚지 못하면 채권자의 노예가 되거나 심지어 목숨까지도 잃었다.

하나님의 구원은 오직 믿음을 통해 이루어짐 (1:16-17)

여러분, 다시금 밝히 말씀드리지만 나는 복음을 조금도 부끄럽게 생각하지 않습니다. 이 복음은 유대인으로부터 헬라인에 이르기까지 모든 믿는 사람들에게 구원을 주시는 하나님의 크신 능력이기 때문입니다. 네, 진실로 그러합니다. 복음에는 하나님의 의로움이 나타나 있기에, 우리는 오직 그 복음을 믿음으로써 마침내 구원과 영생을 얻는 믿음에 이르게 됩니다. 이는 성경에 기록되기를 "의인은 믿음으로 말미암아 살 것이다"(합 2:4)라고 한 것과 같습니다.

십자가 위의 그리스도(루벤스 작)

복음이란 '좋은 소식'이다. 왜 좋은 소식인가? 하나님의 은혜로 하나님의 독생자이신 예수님이 인간의 죗값을 대신 갚아주셨으므로 누구든지 그분을 구주로 믿으면 죄 용서함을 받아 구원과 영생을 얻을 것이기 때문이다(요 3:16). 이는 진실로 기쁜 소식이다! 복음이란 이토록 좋고 기쁜 것이기에 사도 바울은 '빚진 자의 마음으로'

온 세상의 모든 이들에게 이 복음 전하기를 갈망하였다.

인간의 타락과 하나님의 진노 (1:18-32)

우리 하나님께서는 진리를 가로막는 인간들의 모든 불경함과 불의함에 대해 하늘에서 진노하고 계십니다. 그 까닭은, 하나님을 알 만한 것들이 사람들 가운데 분명히 드러나 있기 때문입니다. 그렇습니다. 하나님께서는 자신에 대해 알 만한 것들을 사람들에게 밝히 나타내 보이셨습니다.

'하나님을 알 만한 것들'은 '하나님에 관한 지식들'이란 의미로, 하나님에 대해 알 수 있는 계시가 자연만물 가운데 이미 밝히 드러나 있음을 뜻한다. 이를 '일반 계시'라 하는데, 하나님께서 드러내신바 우주의 오묘함과 광대함, 자연의 아름다움과 치밀함 등을 통해 이방인들도 신적인 존재 곧 하나님이 계신다는 사실을 분명히 깨달을 수 있다는 의미다.

이 세상 만물이 하나님에 의해 창조된 이후로, 하나님의 보이지 않는 성품 곧 하나님의 영원하신 권능과 신성은 그분이 지으신 세상 만물 가운데 분명히 나타나 있습니다. 그러므로 사람들은 세상 만물을 통해 하나님을 충분히 깨닫고 알 수 있습니다. 그러하기에 사람들이 "나는 하나님의 존재를 몰랐다"하고, 변명하거나 핑계를 댈 수 없습니다.

창조된 세상 만물은 그 배후에 그것을 만드신 능력 있는 '누군가'가 있음을 밝히 입증한다. 그러니까 세상 만물은 우연의 산물이 아니고 창조주의 존재를 입증해주는 무수한 증빙 자료인 것이다. 미세한 입자에서부터 광대한 우주의 별자리까지, 그토록 아름답고 정교하며 오묘한 창조물은 그것들을 계획하고 만든 전능한 '디자이너'의 존재를 보여주고 있다. 그분이 바로 '하나님'이신 것이다.

이렇듯 사람들은 세상 만물을 통해 하나님의 존재를 밝히 알 수 있으면서도 그들은 하나님을 찬양하며 영화롭게 하지 않았고 그분께 감사를 드리지 않았습니다. 그러기는커녕 오히려 헛되고 쓸모없는 생각들만 잔뜩 품게 됨으로써 그들의 미련한 마음은 진리의 빛을 잃고 그만 어두워져 버렸습니다.

마음(헬, 카르디아)은 진리를 인식하는 처소다. 그런데 그 처소에 진리의 빛이 아니라 헛되고 쓸모없는 생각들만 잔뜩 자리 잡고 있기에, 불신자들의 마음은 그만 어두워져서 진리를 제대로 분별할 수 없게 되었다. 즉, 하나님이 '만물의 창조주'라는 진리를 인식할 수 없게 된 것이다.

그 결과로, 사람들은 스스로 지혜롭다고 주장하지만 사실은 어리석은 바보가 되어 버렸습니다. 그래서 한번 보십시오. 사람들은 영원히 썩지 않는 하나님의 영광을 조만간 썩어질 사람, 새, 짐승, 기어 다니는 동물 따위의 형상으로 바꾸어 만들어놓고는 그것들 앞에 절하면서 그것들을 숭배하고 있지 않습니까.

진리의 빛을 잃고 어두워진 마음을 품은 자들은 어리석은 바보가 되고 말았다. 그 결과, 한낱 피조물이고 미물에 불과한 새나 짐승이나 기어 다니는 것들을 '형상'으로 만들어놓고, 그것을 '하나님'이라 부르면서, 그것들 앞에 엎드려 절하고 제물을 바치며 섬기는 우상숭배의 행위를 자행하고 있는 것이다.

이 같은 사람들의 어리석은 우상숭배를 보시고 하나님은 크게 진노하셨습니다. 그래서 하나님께서는 사람들이 마음의 정욕에 따라 제멋대로 살도록 더러움에 그냥 내버려두셨는데, 그 결과 사람들은 서로의 몸을 욕되게 했습니다. 참으로 안타까운 노릇입니다. 이렇듯 사람들은 하나님의 진리를 거짓된 것으로 바꾸어 버렸고 거룩한 창조주 대신에 헛된 피조물을 섬기고 숭배했습니다. 하지만 영원토록 찬송을 받으실 분은 오직 창조주 하나님뿐이십니다. 아멘!

하나님께서 사람들을 '그냥 내버려두셨다'라는 말은 사람들이 스스로 선택한 결정에 따라 그 타락한 결과를 맛보도록 하셨다는 뜻이다. 다시 말해 하나님께서 자신의 선한 영향력을 철회함으로써 사람들의 죄가 그들의 삶을 온통 지배하도록 허용하셨다는 뜻이다.

사람들이 참 진리이신 하나님을 떠나 거짓된 우상을 숭배하므로 하나님께서는 사람들이 온갖 마음의 수치스러운 욕망에 따라 살도록 내버려두셨습니다. 그랬더니 심지어는 여자들마저도 하나님께서 정해주신 남자와의 자연스러운 성관계를 외면하고 여자들끼리 부자연스러운 성관계를 일삼는 지경에 이르렀습니다. 물론, 남자들 또한 여자와의 정상적인 성관계를 외면하고 서로 욕정에 불타서 남자가 남자와 더불어 동성끼리 부끄러운 짓을 자행했습니다. 그런 수치스럽고 부끄러운 짓을 자행함으로 인해 사람들은 자신들의 타락한 행위에 대해 스스로 마땅한 징벌을 받았습니다.

여기서 바울은 동성애 곧 남자들끼리의 동성애(Sodomy)와 여자들끼리의 동성애(Lesbianism)를 인간들이 범하는 성적(性的) 타락의 가증스러운 본보기로 삼았다. 바울은 동성애를 '부끄러운 욕심' 곧 통제를 벗어난 악한 욕성으로 보고, 그것을 하나님의 신성한 창조 원리를 거스르는 비정상적인 성욕으로 규정했다.

그렇습니다. 이처럼 사람들이 자신들의 마음에 하나님 모시기를 아주

싫어하므로 하나님께서는 사람들의 그런 타락한 마음을 그대로 내버려두셔서, 그들이 해서는 안 될 못된 짓들과 가증스러운 행위들을 하도록 놓아두셨습니다. 자, 이제 그 결과를 보십시오. 사람들은 온갖 불의와 악행과 탐욕과 악의로 가득 차 있으며, 또한 질투와 살인과 분쟁과 사기와 악독으로 가득 차 버렸습니다. 게다가 그들은 험담을 하고, 중상모략을 일삼으며, 하나님을 미워하고, 건방지게 행동하며, 교만을 부리고, 자랑을 떠벌이며, 악한 일을 꾸미고, 부모에게 대듭니다.

자연이나 양심 등의 일반 계시를 통해, 사람들은 하나님의 존재를 부인하려고 애써도 도무지 부인할 수 없기에 그분의 존재를 인정하지 않을 수 없다. 하지만 불신자들은 자기들의 마음 처소에 하나님을 모시지 않기로 스스로 작심하였다. 즉, 적극적으로 하나님을 반역하는 삶을 살아가기로 고집한 것이다. 마치 옛적 모세 때에 열 번째 재앙이 임할 때까지 이스라엘 백성 내보내기를 강력하게 거부한 이집트 왕의 완악한 마음을 그대로 내버려두셨듯이, 하나님께서는 사람들의 그런 완악한 고집을 그대로 내버려두셨는데, 그 결과는 차마 눈뜨고 볼 수 없는 온갖 죄악이 난무하게 되었다.

뿐입니까. 또 사람들은 분별력이 없고, 신의가 없으며, 인정도 없고, 자비심도 없습니다. 그들은 이런 짓을 행하는 자들은 죽어 마땅하다는 하나님의 공의로운 법도를 잘 알면서도, 죄악의 길에서 돌이키지 않고 그런 짓들을 스스로 계속할 뿐만 아니라 그런 짓들을 행하는 사람들을 잘한다고 부추기기까지 합니다.

바울은 성적 타락 외에도 무려 21가지에 달하는 죄악의 형태를 열거했다. 하나님 없이 사람들이 각자 죄악 된 본성을 좇아 자신의 타락한 마음대로 살아가면 온갖 죄악의 향연이 무질서하고 무자비하게 펼쳐진

로마서의 무대

다. 그야말로 죄악으로 아수라장이 된다. 일찍이 각자가 자신들의 소견대로 살아간 사사시대 말기의 부패상과 타락상이 그 일례다(삿 21:25).

"자네, 대필하느라 고생이 많네. 오늘은 밤이 깊었으니 이만하도록 하고, 내일 또 계속하도록 하세."

"네, 사도님. 그럼, 편히 쉬세요. 전 이만 물러가겠습니다."

고린도의 밤은 깊어갔다. 당시 제3차 전도여행 중에 고린도에 3개월가량 머물며 낮에는 전도사역에 매진하고 밤에는 서기 더디오의 손을 빌어 '로마서'를 집필하고 있던 사도 바울, 고된 하루의 일과를 마무리하고 주님께 감사기도를 드린 후에 이내 깊은 잠에 빠져든다.

2
심판의 척도

겉사람은 유대인이고
몸에 할례받았다 해도
속사람이 유대인이라야 올바르고
성령으로 할례받아야 참됩니다

"더디오, 준비되었는가?"

"네, 사도님. 말씀하십시오. 대필하겠습니다."

"내가 어제 말한 편지의 마지막 부분은 인간의 죄악 된 본성과 그들의 타락상에 대해 말했었지. 그 뒤를 이어 계속하도록 하세."

눈이 썩 좋지 않아 서기 더디오에게 자신의 편지를 대필하도록 한 사도 바울, 낮에는 고린도 시의 광장에 나아가 전도사역에 매진하고 밤에는 더디오를 다시 만나 로마 교회의 성도들에게 보내는 편지를 쓴다. 바울은 눈을 지그시 감은 채 말을 잇는다.

모든 악인에게 임하는 하나님의 공의로운 심판 (2:1-16)

그러므로 다른 사람을 판단하여 정죄하는 사람이여, 그대는 죄가 없다고 변명할 수 없습니다. 다른 사람을 판단하여 정죄하는 그 일로 그대는 자기 스스로를 정죄하는 셈인데, 다른 사람을 판단하여 정죄하는 그대도 결국 그 사람과 똑같은 짓을 행하고 있기 때문입니다. 우리는 하나님의 심판이 참된 진리에 근거하여 온갖 악한 짓을 행하는 사람들에게 공의롭게 내려진다는 사실을 압니다.

모든 사람들에게는 창조 때에 하나님께서 그 마음속에 심어놓으신 '양심'이란 것을 가지고 있다. 이 양심은 죄악에 대해서 그에 상응하는 심판이 뒤따른다는 것을 본능적으로 알게 해주는 도덕적 코드다.

악한 일을 행하는 사람을 판단하여 정죄하면서도 자기 자신도 그런 악한 일을 똑같이 행하는 사람이여, 그대는 정녕 하나님의 심판을 피할 수 있을 줄로 생각합니까? 그렇지 않으면, 선하신 하나님께서 그대를 인도하여 회개의 자리로 이끌고자 하시는데도 그것을 알지 못하고 그분께서 베푸시는 풍성한 인자하심과 용납하심과 오래 참으심을 도리어 멸시하는 것입니까? 이처럼 그대가 회개할 줄 모르는 그대의 완고함과 완악함을 드러내는 그만큼, 그대는 장차 하나님의 공의로운 심판의 날에 그대가 받을 진노를 스스로 쌓아올리고 있는 것입니다.

장차 있을 '하나님의 공의로운 심판의 날'은 모든 사람이 반드시 심판주 되시는 하나님 앞에 서야 할 '최후 심판의 날'을 가리킨다. 그때 악인들은 하나님의 두려운 진노를 받게 될 터인데, 그 진노는 평소에 회개의 자리로 이끄신 하나님의 풍성한 인자하심과 오래 참으심을 우습게 여겨 멸시하고 스스로의 완고함과 완악함으로 차곡차곡 쌓아놓은 온갖 죄악에 대한 심판을 가리킨다.

우리 하나님께서는 각 사람들에게 그들이 행한 대로 갚아주실 것입니다. 인내하며 꾸준히 선한 일을 행함으로써 영광과 존귀와 썩지 않을 것을 추구하는 사람들에게는 영생으로 갚아주시고, 자기 이익만을 추구하면서 진리를 거스르고 불의를 좇는 사람들에게는 진노의 형벌을 내리실 것입니다. 그렇습니다. 악한 일을 행하는 모든 사람에게는 유대인이나 헬라인이나 가릴 것 없이 장차 환난과 고통으로 갚아주실 것이지만, 선한 일을 행하는 모든 사람에게는 유대인이나 헬라인이나 가릴 것 없이 영광과 존귀와 평강으로 갚아주실 것입니다.

바울은 누구든지 선한 일을 행하면 영생을 보장받는다고 말하는 것이 아니라, 하나님을 믿는 '믿음으로' 선한 일을 행할 때라야 영생을 선물로 받는다고 말하고 있다. 편지는 이어진다.

우리 하나님은 유대인이나 헬라인이나 구별 없이 결코 사람을 차별하지 않으십니다. 율법을 모르고 죄를 저지른 사람은 율법과 상관없이 멸망할 것이고, 율법을 알면서도 죄를 저지른 사람은 율법에 따라 심판을 받을 것입니다. 하나님 앞에서는 율법을 보고 듣는 사람이 의로운 사람이 아니라, 오직 율법을 지켜 행하는 사람이 의롭다고 인정을 받습니다.

여기서 '헬라인'은 유대인을 제외한 '모든 이방인'을 가리키는 말이다. 율법을 모르는 이방인들은 자기 마음속에 심겨진 양심의 법에 따라 심판받게 될 것이고, 율법을 알고 있는 유대인들은 율법에 기록된 계명에 따라 심판을 받게 된다.

율법 없는 이방 사람이 본래의 양심에 따라 율법이 명하는 바를 행하면, 그들은 율법을 갖고 있지 않아도 그들 자신의 양심이 스스로에게 율법이 됩니다. 그러므로 그런 사람들은 율법이 그들 자신의 마음에 본질상 새겨져 있다는 것을 보여주며, 그 일에 대해 그들의 양심이 증인이 됩니다. 그래서 어떤 일을 두고, 그들의 마음속에서 그 일이 옳은 일인지 그른 일인지 스스로의 양심에 따라 고발하기도 하고 변호하기도 합니다. 그러다가 마침내 모든 일은 내가 전한 복음대로 하나님께서 그리스도 예수를 통해 사람들의 은밀한 삶을 심판하실 그 날에 전부 그 옳고 그름이 드러나게 될 것입니다.

여기서 바울의 논지는 유대인들은 율법을, 이방인들은 양심을 잘 지켜 구원을 받으라는 권면이 아니다. 유대인들에게는 율법이, 이방인들에게는 양심이 증거가 되어 결국 모두가 하나님의 심판 아래 놓일 수밖에 없다는 가르침이다. 그래서 유대인이나 이방인을 불문하고 모두에게 반드시 '복음'이 필요한 것이다.

유대인과 율법, 유대인과 할례 (2:17-29)

자, 그런데 보십시오. 스스로를 '유대인'이라 부르는 그대는 율법을 의지하면서 하나님을 믿는다고 자랑합니다. 그대 유대인은 자부하기를, 율법에 따라 가르침을 받아왔기 때문에 하나님의 뜻이 무엇인지를 알고, 또 무엇이 지극히 선한 것인지를 분별할 줄 안다고 자랑합니다. 진정 자신이야말로 눈먼 사람들의 길잡이이고 어둠 속에서 헤매는 사람들의 등불이라고 확신합니다. 게다가 자신은 율법을 통해 진리와 지식을 다 알고 있으므로, 어리석은 사람들을 인도하고 어린아이처럼 믿음이 약한 사람들을 가르칠 자격이 있다고 자신합니다.

유대인들의 형식적이고 위선적인 율법주의를 비판하기에 앞서, 바울은 먼저 유대인들의 교만과 착각을 지적하고 있다. 예로부터 유대인들은 스스로 자랑하기를, 이방인들과는 달리 자신들은 하나님께 택함 받은 거룩한 선민이고, 율법을 가졌으며, 하나님의 뜻을 잘 알고, 지극히 선한 것이 무엇인지 잘 분별할 줄 안다고 우쭐거리며 주장했다.

정말로 그렇습니까? 자, 그렇다면 그대 유대인은 왜 다른 사람은 가르치면서 자기 자신은 가르치지 못합니까? 다른 사람에게는 도둑질하지 말라고 설교하면서 왜 자신은 도둑질을 하는 것입니까? 다른 사람에게는 간음하지 말라고 하면서 왜 자신은 간음합니까? 우상이라면 아주 질색하는 그대가 어째서 우상을 모신 신전의 물건을 훔치는 것입니까? 하나님의 율법을 알고 있다고 자랑하면서도 왜 자신은 그 율법을 어겨 하나님을 욕되게 합니까?

유대인들의 외식과 위선이 신랄하게 지적되고 있다. 당시에 랍비들 중에는 유부녀와 간통하는 경우가 종종 있었고, 유대인들 가운데 어떤 이들은 그토록 질색하는 이교도의 신전에 몰래 들어가 값나가는 물건을 훔치는 절도행위를 자행하기도 했다.

그렇기 때문에 "너희 유대인들 때문에 하나님의 이름이 이방 사람들 가운데서 욕을 먹고 있다"(사 52:5)라고 기록한 성경 말씀이 조금도 틀리지 않습니다. 그대 유대인이 율법을 지킨다면 할례를 받은 것이 유익한 가치가 있겠지만, 율법을 지키지 않는다면 그대가 받은 할례는 무익해서 할례를 받지 않은 것과 다를 바 없습니다.

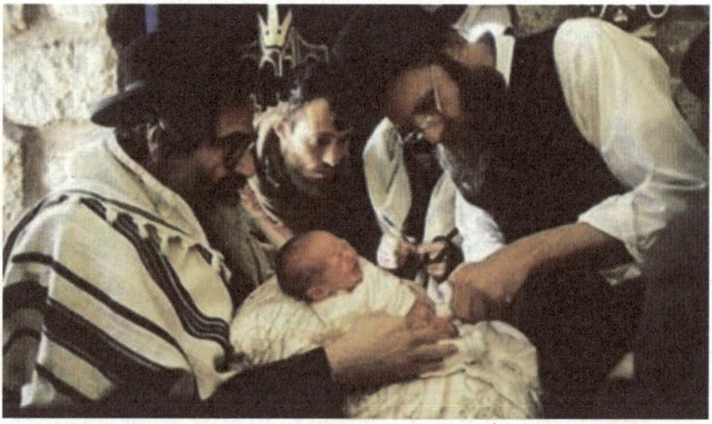

태어난 지 8일 만에 시행하는 오늘날 유대인 남자아기의 할례의식

할례를 받았다는 것은 하나님의 백성답게 하나님의 율법을 잘 지키겠다는 맹세와 같은 것이다. 따라서 할례를 받았으되 율법을 지키지 않는다면, 할례를 받지 않은 것과 마찬가지인 셈이다. 이와는 반대로, 비록 할례는 받지 않았지만 율법을 잘 지키는 이방인이 있다면, 그야말로 할례를 받은 셈이 되고, 그래서 할례를 받고도 율법을 지키지 않는 유대인을 정죄할 수 있게 된다. 그러므로 바울은 할례를 받았느냐, 받지 않았느냐가 중요한 게 아니라 율법을 지키느냐, 지키지 않느냐가 중요하다고 말하고 있는 것이다.

그러므로 설령 할례를 받지 않은 사람이라도 율법이 요구하는 것들을 잘 지킨다면, 그 사람은 할례를 받은 사람과 마찬가지로 여겨지지 않겠습니까? 기록된 율법을 갖고 있고 또 할례를 받았으면서도 그대가 율법을 지키지 않는다면, 육체적으로는 할례를 받지 않았지만 율법을 잘 지킨 사람들이 그대를 정죄하지 않겠습니까?

내 말이 틀린 것입니까? 그러므로 겉모습이 유대인이라고 해서 참된 유대인이라고 할 수 없고, 몸으로 할례를 받았다고 해서 진정한 할례를 받았다고 할 수 없습니다. 오히려 속사람이 유대인이라야 참 유대인이고, 몸으로만이 아니라 마음으로, 그리고 성령으로 할례를 받아야만 참 할례라고 할 것입니다. 이런 참 할례를 받은 사람은 사람에게서가 아니라 하나님께 칭찬을 받을 것입니다.

바울은 먼저 유대인이 의지하고 자랑하는 것들을 열거했다. 하지만 바울은 그런 것들이 한낱 유대인의 허상에 지나지 않는다는 사실을 지적했다. 그들은 율법을 가졌지만 율법을 범했고, 율법을 가르쳤지만 율법대로 살지 않았으며, 할례는 단지 몸에 행했을 뿐 마음에 행하지 않았기 때문이다. 한 마디로 그들은 '껍데기만' 유대인이었다.

3

죄 아래 있는 인간

유대인이 이방인보다 낫습니까
모두가 죄 아래 있을 뿐
세상에는 의인이 하나도 없고
모두 곁길로 빠져 헤맵니다

로마제국의 수도인 로마는 가이사 아구스도(Caesar Augustus, 주전 27~주후 12년) 이래 주후 5세기경에 이르기까지 지중해 세계와 서유럽 대부분을 지배한 정치, 군사, 사회, 문화의 중심지였다.

특히 신약시대의 로마는 그 세력이 절정에 이른 때로, 광대한 식민지 백성들에게 평화와 불멸의 상징이고 봉우리였다. 봉우리에서 물을 부으면 산맥을 따라 아래로 고루고루 흘러 내려가면서 대지를 적시듯이, 로마제국을 복음화하면 자연스레 제국의 통치하에 있는 모든 나라들과 민족들과 도시들에 복음이 전해지게 되어 있었다.

그러했기에 바울은 한시라도 빨리 로마제국의 심장부인 로마를 방문하여 십자가 복음 전하기를 간절히 소원하고 열망했다.

하나님은 진실로 참되고 신실하신 분 (3:1-8)

그러면 유대인이라고 해서 특별히 나은 점은 무엇이겠습니까? 그리고

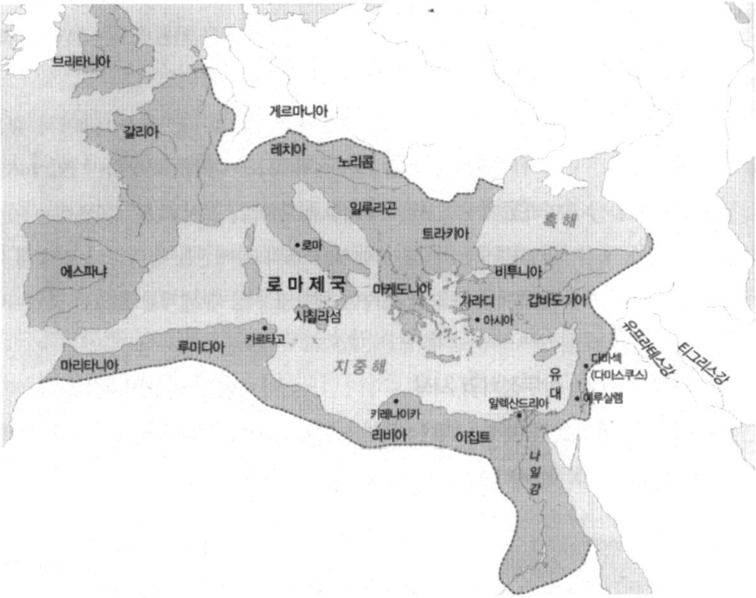

신약시대의 로마제국 판도

할례의 가치는 과연 무엇입니까? 살펴보면, 여러모로 많은 이점과 가치가 있습니다. 무엇보다도 먼저, 유대인은 온 세상 민족들 가운데서 선택되어 하나님의 말씀인 율법을 맡았습니다. 물론 유대인 중에도 믿지 않는 자들이 있긴 합니다. 하지만 믿지 않는 자들이 있다고 해서 유대인을 향한 하나님의 신실하심이 무효가 될 리가 있겠습니까? 절대로 그럴 리 없습니다! 세상 사람들이 모두 거짓말쟁이라 하더라도 오직 하나님만은 참되십니다. 그러기에 성경에 기록되기를 "주께서 하시는 말씀은 언제나 옳고, 주께서 내리시는 심판은 항상 올바릅니다."(시 51:4) 하였습니다.

유대인의 나은 점은 그들이 온 세상 민족들 가운데서 가장 먼저 하나님의 말씀(율법)을 받았다는 것이다. 그래서 그들은 하나님의 뜻과 목적에 대해 먼저 알게 되었다.

그러나 어떤 사람은 말하기를 "하지만 우리의 불의가 하나님의 의로움을 더욱 분명하게 드러내지 않습니까?"라고 합니다. 이럴 때, 우리는 어떻게 말해야 할까요? (내가 세상 사람들의 말을 그대로 옮기자면) "그래서 하나님께서 우리에게 진노를 베푸시는 것은 의롭지 못한 것이다." 라고 말해야 합니까? 절대로 그렇지 않습니다! 만약 그렇다면, 불의하신 하나님께서 어떻게 세상을 공정하게 심판하실 수 있겠습니까!

여기서 사람들의 '불의'(헬, 아디키아)는 하나님의 의로움과 대조되는 인간의 모든 죄악을 가리킨다. 즉, 하나님의 의로움에서 빗나간 인간의 모든 잘못된 생각과 행동을 뜻하는데, 의로우신 하나님께서 보시기에 합당하지 않고 기쁘지 않은 일체의 것을 가리킨다.

또 더러는 이렇게 주장하는 사람들도 있습니다. "나의 거짓말이 하나님의 신실하심을 더욱 크게 드러나게 하고 하나님의 영광을 더욱 크게 할 것이니, 내가 죄인으로 정죄 받을 이유가 어디에 있단 말인가?" 참으로 어처구니없는 궤변입니다. 만일 이런 논리를 편다면, 우리가 악하면 악할수록 하나님께는 결국 더 좋은 일이 된다는 말이 되고 맙니다. 사실, 어떤 사람들은 우리가 그렇게 말하고 다닌다고 비방하기도 합니다. 그런 모함을 하는 사람들은 정죄 받아 마땅합니다.

바울은 당시 유대인들의 궤변을 지적한다. 그들은 불의를 저지르고 거짓말을 하면서도 자신들의 불의와 거짓말이 하나님의 의로움과 참됨을 드러내기 때문에, 자신들은 죄인이 아니라 도리어 하나님께 영광 돌리는 자라고 주장했다. 바울은 이런 궤변을 펼치는 유대인들에게 엄중히 경고하면서 정죄 받아 마땅하다고 꾸짖는다.

사람은 너나 할 것 없이 모두가 죄인 (3:9-20)

그러면 어떻게 결론을 내려야 할까요? 하나님의 말씀을 먼저 맡은 우리 유대인이 이방인보다 더 낫다고 할 수 있을까요? 그렇지 않습니다! 이미 지적한 대로, 유대인이나 이방인이나 모두가 죄 아래에 있습니다. 이런 사실은 일찍이 성경에 기록된 말씀과 똑같습니다. 한번 살펴봅시다.

"의인은 아무도 없다. 단 한 사람도 없다. 깨닫는 사람도 없고, 하나님을 찾는 사람도 없다. 모두가 곁길로 빠져 못된 짓을 저지르는 쓸모없는 사람들뿐이다. 선한 일을 하는 사람은 찾아볼 수 없으니, 단 한 사람도 찾을 수가 없다"(시 14:1-3). "그들의 목구멍은 열린 무덤이고, 그들의 혀는 사람을 속이는 연습만 한다. 그들의 입술에는 독사의 독이 있을 뿐이다"(시 5:9; 140:3). "그들의 입에는 저주와 독설이 가득 찼다" (시 10:7). "그들의 발은 남의 피를 흘리게 하는 일에는 신속하게 움직이니, 그들이 가는 길에는 불행과 파멸뿐이다. 그들은 평화의 길이라고는 도무지 모르는 사람들이다"(사 59:7-8). "그들의 눈에는 하나님을 두려워하는 기색이 조금도 없다"(시 36:1).

바울은 구약성경의 여러 구절을 함께 엮어 인용하였다. '기록된 말씀'이라는 말은, 성경에 기록된 하나님의 말씀 전반을 두루 포함하는 일반적인 표현이다. 바울 시대에는 여러 성경 구절들을 단일 주제 아래에 함께 묶는 일이 보편적이었다. 여기서 바울이 제시하고 있는 단일 주제는, 이 세상에 살고 있는 모든 사람은 단 한 명도 예외 없이 전부 죄 아래 놓여 있다는 것이다.

자, 보십시오. 그러므로 이제 우리는 율법이 무엇을 말하든, 그것은 결국 율법 아래에 있는 모든 사람을 향해 말하고 있는 것임을 알 수 있습니다. 그리하여 모든 사람의 입을 다물게 하여, 온 세상의 모든 사람이 하나님 앞에서 '유죄'라는 사실을 드러내고 있는 것입니다. 그러므로 율법을 잘 지킴으로써 하나님 보시기에 의롭다고 인정을 받을 수 있는 사람은 세상에 아무도 없습니다. 하나님의 율법은 우리로 하여금 스스로가 '죄인'이라는 사실을 깨닫게 해줄 따름입니다.

율법은 우리 속에 숨겨진 죄를 온전히 밖으로 드러내어, 우리가 '죄인'이라는 사실을 밝히 드러내주는 역할을 한다는 것이다. 그렇다. 누구든지 '율법'이란 거울 앞에 자신의 내면을 진솔하게 비추어보면, 이 세상에 죄인 아닌 자는 아무도 없다.

율법이 아니라, 오직 믿음으로써만 의롭게 됨 (3:21-31)

그러나 여러분, 이제 율법과는 상관없이 우리 죄인들이 하나님께 의롭게 받아들여지게 되는 길이 하나님에게서 주어졌습니다. 거기에 대해서 일찍이 율법과 선지자들이 한결같이 증언하고 있습니다. 하나님에게서 비롯된 이 의로움은 예수 그리스도를 믿는 모든 사람들에게 그저 주어지는 것입니다. 거기에는 아무런 차별이 없습니다. 그 까닭은, 모든 사람이 죄를 지어 자신의 힘으로는 하나님의 영광에 이를 수 있는 자가 온 세상에 아무도 없기 때문입니다.

하나님은 '율법과는 상관없이' 죄인 된 인간들을 위해 따로이 한 '의(義)'를 준비해 놓으셨다. 그것은 바로 예수 그리스도를 믿는 믿음으로써 얻을 수 있는, 이른바 이신득의(以信得義)의 '의'였다. 이런 의는 갑자기 마련된 것이 아니고, '율법과 선지자들' 곧 구약성경을 통해 오래전부터 이미 꾸준히 증언되었던 것이다.

보십시오. 그러므로 사람들이 모두 죄인일지라도, 하나님의 독생자이신 그리스도 예수의 십자가 희생의 터전 위에서 마련해놓으신 죄 사함을 통해 오직 하나님의 은혜로 말미암아 모두가 아무런 대가도 치르지 않고 값없이 하나님께 '의롭다!'는 인정을 받을 수 있습니다. 진실로 하나님께서는 그리스도 예수를 이 세상에 보내시어 십자가 위에서 피 흘리게 하심으로써 우리 죄인들을 위한 화목제물로 삼으셨습니다.

인류의 구원을 위해 화목제물이 되신 예수님

그렇다. 예수 그리스도께서 친히 화목제물이 되시어 우리 죄인들의 죄를 대신 짊어지고 십자가 위에서 희생의 피를 흘리셨을 때, 하나님과 죄인 사이에 막힌 담이 허물어지고 비로소 화목이 이루어지게 되었다.

사실, 하나님께서 우리가 이미 자행한 우리의 죄를 벌하지 않으신 채로 오래 참으신 것도 이처럼 자신의 의로움을 널리 드러내시기 위해서였습니다. 이렇게 하나님께서 지금 이 시대에 자신의 의로움을 나타내신 것은, 자신이 진실로 의로우신 분이라는 것과, 또한 자신의 독생자 예수 그리스도를 믿는 사람들은 빈부귀천, 남녀노소, 나라와 민족, 언어와 피부색 등 아무도 차별하지 않고 누구든지 의롭다고 인정해 주신다는 사실을 드러내 보여주기 위해서였습니다.

하나님은 인간의 죄악을 마치 그것이 없는 듯이 무조건 용서하신 것이 아니다. 하나님의 의로움과 공의가 그것을 용납하지 않기 때문이다. 하나님은 자신의 독생자에게 인간의 모든 죄악을 담당시킨 뒤, 십자가에 못 박혀 죽게 하심으로써 자신의 공의로움을 충족시키셨다. 그런 방식으로 하나님께서는 자신의 의로움을 세상에 널리 드러내심으로써, 누구든지 그 사실을 믿고 하나님을 구주로 받아들이면, 아무도 차별하지 않고 "의롭다!" 하고 인정해 주시는 '칭의'의 은총을 내려주셨다.

사실이 이러하므로, 우리 사람들이 의로움에 대해 자랑하며 내세울 것이라고는 아무것도 없습니다. 정말로 전혀, 하나도 없습니다. 왜 그렇습니까? 우리가 하나님께 의롭다고 받아들여지게 되는 것은, 우리가 '행위의 법'에 따라 율법을 잘 지킴으로써 그렇게 된 것이 결코 아니기 때문입니다. 오직 예수 그리스도를 믿는 '믿음의 법'에 따라 그렇게 된 것이기 때문입니다. 진실로 그러합니다! 사람이 하나님께 의롭다고 받아들여지게 되는 것은, 율법을 준수하는 것과는 아무런 상관없이 오직 믿음에 의해 그렇게 된다는 것이 우리의 주장이고 우리가 인정하는 바입니다.

옛적 출애굽 시대에 이집트 땅의 모든 초태생을 멸하는 죽음의 천사는 이스라엘 집의 문설주와 인방에 발라진 '유월절 어린양의 피'를 보면 그 집을 뛰어 넘어갔다. 마찬가지로 오늘날 사람들이 하나님께 의롭다고 인정받는 단 하나의 기준은 인간의 어떤 공로나 철저한 율법 준수 등이 아니다. 오직 대속의 죽임을 당하신 '예수 그리스도의 십자가 보혈'을 믿느냐 하는 믿음이 기준이다. 율법과는 아무런 상관없이, 오직 그 믿음의 법에 따라 칭의(稱義)의 은총이 주어진다. 그러므로 그 칭의에 대하여 사람은 자신의 의로움을 자랑해선 결코 안 되고, 오로지 하나님의 은혜에 감사해야 한다.

여러분, 오해하지 마십시오. 하나님께서는 오직 유대인만의 하나님이 아닙니다. 그분이 이방인들에게는 하나님이 아닌 걸까요? 아뇨, 그렇지 않습니다. 그분은 이방인들에게도 역시 하나님이십니다. 진실로 온 세상에 하나님은 오직 한 분만이 존재하기 때문입니다.

예수 그리스도의 피로 말미암는 하나님의 칭의의 은총은 유대인뿐만 아니라 이방인에게도 아무런 차별 없이 보편적으로 주어지는 것임을 보여준다. 하나님은 오직 한 분으로서, 온 세상의 모든 민족을 한 혈통으로 지으셨기 때문이다(행 17:26). 이처럼 주후 1세기의 바울 시대에, 하나님의 칭의와 구원에 관하여 유대인과 이방인 간에 아무런 차별이 없다는 사상은 예로부터 뼛속 깊이 선민사상에 길들여진 유대인들에게는 경천동지할 사상이었다.

그러므로 하나님께서는 할례를 받은 사람들도 '그 믿음을 보시고' 의롭다고 인정해 주시고, 할례를 받지 않은 사람들도 똑같이 '그 믿음을 보시고' 의롭다고 인정해 주시는 것입니다. 그러면 이런 궁금증이 생길 것입니다. 그렇다면, 그러한 믿음에 의해 율법은 아무것도 아닌 것이 되어버리는 게 아닌가? 아뇨, 절대로 그렇지 않습니다! 오히려 믿음은 율법을 더욱 굳건하게 세워줍니다.

본질상 죄인 된 우리는 율법대로 살아가지 못하고, 율법으로는 고작 '죄를 깨닫게 되는 것'이 전부다. 이런 맥락에서 바울은 나중에 율법의 본래적 기능에 대해 이렇게 말했다. "율법은 우리 죄인들을 예수 그리스도께로 인도하는 초등교사입니다. 그래서 율법은 우리로 하여금 오직 믿음으로 말미암아 의롭다 함을 얻도록 이끄는 역할을 합니다"(갈 3:24).

4

아브라함의 믿음

아브라함은 하나님을 믿음으로써
자신의 의로움을 인정받습니다
일한 삯을 받으면 은혜 아니고
공로 없이 받아야만 은혜입니다

우리 조상 아브라함은 믿음으로 의롭다 함을 받았음 (4:1-12)

그렇다면 육신에 따라 우리의 조상 된 아브라함은 무엇을 깨달았다고 할 수 있을까요? 사실, 우리 조상 아브라함이 자신의 행위로 말미암아 하나님께 의롭다고 받아들여지게 되었다면, 그에게는 자랑할 거리가 있었다고 말할 수 있겠지요. 그러나 아브라함은 하나님 앞에서 자랑할 것이 아무것도 없습니다. 왜 그럴까요? 성경을 봅시다. 성경은 여기에 대해 뭐라고 말합니까? "아브라함이 하나님을 믿었으므로, 그 믿음으로 인해 하나님께서 그를 의롭다고 인정해 주셨다."라고 적혀 있습니다.

아브라함이 하나님 앞에 의롭다 함을 받은 것은 그의 행위를 통해서가 아니었다. 믿음으로써 하나님의 약속을 받아들였을 때, 하나님께 의롭다 함을 받았다(창 15:6). 더욱 놀라운 것은, 하나님께 의롭다 함을 받은 그때는 아브라함이 할례를 받기 이전이었다는 것이다.

자, 생각해 보십시오. 만일 어떤 사람이 일을 하면 그에 따른 품삯은 당연한 것이지 결코 은혜로 주어지는 것이 아닙니다. 하지만 아무 일을 하지 않아 공로가 하나도 없어도, 경건치 않은 자를 의롭다고 하시는 그분 하나님을 믿는 사람에게는 그의 그런 믿음이 하나님 앞에 의롭다고 인정을 받게 됩니다. 그래서 자신의 행위와는 아무 상관 없이 하나님께 의롭다고 받아들여지게 되는 사람은 참으로 은혜를 입은 복된 사람입니다. 그런 복됨에 대해서 일찍이 다윗은 이렇게 시를 읊었습니다. "죄를 지었지만, 하나님께 용서함 받고 그 죄가 덮여진 사람은 얼마나 복 받은 것인가! 주께서 그 죄를 묻지 않으시고, 죄 없다고 인정해 주는 사람은 얼마나 복 받은 것인가!"(시 32:1-2)

사도 바울은 어떤 행위에 따른 공로 때문이 아니라 오직 믿음에 따른 하나님의 은혜로 말미암아 의롭다고 인정받은 인물로 이번에는 '다윗'을 예로 들고 있다. 바울이 다윗을 끌어들여 그의 말을 인용한 까닭은, 유대인 법정에서는 최소한 두 명 이상의 증인이 있어야만 말하는 자의 증언이 효력을 발휘하기 때문이다(신 17:6; 마 18:16).

그렇다면 이런 복은 할례를 받은 사람에게만 주어지는 것입니까, 아니면 할례를 받지 않은 사람에게도 주어지는 것입니까? 우리는 우리 조상 아브라함이 그의 믿음으로 말미암아 하나님께 의롭다고 인정받았다는 사실을 이미 언급한 바 있습니다. 그러면 아브라함이 그렇게 의롭다고 인정받을 때의 상황은 어떠했습니까? 그가 할례를 받은 후였습니까, 아니면 그 이전이었습니까? 그렇습니다. 할례를 받은 후가 아니라, 할례를 받기 이전이었습니다!

아브라함이 하나님께 '의롭다 함'(칭의)을 받은 때는 주전 2082년경이었다(창 15:6). 그리고 그가 할례를 받은 때는 그로부터 15년 후쯤인 주전 2067년경이었다(창 17:24). 따라서 율법주의자들의 주장처럼, 할례가 칭의의 조건이나 방법이 결코 아니었다. 아브라함은 할례로써가 아니라 '오직 믿음으로써' 하나님께 의롭다 함 곧 '칭의'를 받은 것이다.

진실로 그러합니다. 아브라함이 할례를 받은 때는 하나님께서 그의 믿음을 보시고 그를 의롭다고 칭하시며 그에게 복을 내리시겠다고 약속하신 때보다 훨씬 뒤의 일이었습니다. 아브라함의 할례 의식은 다만 그 믿음을 확증하는 표시였을 뿐입니다. 이처럼 아브라함은 할례를 받지 않은 상태에서 하나님을 믿는 모든 사람들의 조상, 곧 믿음의 조상이 되었는데, 그것은 할례를 받지 않은 이방 사람들도 하나님께 의롭다고 받아들여질 수 있다는 것을 알게 하기 위함이었습니다.

아브라함이 자신의 몸에 할례를 시행할 때의 나이는 99세였다(창 17:24). 그리고 의롭다 함을 받은 때는 84세가량이었을 때다(창 15:6). 이로써 할례가 칭의의 조건이 아님을 분명히 알 수 있다.

물론, 아브라함은 할례를 받은 우리 유대인들의 조상이기도 합니다. 다시 말해 아브라함은 할례를 받은 사람들뿐만 아니라 할례를 받지 않았더라도 우리 조상 아브라함이 할례를 받기 전에 지녔던 믿음의 발자취를 본받아 그 믿음의 길을 따르는 모든 사람들의 조상이기도 합니다.

바로 이 같은 사실에 근거하여 아브라함은 '믿음의 조상'이라 일컬어지고 있다. 육적인 혈통에 제한되는 '유대인들의 조상'에 그치는 것이 아니라, 모든 믿는 자들에게 영적인 '믿음의 조상'인 것이다.

하나님의 약속은 '오직 믿음'에 근거하고 있음 (4:13-25)

일찍이 하나님께서 아브라함과 그의 자손에게 온 땅을 주시겠다고

할례를 받지 않았을 때인데도 오직 믿음으로 '의롭다 함'을 받은 아브라함

하신 약속은, 아브라함이 율법을 잘 지켰기 때문이 아니라 아브라함의 믿음이 하나님께 '의'로 받아들여졌기 때문입니다. 만일 율법을 잘 지키는 사람들이 온 땅의 상속자가 된다면, 믿음은 아무런 가치가 없고 하나님의 약속 또한 쓸모없게 됩니다. 율법은 하나님의 진노를 불러오기 십상입니다. 율법이 없는 곳에는 율법을 어기는 일도 없을 것입니다.

달리 말하면, 율법이 있는 곳에는 율법을 어기는 일도 있다는 말이다. 이는 율법의 기능 및 목적을 단적으로 드러낸 말이다. 하나님께서 사람들에게 율법을 주신 것은 율법으로써 그들을 의롭게 만들기 위해서가 아니라, 율법을 통해 단지 그들의 죄를 깨닫게 하기 위해서였다.

이런 까닭에, 우리가 상속자가 된다는 하나님의 약속은 율법이 아니라 오직 믿음에 근거한 것입니다. 그것은 아브라함의 모든 자손들, 곧 율법에 속한 자들뿐만 아니라 아브라함의 믿음에 속한 자들에게까지도 은혜로 말미암아 보장된 약속입니다. 그렇습니다. 아브라함은 유대인이든 이방인이든 우리 모두의 믿음의 조상입니다. 이는 성경에 하나님께서 말씀하시기를 "내가 너를 많은 민족의 조상으로 세웠다"(창 17:5)라고 하신 것과 같습니다. 이처럼 하나님께서 보시기에도 아브라함은 우리의 조상입니다. 실로 아브라함은 죽은 자에게 생명을 주시고, 없는 것도 있는 것처럼 불러내시는 그런 하나님의 약속을 굳게 믿었습니다.

아브라함이 하나님의 약속을 굳게 믿어 '믿음의 조상'이 된 만큼, 그의 상속자가 되는 일도 '오직 믿음을 통해서만' 가능한데, 그것이야말로 모든 믿는 자들에게 허락하신 하나님의 크신 은혜인 것이다.

진실로 그러합니다. 우리 믿음의 조상 아브라함은 후사를 가질 모든 소망이 사라진 것처럼 보였을 때에도 소망을 갖고 하나님의 약속을 끝까지 믿었습니다. 그리하여 "너의 자손이 하늘의 뭇별처럼 많아질 것이다"(창 15:5)라는 하나님의 그 약속대로, 마침내 아브라함은 후사를 얻어 오늘날 많은 민족의 조상이 되었습니다.

아브라함이 복과 후사에 관한 약속을 받은 때는 그의 나이 75세 되던 해였다(창 12:4). 하지만 그때로부터 25년이 흘러 100세가 다 되도록 아내 사라를 통한 후사(상속자)는 생기지 않았다. 그럴지라도 아브라함은 하나님의 약속을 끝까지 믿었고, 마침내 모든 소망이 끊어진 것처럼 보이던 100세의 나이에 '그 믿음으로' 후사를 얻었다(주전 2066년, 창 21:1-5). 그리고 그 후사인 이삭을 통해 오늘날 온 민족의 조상이 될 수 있었다. 바울은 이런 사실을 편지로 쓴다.

성경을 보십시오. 당시 아브라함은 백 살이 거의 다 되어 자기 몸이 죽은 자처럼 노쇠해졌고, 그의 아내 사라의 태 또한 기능이 다해 죽은 것이나 마찬가지였습니다. 그런 사실을 잘 알면서도, 후사를 주시겠다는 하나님의 약속을 믿는 아브라함의 믿음은 조금도 연약해지지 않았습니다. 그렇습니다. 우리 조상 아브라함은 하나님의 약속을 굳게 믿고 조금도 의심하지 않았습니다. 도리어 그의 믿음이 날로 더욱 굳건해져서 하나님께 영광을 돌리기까지 했습니다. 진실로 하나님께서 어떤 약속도 능히 이루어주실 것임을 아브라함은 믿어 의심치 않았습니다.

아브라함과 사라의 나이 차이는 거의 열 살이다(창 17:17). 그러니까 아브라함이 100살 되던 해에 그의 아내의 나이는 90세로 이미 폐경이 되어, 여자로서 출산을 위한 태(자궁)의 기능은 죽어 있었다. 이런 상황에서도 아브라함은 후사에 관한 하나님의 약속을 믿었다.

바로 이 같은 아브라함의 믿음 때문에, 하나님께서는 그를 '의롭다'고 인정하셨던 것입니다. 그런데 "하나님께서 아브라함을 의롭다고 인정하셨다"라는 말은, 단지 옛적 아브라함에게만 해당되는 것이 아닙니다. 그것은 오늘날 우리에게도 똑같이 해당되는 일입니다. 즉, 하나님께서 우리 주 예수 그리스도를 죽은 자들 가운데서 다시 살리셨다는 사실을 믿는 오늘날의 우리에게도 똑같이 해당되는 일입니다. 맞습니다. 예수께서는 우리의 죄 때문에 십자가에 못 박혀 죽임을 당하셨으며, 또한 우리를 하나님 앞에서 의롭게 하시려고 죽은 자들 가운데서 사흘 만에 다시 살아나셨습니다.

성경에 기록된 대로, 아브라함은 율법의 조상이 아니라 '믿음의 조상'이다. 그러므로 하나님의 독생자이신 예수 그리스도의 십자가 대속의 사역을 믿는 자들은 율법, 할례, 나라, 민족, 혈통 등에 상관없이 '믿음 안에서, 믿음을 통해' 아브라함의 후손인 것이다.

5

그리스도를 통한 화해

아담으로 죄가 세상에 들어오고
죽음의 지배를 받게 됩니다
아담은 장차 오실 분의 모형
예수 그리스도의 모형입니다

오직 예수 그리스도를 통해서만 하나님과 화목할 수 있음 (5:1-11)

그러므로 우리 모두는 '오직 믿음으로' 하나님께 의롭다고 인정받아, 우리 주 예수 그리스도를 통해 하나님과 더불어 평화를 누리게 되었습니다. 또한 우리 모두는 예수 그리스도를 믿음으로써 지금 우리가 서 있는 이 영광스러운 은혜의 자리로 나아올 수 있었습니다. 그래서 이제 우리는 하나님의 크신 영광에 참여할 참 소망을 품고 기뻐하고 있습니다.

의롭다고 인정받는 것은 '의롭게 된 것'을 의미한다. 아담의 타락 이후로 본질상 죄인 된 인간은 스스로의 힘으로는 절대로 의롭게 될 수 없었다. 주도권은 하나님께 있었다. 하나님은 우리의 칭의(稱義)를 위해 우리가 치러야 할 죗값을 독생자 예수에게서 대신 받기로 작정하시고, 우리의 죄 짐을 그에게 지우셨다.

본래 죄 없으신 예수님은 아버지 하나님의 뜻에 온전히 따르기로 하셨고 십자가에 죽기까지 복종하셨다. 마침내 예수님은 하나님의 의가 요구하는 모든 것을 십자가 희생의 피로 충족시키셨고, 이로써 하나님은 우리 죄인들을 의롭게 만들기 위한 완벽한 조치를 취해 놓으셨다.

이제 공은 인간에게 넘겨졌다. 남은 것은, 죄인 된 우리가 십자가 위에서 본 하나님의 은혜를 오직 믿음으로 받아들이는 것뿐이다.

하나님의 은혜로 의롭다 함을 받은 우리는 이제 환난 가운데서도 도리어 기뻐합니다. 우리가 겪는 환난은 인내를 낳고, 그 인내는 우리의 성품을 연단시켜 주며, 그렇게 연단된 성품은 마침내 참된 소망을 이루는 줄 우리가 알기 때문입니다. 우리가 품는 소망은 참된 소망이므로 우리를 절대로 낙심시키지 않습니다. 왜냐하면 우리 각자에게 주신 성령을 통하여 하나님께서는 자신의 사랑을 우리 마음속에 가득 부어주셨기 때문입니다.

우리가 환난을 겪을 때마다 하나님께서 그런 우리를 통해 하시려는 바에 초점을 맞추게 되면 도리어 환난이 유익한 것이 되고, 그 환난은 인내를 낳고, 그런 인내는 연단으로 이어져 마침내 뜻하는바 참 소망을 이룰 수 있게 된다.

여러분도 익히 아시다시피, 우리가 아직 아무런 힘이 없는 연약한 그때에 예수 그리스도께서는 불경건한 우리 죄인들을 위해 십자가에 못 박혀 죽으셨습니다. 생각해 보십시오. 의로운 사람을 위해 자기 목숨을 바치는 사람도 거의 없거니와, 선한 사람을 위해 자기 목숨을 바치는 사람도 아주 드뭅니다. 하지만 하나님의 독생자이신 예수 그리스도께서는 우리가 아직 '죄인'으로 있었을 때 우리를 위해 목숨을 바쳤습니다. 정녕 놀랍지 않습니까! 하나님께서는 우리 죄인들을 위한 자신의 크시고도 무조건적인 사랑을 이런 식으로 보여주셨습니다.

하나님이 우리를 구원하기 위해 독생자 예수를 십자가에 내어주신 때는 우리가 아직 연약할 때, 아직 경건하지 않을 때, 아직 죄인 되었을 때, 아직 하나님과 원수 되었을 때였다. 이런 때에 우리를 사랑하심으로써 하나님은 크시고도 무조건적인 아가페 사랑을 보여주셨다.

이처럼 예수 그리스도께서 십자가 위에서 흘리신 피로 인하여 이제 우리가 하나님께 의롭다고 인정받았으니, 우리가 예수 그리스도를 통하여 하나님의 진노를 받지 않고 구원과 영생을 받을 것이라는 사실은 더 말할 나위도 없습니다. 우리가 죄인으로서 하나님과 원수 되었을 때에도 그 아들 예수 그리스도의 십자가 죽음으로 인하여 하나님과 화목하게 되었으니, 이미 화목이 이루어진 지금에야 예수 그리스도의 부활로 인하여 구원과 영생을 받게 될 것은 더욱 확실합니다. 이러하므로 우리가 어찌 우리 주 예수 그리스도로 인하여 하나님 안에서 기뻐하지 않을 수 있겠습니까! 꼭 기억하십시오. 죄인 된 우리가 하나님과 화목할 수 있게 된 것은 '오직 우리 주 예수 그리스도의 십자가 보혈'로 인해서입니다.

화목하다는 것은 적대감을 제거하고 가깝게 지낸다는 뜻이다. 예수의 피로써 우리의 죗값이 청산되었으므로 하나님과 우리 사이의 적대감은 사라졌다. 이제 우리는 하나님과 가깝게 지낼 수 있게 되었다.

아담의 불순종은 죽음을, 예수 그리스도의 순종은 구원을! (5:12-21)

본래 한 사람을 통하여 죄가 세상에 들어왔습니다. 그리고 그 죄를 통하여 죽음이 세상에 들어왔고, 그 결과로 죽음이 모든 사람들에게 이르게 되었습니다. 그 까닭은, 모든 사람이 죄를 지었기 때문입니다. 율법이 세상에 주어지기 전에도 세상에는 여전히 죄가 있었지만, 율법이 없을 그때에는 죄가 죄로 여겨지지 않았습니다. 그럼에도 불구하고 죄를 지은 아담 시대로부터 율법이 주어진 모세 시대에 이르기까지,

아담과 똑같은 죄를 짓지 않는 사람들도 죽음의 지배를 받았습니다. 그들에게도 죽음이 왕 노릇 한 것입니다. 말하자면, 인류의 첫 사람 아담은 장차 오실 분이신 예수 그리스도의 모형이었습니다.

바울은 '대표의 원리'를 들어 죄와 구원을 논한다. 아담 한 사람의 범죄로 인해 세상에 죄가 들어왔는데, 이 아담은 아직 태어나지도 않은 (즉 '그의 허리에 있었던', 히 7:5) 모든 인류의 대표 신분으로 죄를 범했기 때문에, 그의 범죄는 그의 혈통을 좇아 태어나는 모든 인류의 범죄인 셈이다. 이런 대표의 원리로, 또 다른 아담 곧 제2의 아담 되시는 '예수 그리스도'로 말미암아 모든 인류가 구원에 이르는 길이 활짝 열린 것이다.

하지만 하나님께서 예수 그리스도를 통해 우리에게 주시는 선물은 옛적 아담이 죄를 지었을 때와 똑같지 않습니다. 왜냐하면 비록 한 사람 아담이 지은 죄로 인해 많은 이들이 죽었지만, 하나님께서 우리에게 베푸신 은혜 곧 한 사람 예수 그리스도로 말미암는 은혜의 선물은 그보다 훨씬 많은 사람들에게 풍성하게 차고 넘쳤기 때문입니다.

한 사람 '아담'의 범죄로 말미암은 하나님의 진노보다 다른 한 사람 '예수 그리스도'로 말미암는 하나님의 은혜가 훨씬 크고 풍성하다. 그러하기에, 하나님은 본질상 진노의 하나님, 심판의 하나님이 아니라, 사랑의 하나님, 자비의 하나님이시다.

또한 하나님의 크신 은혜는 한 사람 아담이 지은 죄가 가져온 결과와도 똑같지 않습니다. 비록 한 사람 아담이 지은 죄로 인해 그의 후손 된 모든 사람이 '죄인'이라는 판결을 받게 되었지만, 하나님께서 예수 그리스도를 통해 우리에게 거저 주신 크신 은혜의 선물로 말미암아, 그보다

한 사람 아담으로 말미암아 죄가 세상에 들어오다

훨씬 많은 죄인들이 무죄 판결을 받아 의롭다고 인정받았기 때문입니다. 한 사람 아담이 죄를 범함으로써 그 한 사람으로 인해 죽음이 사람들에게 왕 노릇하게 되었다면, 하나님의 크신 은혜와 칭의의 선물을 풍성하게 받은 모든 사람들은 한 분 예수 그리스도로 말미암아 참된 생명 안에서 영원토록 왕 노릇 하게 될 것이라는 사실이 더 더욱 확실합니다.

하나님께서 베푸신 은혜의 결과는 아담이 지은 죄의 결과를 훨씬 능가한다는 말이다. '우리에게 베푸신 하나님의 은혜'는 '예수 그리스도의 십자가 죽음'을 가리킨다. 그것은, 하나님께서 아담의 범죄로 인해 본질상 죄 아래 놓여 영영 죽게 된 모든 인류를 그 구렁텅이에서 구원하기 위해 특별히 제공하신 놀라운 선물이며 풍성한 은혜였다.

결국 한 사람이 죄를 범한 결과로 모든 사람들이 정죄를 받았듯이, 이제는 한 사람의 의로운 행위로 말미암아 모든 사람들이 하나님께 의롭다고 인정받아서 참 생명을 얻게 되었습니다. 다시 말해, 한 사람 아담의 불순종으로 인해 많은 사람들이 죄인으로 판정받았듯이, 한 사람 예수 그리스도의 순종으로 인해 더욱더 많은 사람들이 하나님께 의인으로 판정받을 것입니다.

바울은 아담의 불순종과 예수 그리스도의 순종을 예리하게 대조하고 있다. 아담의 불순종이 그의 육적 후손 된 사람에게 죄와 죽음을 가져다주었듯이, 예수 그리스도의 순종이 그의 영적 후손 된 자 곧 '예수 그리스도를 믿는 모든 자'에게 구원과 영생을 가져다주었다고 강조한다.

사실, 모세 시대에 율법이 세상에 더해짐으로써 그 율법으로 인해 죄가 더욱 더해졌습니다. 하지만 죄가 많아진 그만큼, 하나님의 은혜 또한 더욱더 흘러넘치게 되었습니다. 그래서 죄가 죽음을 통하여 사람들에게 왕 노릇 한 것과 같이, 하나님의 은혜 역시 그 의로움을 통하여 사람들에게 왕 노릇 하여 마침내 우리로 하여금 우리 주 예수 그리스도로 말미암아 하나님의 은혜로 주어지는 구원과 영생에 이르게 하려는 것입니다.

율법으로 인해 죄가 아무리 더해지고 계속 쌓일지라도, 그런 곳에도 예수 그리스도로 말미암아 주어지는 하나님의 은혜는 그보다 더욱 풍성하여 흘러넘치기 때문에, 결국 믿는 자 모두를 구원과 영생의 자리로 이끄신다. "그리스도는 우리를 있는 그대로 받아주시지만, 우리는 있는 그대로 계속 남아있을 수 없다"(월터 트로비쉬). 하나님의 은혜로 구원과 영생을 받았기에, 믿는 자들은 그 은혜 안에서 계속 자라가야 한다.

6

죄와 생명

그리스도와 새 생명 안에서
함께 죽고 함께 부활합니다
십자가에 못 박힌 죄의 몸이
함께 살아날 것을 믿습니다

앞의 5장의 말미에서, 사도 바울은 율법이 주어진 곳에 죄가 더욱 드러나고, 사람들의 죄가 더한 곳에 하나님의 은혜 역시 그보다 더욱 더해진다고 썼다. 이런 맥락에서 그의 말은 이어진다.

성도는 그리스도 예수와 연합되어 함께 죽고 함께 산다 (6:1-14)

그러면 여러분, 이제 우리가 어떻게 말해야 합니까? 하나님의 은혜가 우리에게 더욱 더해질 수 있도록, 우리가 계속해서 죄를 더욱 지어야 하는 것입니까? 아니죠, 절대로 그래선 안 됩니다! 하나님의 은혜로 의롭다고 인정받은 우리는 이후로 죄에 대해선 이미 죽은 상태인데, 어떻게 우리가 죄 가운데서 그대로 살 수 있단 말입니까! 우리 모두는 세례를 받아 그리스도 예수와 연합하여 하나가 되었습니다. 그러하기에 그리스도 예수의 죽음과도 연합하여 역시 하나가 되었습니다. 여러분은 이것을 알지 못합니까?

성도란 세례를 통하여 그리스도 예수와 인격적인 연합의 관계 속으로 들어간 사람들이다. 물론, 여기서 세례는 물로써 받는 '물세례'가 아니라, 성령으로써 받는 '성령 세례' 곧 '불세례'를 가리킨다.

그러므로 여러분, 우리는 세례를 받음으로써 그리스도 예수와 연합하여 그분과 함께 장사된 것입니다. 그것은, 그리스도 예수께서 하나님 아버지의 영광으로 말미암아 죽은 자들 가운데서 다시 살아나신 것처럼, 우리 또한 죽음을 이기고 새 생명 가운데서 살게 하려는 것입니다. 이처럼 우리가 그리스도 예수와 연합하여 그분과 하나가 됨으로써 그리스도 예수께서 십자가에 못 박혀 죽으실 때에 우리도 함께 죽은 사람이 되었다면, 부활에 있어서도 같은 원리가 적용되어 우리 또한 부활하신 그분과 하나가 되어 죽음을 이기고 새 생명으로 부활할 것임이 분명합니다.

영적 세례 곧 '불세례'를 통해 예수와 하나로 연합된 성도는 그분의 죽음과 부활에 똑같이 참여하여, '죄'에 대하여 죽고 '의'에 대하여 부활하게 된다. 그리하여 마침내 새 생명 곧 영생을 얻을 수 있다. 바울은 그런 연합의 원리를 계속해서 말한다.

우리의 옛 사람이 그리스도 예수와 함께 십자가에 못 박혀 죽은 것은, 죄에 얽매인 우리의 몸을 또한 십자가에 못 박아 죽임으로써 이후로는 더 이상 죄의 노예가 되지 않게 하려는 것임을 우리는 압니다. 죽은 사람은 이미 죄의 세력으로부터 해방된 것이기 때문입니다. 그렇지 않습니까? 우리가 그리스도 예수와 함께 죽었다면, 그리스도 예수께서 부활하셨듯이 우리 또한 그분과 함께 죽음을 이기고 다시 살아날 것임을 분명히 믿습니다.

그러므로 믿는 자들은 자신의 옛 사람을 그리스도 예수와 함께 십자가에 못 박은 자들이고, 또 그리스도 예수의 부활과 더불어 새 사람으로 함께 부활한 자들이다.

우리 옛 사람이 예수와 함께 십자가에 못 박히다

우리가 알기로, 그리스도 예수께서 죽음을 이기고 다시 살아나셨으므로, 다시는 죽음에 얽매여 죽지 않으실 뿐만 아니라 더는 죽음이 그분을 지배할 수 없습니다. 그리스도 예수께서 십자가에 죽으신 것은 죄에 대하여 단번에 죽으신 것이고, 그리스도 예수께서 다시 사신 것은 하나님으로 말미암아 영원히 사시는 것입니다. 여러분도 이와 같이 이후로는 죄에 대해서는 죽은 자로 여기시고, 하나님께 대해서는 그리스도 예수 안에서 산 자로 여기십시오.

예수 그리스도의 십자가 공로로 죄가 우리를 지배하는 권세를 발휘하지 못하게 된다는 뜻이다. 예수 그리스도를 믿는 자들은 더 이상 '죄의 종'이 아닌 것이다. 죄의 종이 아닌 만큼, 죄에게 굴복할 필요가 없다.

그럴지라도 오늘날 죄는 여전히 우리 곁에 있고, 경건한 신자들조차 죄 지을 가능성이 항상 있다. 죄는 우리의 주인인 양 결코 포기하지 않고 여전히 우리를 찾아와 유혹하고 협박한다. 그러나 우리는 그리스도 예수의 십자가 공로로 능히 죄를 물리칠 수 있다. 그 결과, 죄에 대한 우리의 죽음은 영적인 차원에만 머물지 않고 실제적인 현실이 될 수 있다.

그러므로 여러분, 여러분은 삼가 죄가 여러분의 죽을 육신을 지배하지 못하게 해서, 여러분이 육신의 정욕에 굴복하는 일이 없도록 하십시오. 여러분은 육신의 한 부분이라도 죄에 내맡겨 죄의 도구가 되게 해선 안 됩니다. 도리어 죽음을 이기고 죽은 자들 가운데서 살아난 사람들답게 여러분 자신을 하나님께 온전히 바쳐야 합니다. 그래서 하나님께서 여러분들 몸의 모든 부분을 의의 도구로 사용할 수 있게 하십시오. 명심하십시오! 이후로는 죄가 다시는 여러분의 주인이 될 수 없습니다. 이제 여러분은 율법 아래 있는 것이 아니라 은혜 아래 있기 때문입니다.

율법은 하나님의 기준을 보여주지만, 그 기쥬에 이를 수 있는 영적인 힘을 제공해 주지 못한다. 반면에 은혜는 우리의 죄를 모두 말소시키고, 우리로 하여금 깨끗한 경력으로 새 출발을 하게 만든다. 하나님과 올바른 관계를 맺게 만들어, 거룩한 삶을 살아가는 데 필요한 힘을 하나님께 얻도록 이끌어준다. 이처럼 믿음 안에서 우리에게 주어진 하나님의 은혜는 죄를 극복하게 함으로써 죄로부터 자유를 누리게 한다. 따라서 하나님의 은혜 아래 있는 자들은 더는 죄의 종노릇을 하지 않게 된다.

우리는 죄의 종에서 해방되어 의의 종이 되었다 (6:15-23)

그러면 어찌해야 하겠습니까? 우리가 율법 아래 있지 않고 은혜 아래 있기 때문에 죄를 지어도 상관없는 것입니까? 아뇨, 절대로 그렇지 않습니다. 만일 여러분이 자신을 누군가에게 맡김으로써 그 사람의 종이 되어 그를 섬기면, 여러분은 여러분이 섬기는 그 사람의 종이 되는 것입니다. 이처럼 여러분은 자신을 죄에 맡김으로써 죄의 종이 되어 죽음에 이르거나, 아니면 자신을 하나님께 맡김으로써 순종의 종이 되어 영생을 가져다주는 의로움에 이르게 됩니다.

'종이 된다는 것'은 주인에게 매여 복종한다는 뜻이다. 모든 사람은 누군가의 종이다. 누가 자신을 주관하느냐에 따라 그의 종이 된다. 죄가 우리의 주인이 되면 우리는 영영 죽는다. 죄는 우리를 사망으로 이끌고 가기 때문이다. 그러나 하나님이 우리의 주인이 되면 우리는 산다. 하나님은 우리를 영생으로 인도하기 때문이다.

나는 하나님께 감사할 일이 있습니다. 그것은, 여러분이 이전에는 죄의 종으로 살아왔지만, 이제는 여러분이 진심으로 하나님의 말씀에 따르는 순종의 종이 되었다는 사실입니다. 그렇습니다. 이제 여러분은 죄의 종에서 해방되어 하나님께 순종하는 의의 종이 되었습니다. 참으로 감사한 일이 아닐 수 없습니다.

사탄에게 순종하면 '죄의 종'이 되고, 하나님께 순종하면 '의의 종'이 된다. 성도들은 이전에는 사탄에게 얽매인 죄의 종이었지만, 이제는 그리스도의 피로 해방되어 하나님께 순종하는 의의 종이 된 자들이다. 바울은 이런 사실을 편지로 써 내려간다.

여러분의 육신이 연약하므로, 나는 이 진리를 사람의 방식대로 쉽게 풀어 설명하고 있습니다. 여러분이 이제껏 여러분의 몸을 더럽고 사악한 것들에 내맡겨 죄의 종으로 살아왔던 것처럼, 이후로는 여러분의 몸을 의의 종으로 드려 하나님의 거룩함에 이르도록 하십시오. 여러분이 죄의 종으로 살아갈 때는 의로움 따위에는 아무런 관심도 없었습니다. 그런데 그런 삶의 결과가 어떠했습니까? 지금은 그런 삶이 부끄럽지 않습니까? 그렇습니다. 그런 생활은 여러분을 결국 죽음에 이르게 할 뿐입니다.

이제 여러분은 죄의 종에서 해방되어 하나님의 종이 되었습니다. 그래서 거룩한 열매를 맺는 성도의 삶을 살아가고 있습니다. 그리고 그런 거룩한 삶은 여러분을 마침내 영생에 이르게 할 것입니다. 잊지 마십시오! 죄의 대가는 오직 죽음뿐입니다. 그러나 하나님께서 우리에게 거저 주시는 선물이 있으니, 그것은 우리 주 예수 그리스도 안에 있는 영생입니다.

죄의 종이 되어 죄가 이끄는 대로 살아가는 삶의 마지막은 죽음(영원한 사망)뿐이고, 하나님께 순종하는 의의 종이 되어 살아감으로써 거룩한 열매를 맺는 삶의 마지막은 영생(영원한 생명)이다. 어느 종착역에 다다를 것인가는 전적으로 누구의 종이 되느냐에 달렸다. 죄(사탄)의 종이 되느냐, 아니면 하나님의 종이 되느냐?

7

율법과 죄

아내가 남편 있을 때만 매여 있고
남편 죽으면 풀리듯 율법도 그러합니다
우리도 사는 동안 율법 지배를 받고
죽으면 율법에서 풀려나는 것입니다

율법을 결혼 관계로 비유하다 (7:1-6)

로마에 살고 계시는 형제 여러분, 여러분이 율법을 잘 알고 있으니 말씀드립니다만, 여러분은 살아 있는 사람들에게만 율법이 그 구속력을 갖고 있다는 사실을 알고 계십니까? 예를 들어 봅시다. 결혼에 관한 율법에 의하면, 남편 있는 여인은 남편이 살아 있는 동안에는 남편에게 매인바 되어 지내야 합니다. 그러나 남편이 죽으면, 그녀는 더 이상 법적인 이유로 남편에게 얽매일 필요가 없습니다. 남편이 버젓이 살아 있는데도 다른 남자와 결혼한 여인은 간통죄를 짓는 것이지만, 남편이 죽은 상태에서는 그 법에서 풀려나게 되는 것이므로 다른 남자와 결혼을 하더라도 간통죄가 성립되지 않아 음녀라고 불리지 않습니다.

여기서 '남편 있는 여인'은 문자적으로 '남편 아래 있는 여인'이란 뜻이다. 이는 당시 결혼한 여인들의 지위와 신분을 보여주는데, 고대 사회에서 결혼한 여인은 오직 남편이 죽거나 남편에게서 이혼증서를 받아 쫓겨나는 경우에만 비로소 그 영향력 아래에서 벗어날 수 있었다. 결혼한 여자는 남편에게 이혼을 제안하거나 남편을 쫓아낼 수 없었고, 이런 시대적 상황에서, 바울은 율법을 '남편'에 비유하고 있다.

이와 마찬가지입니다. 여러분 역시 십자가에 못 박혀 죽으신 그리스도의 몸을 통해 이제는 율법에 대해 죽은 자들이 되었습니다. 그래서 여러분은 율법의 얽매임에서 벗어나 이제부터는 죽은 자들 가운데서 살아나신 분, 곧 예수 그리스도께 속한 사람이 되었습니다. 그렇게 된 것은, 하나님께서 우리로 하여금 예수 그리스도 안에서 하나님의 영광을 위한 거룩한 열매를 맺게 하기 위함입니다.

율법은 우리가 살아 있는 동안에 우리를 주관한다. 그러나 우리가 죽으면, 율법은 더 이상 우리를 주관하지 못한다. 우리가 죽는 방법은 그리스도와 연합하는 것이다. 그리스도께서 십자가에 못 박혔을 때, 우리도 함께 죽은 것이다. 그 결과, 우리는 율법에서 완전히 벗어나게 되었다.

이전에 우리 모두는 죄 많은 육신의 지배를 받았습니다. 그런 때에는, 율법으로 말미암아 생겨나는 죄의 정욕이 우리 몸의 지체 안에서 작용하여 결국 죽음에 이르는 사망의 열매를 맺었습니다. 그러나 지금은 다릅니다. 우리를 옭아매고 있던 율법에 대하여 우리가 죽었으므로 그 율법에서 완전히 해방되었습니다. 그래서 이제부터 우리는 문자로 기록된 율법에 따르는 낡은 방식으로서가 아니라, 성령의 새로운 방식에 따라 하나님을 섬길 수 있게 되었습니다.

죄의 본성을 지닌 사람에게 "하지 말라!"고 금하는 율법은 도리어 죄를 짓고 싶은 정욕을 불러일으켜 죄를 짓게 함으로써 결국 영원한 사망으로 이끈다. 그러나 그리스도와 함께 십자가에 못 박혀 죽은 자들은 두루마리 책에 기록된 율법의 문자에서 해방되어 마음에 새겨진 성령의 새로운 법에 따라 살아가게 됨으로써 하나님을 올바로 섬길 수 있게 되고, 그 결과 거룩한 삶의 열매를 맺어 영원한 생명을 얻게 된다.

내 속에서 마음의 법과 죄의 법이 맞서 싸우고 있다 (7:7-25)

그렇다면 이제 우리가 무엇이라고 말해야 하겠습니까? 율법이 죄입니까? 아뇨, 그건 그렇지 않습니다! 만일 율법이 없었더라면, 나는 죄가 무엇인지 알 수 없었을 것입니다. 만일 율법이 "탐내지 말라" 하고 말하지 않았더라면, 나는 탐욕이 무엇인지 알지 못했을 것이기 때문입니다. 그렇지만 죄가 이 율법의 계명을 통해 기회를 틈타 내 안에 온갖 종류의 탐욕을 일으켰습니다. 그러하기에 정녕 율법이 없으면 죄 또한 있을 수 없습니다.

율법은 죄를 죄로 깨닫게 하지만, 또한 죄를 짓고 싶은 욕구를 자아낸다. "하지 말라"고 하면 더욱 하고 싶고 "하라"고 하면 더욱 하기 싫은 게 타락한 인간의 죄악 된 심성이다. 그리하여 율법은 우리 인간의 타락한 본성을 자극하여 죄악으로 쏠리게 하고, 결국엔 죄를 짓게 만든다. 그것이 바로 율법으로는 구원에 이를 수 없는 율법의 한계다.

사랑하는 형제 여러분, 전에는 율법을 알지 못해 내가 살아 있었지만, 율법의 계명들을 알고부터는 내가 죽고 죄가 살아났습니다. 나를 생명으로 이끌어야 할 그 율법의 계명들이 실제로는 나를 사망으로 이끈다는 것을 깨달았습니다. 그 까닭은, 죄가 율법의 계명들을 통해 기회를 틈타 나를 기만하여 속이고, 또 그 계명들로 나를 죽게 만들었기 때문입니다.

회심 전, 율법의 참 요구를 몰랐을 때 바울은 율법을 잘 지키면 생명(구원)에 이를 수 있다고 자부했다. 그러나 율법의 실상을 알게 되었을 때 스스로의 노력과 공로로는 결코 생명에 이를 수 없음을 절감했다.

본래 율법은 거룩하고 계명은 의로우며 선하도다

사실, 율법 자체는 거룩한 것이고 계명들 역시 거룩하고 의로우며 선한 것입니다. 그렇다면 그런 거룩한 율법과 선한 계명들이 나에게 사망을 가져다주었단 말입니까? 결코 그렇지 않습니다! 단지 죄가 죄로 드러나도록 하기 위해, 죄가 그 거룩한 율법과 선한 계명들을 방편 삼아 내게 사망을 가져왔을 뿐입니다. 이와 같이 율법의 계명들을 통하여 죄가 철저히 죄답게 될 수 있었습니다.

하나님께서 사람들에게 주신 율법은 본질상 거룩하고 의로우며 선한 것이다. 그래서 율법의 수많은 계명은 죄를 샅샅이 드러낸다. 사탄이 그 틈을 노려 사람을 '죄의 종'으로 삼아 왕 노릇 하며 지배했던 것이다.

우리는 율법이 신령한 것인 줄 잘 알고 있습니다. 하지만 나는 육신에 매인 몸이 되어, 죄에게 나를 종으로 팔아 버렸습니다. 그러므로 나는 내가 무엇을 행하고 있는지 도무지 알지 못하겠습니다. 내가 행하기를 원하는 선을 행하지 않고, 도리어 내가 행하고 싶지 않은 악을 행하기 때문입니다. 만일 내가 행하고 싶지 않은 악을 행해서는 안 된다고 생각한다면, 그것은 곧 율법이 선한 것이라는 사실에 내가 동의하고 있는 것입니다. 사실이 그러하다면, 그와 같은 악을 행하는 자는 내 자신이 아니라 내 속에 살고 있는 '죄'라고 할 수 있습니다.

바울은 지금 악을 행하고 있는 것은 '자신'이 아니고 '죄'라고 핑계대는 것이 아니며, 또한 악행에 대한 책임을 회피하려는 것도 아니다. 그는 단지 죄가 사람에 대하여 갖는 막강한 영향력을 강조했을 뿐이다. 신자들이 죄의 종에서 자유롭게 되었지만, 죄의 영향력에서 완전히 자유롭지 못한 긴장감을 묘사한 것이다. 그런 절망감과 한탄은 계속 이어진다.

아, 나는 내 속에, 곧 죄 많은 나의 육신 안에 선한 것이 없다는 것을 알고 있습니다. 선한 일을 행하려는 소원은 내게 있지만, 실제로는 내가 선한 일을 행하지 않기 때문입니다. 나 자신을 살펴보면, (내 속에 떡 하니 자리 잡고 있는 죄의 본성으로 인해) 나는 내가 원하는 선한 일은 행하지 않고 도리어 내가 원하지 않는 악한 일을 행하고 있습니다. 만일 내가 행하고 싶어 하지 않는 일을 내가 행하고 있다면, 그것을 행하는 자는 더 이상 내가 아니라 내 속에 살고 있는 '죄'입니다.

여기서 '육신'(헬, 사르크스)은 중생한 이후에도 여전히 사람의 심령 속에 잔존하고 있는바 '죄의 본성'을 지닌 타락하고 부패한 육신을 가리킨다. 이는 물리적, 생물학적 육체(헬, 소마)와는 다른 것이다.

그러므로 나는 여기에서 한 가지 법칙을 깨달았습니다. 그것은 곧 선한 일을 행하기 소원하는 나에게 항상 악이 함께 있다는 사실입니다. 진실로 그러합니다. 내 마음에 있는 속사람은 하나님의 법을 기뻐합니다. 그러나 내 육신의 다른 부분들 속에는 다른 법 곧 죄의 법이 자리 잡고 있어서, 내 마음의 법과 맞서 싸워 나를 죄의 법의 포로로 만들어버리는 것을 봅니다. (실상이 이러하니, 내가 얼마나 괴롭겠습니까?)

아담의 후손으로 태어난 사람은 비록 회심하고 거듭났다고 해도 죄의 영향력에서 자유롭지 못하다. 그래서 거듭난 속사람은 하나님의 법(혹은 마음의 법)을 기뻐하고 그 법에 따라 살고 싶어 하지만, 그렇지 못한 겉사람은 다른 법, 곧 죄의 법을 기뻐하고 그에 따라 살고 싶어 한다. 이 두 법이 삶 가운데서 항상 치열하게 싸우는데, 사람은 스스로의 의지나 노력으로는 죄악으로 잡아끄는 죄의 법을 결코 이길 수 없다. 그러면 어떻게 다른 법 곧 죄의 법을 이길 수 있을까?

아아, 나는 참으로 곤고하고 비참한 사람입니다! 누가 이처럼 죽고 망할 이 육신의 몸에서 나를 구해낼 수 있겠습니까? 오직 우리 주 예수 그리스도뿐입니다. 오직 그분을 통하여 나를 곤고한 처지에서 구해주신 하나님께 감사드릴 뿐입니다. 그러므로 지금 나의 현실을 살펴보면, 내가 마음으로는 하나님의 법을 따르고 있지만, 육신으로는 아직도 죄의 법을 따르고 있습니다.

오호라, 나는 곤고한 사람이로다

이 세상에서 육신의 몸으로 살아가는 한, 우리는 죄로부터 자유롭지 못하다. 사탄의 권세가 지배하는 이 세상에서 죄는 끊임없이 우리를 유혹하고 괴롭힐 것이다. 하지만 죄 많은 세상에서 승리하며 살아갈 수 있는 비결이 있다. 예수 그리스도를 의지하고, 성령의 도움으로 죄에 맞서 피 흘리기까지 싸우는 것이다. 매일, 매 순간마다 쉼 없이 싸워야 한다. 그리하여 언젠가 주님께서 이 세상에 다시 오실 때, 마침내 우리는 죄의 영향력에서 완전히 자유롭게 될 것이다.

8

생명의 성령

그리스도 안에는 정죄가 없습니다
성령이 죄와 죽음에서 해방시키십니다
육신을 따르면 육신만을 생각하지만
성령을 따르면 성령만을 생각합니다

육신을 따르면 사망, 성령을 따르면 생명 (8:1-17)

그러므로 성도 여러분, 이제 그리스도 예수께 속한 사람은 결코 정죄받는 일이 없습니다. 그 까닭은, 그리스도 예수 안에 있는 '생명을 주시는 성령의 법'이 죄와 사망의 법에서 여러분을 해방시켜 주었기 때문입니다. 죄 많은 우리의 육신에 의해 연약해져서 율법으로서는 도무지 할 수 없었던 그 구원과 해방의 일을 하나님께서 능히 해결하셨습니다. 하나님께서는 우리의 죄를 용서해 주시려고 자신의 독생자 예수를 죄 많은 육신을 지닌 모습으로 이 땅에 보내시고, 그 죄 많은 육신에다 우리의 죗값을 모두 담당시키신 것입니다.

예수님은 본질상 하나님이시다(빌 2:6). 하지만 인류를 구원하기 위해 동정녀의 몸을 통해 육신의 모습으로 이 땅에 오셨을 때, 예수님은 우리처럼 사람이 되셨다. 그러나 아담의 후손 된 이 땅의 모든 사람들과는 달리 '죄 없는' 몸이셨다(히 4:15). 그러하기에, 오직 그분만이 죄 있는

사람들의 죄를 담당하실 자격을 지니셨다.

하나님께서 우리의 죗값을 자신의 독생자 예수에게 모두 담당시키신 까닭은, 이후로는 죄 많은 육신에 따라 살아가지 않고 성령에 따라 살아가는 우리 안에서, 율법의 계명들이 마땅히 요구하는 것들을 온전히 충족시킬 수 있게 하기 위함이었습니다. 그렇습니다. 죄 많은 육신에 따라 살아가는 사람은 오직 망하고 썩어질 육신의 일만을 생각하지만, 성령에 따라 살아가는 사람은 구원과 영생을 가져다주는 성령의 일을 생각합니다. 육신을 따르는 생각은 사망을 가져다주지만, 성령을 따르는 생각은 생명과 평화를 가져다줍니다. 육신을 따르는 생각은 하나님께 매우 적대적이어서 하나님의 법에 따르지 않을뿐더러 그 법에 복종할 수도 없습니다. 그러므로 육신에 따라 살아가는 사람은 결코 하나님을 기쁘게 해드릴 수 없습니다.

육신(헬, 사르크스—죄의 본성을 지닌 몸)을 따라 살아가는 삶과 성령(헬, 프뉴마—하나님의 뜻)을 따라 살아가는 삶이 대조되었다. 그 결과는 각각 '사망'(영원한 죽음)과 '생명'(영원한 생명)이다.

그러나 여러분, 여러분 안에 하나님의 성령이 거하시면 여러분은 육신에 따르지 않고 성령에 따라 살게 됩니다. 누구든지 그리스도의 영 곧 성령이 없으면, 그 사람은 그리스도의 사람이 아니므로 그리스도께 속할 수 없습니다. 하지만 그리스도가 여러분 안에 계시면, 여러분의 몸은 죄로 인해 죽은 것이지만 여러분의 영은 의로 인해 살아 있게 됩니다. 그리고 그리스도 예수를 죽은 자들 가운데서 살리신 분 곧 하나님의 영이 여러분 안에 거하시면, 그리스도 예수를 죽은 자들 가운데서 살리신 그분 하나님께서 여러분 안에 거하시는 자신의 영 곧 성령으로 인해 여러분의 죽을 몸 또한 살리실 것입니다.

성령은 본래 '하나님의 영'을 가리킨다. 그리고 그리스도께서 승천하신 이후에 그리스도께서 자기를 대신하여 이 땅에 보내신 영이므로(요 14:16), 또한 '그리스도의 영'이라 불리기에 합당하다.

그러므로 사랑하는 형제 여러분, 우리는 하나님의 은혜에서 비롯된바 성령에 빚진 사람들입니다. 죄 많은 육신에 빚진 자들이 아니므로 절대로 육신에 따라 살아가서는 안 될 것입니다. 만일 여러분이 죄 많은 육신에 따라 살아간다면 여러분은 반드시 사망에 이를 것입니다. 그러나 여러분이 성령을 좇아 육신의 악한 행실을 죽이면 여러분은 반드시 생명에 이를 것입니다. 왜냐하면 누구든지 하나님의 영 곧 성령에 의해 인도하심을 받는 사람들은 하나님의 자녀들이기 때문입니다.

성도가 하나님의 은혜를 입게 된 것은 오롯이 그리스도 덕택이다. 그리스도의 대속의 피로, 우리가 죄 많은 육신에 대하여 갚아야 할 빚이 깨끗하게 청산되었다. 그러므로 성도는 '그리스도의 영' 곧 성령에게 빚진 자답게 성령께 대하여 그 빚을 갚아야 한다. 더는 육신에 대하여 빚을 갚을 필요가 없다.

여러분 꼭 명심하십시오. 이제 여러분은 여러분을 또다시 두려움에 사로잡히게 하는 종의 영을 받은 것이 아닙니다. 주님을 믿는 여러분은 여러분을 하나님의 자녀가 되게 하는 '양자의 영'을 받았습니다. 그래서 우리는 그 양자의 영으로 말미암아 하나님을 "아빠, 아버지"라고 부르는 것입니다. 바로 그 성령께서 친히 우리의 심령 속에서 우리가 하나님의 자녀라는 사실을 증언합니다. 이처럼 우리가 하나님의 자녀이므로, 또한 하나님의 상속자이기도 합니다. 우리가 그리스도의 영광을 함께 받으려고 또한 그리스도와 더불어 고난을 함께 받는다면, 우리는 장차 그리스도와 함께 공동 상속자가 되는 것입니다.

'양자(養子)의 영'은, 믿는 자들이 하나님의 양자로 입적되었음을 보증하는 '성령'을 가리킨다. 이처럼 우리를 '양자'라고 하는 까닭은, 본래 우리는 우리의 죄로 인해 죽어 마땅한 진노(죄)의 자녀였지만(엡 2:3), 예수 그리스도의 십자가 구속사역에 근거하여 하나님께서 우리를 아들로 삼아주셨기 때문이다. 따라서 예수 그리스도는 본래 하나님의 독생자요, 믿는 자들은 본래 죄(사탄)의 종이었지만 그리스도의 십자가 보혈 공로로 인해 하나님의 양자로 입적된 것이다.

온 세상의 모든 피조물이 회복의 날을 간절히 기다림 (8:18-30)

고난 가운데 있는 형세 여러분, 우리가 지금 겪고 있는 고난은 장차 우리가 누릴 영광에 비교하면 정녕 아무것도 아닙니다. 나는 확신하기를, 온 세상의 모든 피조물은 하나님의 자녀들이 나타나기를 애타게 기다리고 있습니다. 비록 모든 피조물이 허무한 데 굴복하고 말았지만, 그것은 피조물 스스로의 선택에 따른 것이 아니라 그렇게 굴복케 하신 분이신 하나님의 뜻에 따른 것입니다. 그러나 모든 피조물에게는 소망이 있는데, 그 소망은 피조물 자신도 장차 썩어질 것의 종살이에서 해방되어 하나님의 자녀가 누릴 영광스러운 자유에 함께 참여하는 것입니다. 그리하여 우리는, 모든 피조물이 지금까지 타락한 세상에서 함께 신음하면서 함께 해산의 고통을 겪어왔다는 것을 알고 있습니다.

이 세상의 모든 피조물이 허무한 데 굴복하고 썩어질 것의 종살이를 하는 까닭은, 피조물의 영장(靈長)인 인간이 지은 죄로 인해 그것의 비극적인 결과를 고스란히 함께 겪고 있기 때문이다. 이런 결과는 피조물 스스로의 뜻이 결코 아니었다. 따라서 현재 원치 않게 허무한 데 굴복하고 썩어질 것의 종살이를 하고 있는 모든 피조물은 '하나님의 자녀들이 나타나는 때'를 간절히 기다리고 있다. 그때는 예수님의 재림으로 말미암아 하나님의 자녀 된 신자들이 새 하늘과 새 땅의 영광에 참여하게 되는 때를 가리킨다. 그때가 되면, 모든 피조물도 죄의 저주에서 영영 벗어나 인간 타락 이전의 온전한 회복을 맞이하게 된다(계 21:5).

모든 피조물뿐만 아닙니다. 성령을 첫 열매로 받은 우리 믿는 자들 역시 속으로 신음하면서 지금의 고통에서 벗어나 하나님의 양자로 완전한 권리를 누리게 될 날, 곧 하나님께서 우리 몸을 완전히 속량하여 주실 날을 간절히 고대하고 있습니다. 이러한 소망 가운데서 우리는 구원을 받았습니다. 여러분, 진실로 눈에 보이는 소망은 소망이라고 할 수 없습니다. 이미 눈에 보이고 손에 잡히는 것을 소망할 사람이 누가 있겠습니까? 그러나 우리가 아직 보이지 않고 손에 잡히지 않는 것을 소망한다면, 우리는 그 소망이 실현될 때까지 끝까지 참고 견디면서 그 소망을 기다려야 합니다.

예수 그리스도의 구속사역으로 인해 믿는 자들은 이미 하나님의 양자로 입적되었다. 그 일에 대해, 우리는 우리의 심령 안에서 '아빠, 아버지!'라고 부르짖는 성령의 증언을 갖고 있다. 하지만 우리의 양자됨은 또한 여전히 진행 중이다. 장차 예수님의 재림 때, 우리의 양자됨은 온전히 완성될 것이다(빌 3:20-21). 그 소망을 간직한 채 고난을 견디며 살아가야 한다.

성령께서도 우리의 연약함을 적극 도와주십니다. 사실, 우리는 무얼 위해 기도해야 할지 잘 알지 못합니다. 그러나 성령께서는 말로 다 표현할 수 없는 절실함으로 우리를 위해 아주 적절하게 기도해 주십니다. 그리고 사람의 깊은 속마음까지 살펴 아시는 아버지 하나님께서는 성령의 생각을 훤히 아십니다. 그것은, 성령께서 오직 하나님의 뜻에 따라 성도를 위해 성도를 대신해서 하나님께 간구하고 있기 때문입니다. 그리하여 하나님을 사랑하는 사람들, 곧 하나님께 부르심을 받아 그분의 뜻대로 살아가는 사람들에게는 좋은 일이든 나쁜 일이든 모든 일들이 서로 협력해서 결국에는 선(善)을 이룰 것임을 우리는 알고 있습니다.

하나님의 섭리와 경륜에 의해 결국 이루어지는 '선(헬, 아가도스—좋은 것)'은 물질적이고 일시적이고 세상적인 것이 아니라, 영적이고 영원하고 천상의 것이다.

우리 하나님께서는 처음부터 누가 자신에게로 나아올 사람인가를 미리 아시고, 그들로 하여금 자기 아들과 같이 될 수 있도록 또한 미리 정해두셨습니다. 그리하신 까닭은, 하나님께서 자신의 외아들 예수 그리스도로 하여금 모든 믿음의 형제들 가운데 맏아들이 되게 하시려는 것입니다. 그리하여 하나님께서는 미리 정해둔 사람들을 적절한 때에 부르시고, 또한 부르신 그 사람들을 의롭다고 인정해 주시고, 또한 의롭다고 인정해 주신 그 사람들을 마침내 영화롭게 하셨습니다.

바울의 말과 성경의 다른 말씀들을 고려해 보면, 믿는 자들에게 적용되는 구원의 서정(序程) 곧 구원의 순서는 이러하다. 기독교 교파 간에 다양한 견해가 있지만, 아래의 8단계 순서는 개혁파의 대체적인 입장에 따른 것이다(혹자들은 회심과 칭의 사이에 '믿음'의 단계를 두어 9단계로 보기도 한다).

물론, 구원받는다는 것이 이런 8단계를 시간순으로 전부 밟아야 한다는 것은 아니다(골고다 십자가 위의 한 강도는 '성화'와 '견인'의 단계 없이 구원받았다). 또한 이런 단계들 중에는 동시에 일어나는 것도 있기 때문에 구원의 서정은 시간적 순서라기보다는 논리적 순서로 보아야 한다. 따라서 구원의 서정은 구원받은 자들에게 일반적으로 일어나는 현상, 곧 과거에 겪었거나 현재 겪고 있거나 장차 겪을 과정을 성경 말씀에 기초하여 종합적으로 정리한 것이다.

① **소명**(召命) : 그리스도의 구속사역으로 말미암아 완성되고 준비된 하나님의 구원을 믿음으로 받아들이도록 죄인을 부르시는 하나님의 공식적인 초청을 가리킨다(히 3:1; 벧전 2:9; 벧후 1:3). 이런 소명 안에는 하나님의 미리 아심(예지)과 미리 정하심(예정), 그리고 창세 이전에 택하심(선택)이 포함되어 있다(엡 1:4-5; 살후 2:13).

② **중생**(重生) : 하나님의 유효적(내적) 소명의 결과로, 죄로 죽었던 인간의 영적 생명이 성령으로 거듭나서 새로운 피조물로 다시 사는 것을 가리킨다(고후 5:17; 엡 2:5; 요 3:5).

③ **회심**(回心) : 중생의 필연적인 결과로, 과거의 죄악 된 삶에서 돌이켜 이후로는 하나님의 말씀에 따라 신앙의 삶을 살아가려는 새로운 성향을 가리킨다. 중생이 '새 탄생'이라고 한다면, 회심은 '새 출발'이다(마 13:15; 행 15:3).

④ **칭의**(稱義) : 본래 죄인 된 인간이 그리스도의 대속의 공로에 전적으로 의지함으로써 하나님의 공의를 만족시켜, 그 결과로 하나님께 의롭다고 칭함 받는 것을 가리킨다. 이는 죄인의 신분이 의인의 신분으로 공식적으로 인정받는 행위다(롬 3:20-24; 갈 2:16).

⑤ **양자**(養子) : 본래 사탄(마귀)의 자식이었던 죄인이 중생하여 의롭다고 인정받은 후, 변화된 의인의 신분으로 하나님의 자녀로 입적됨을 가리킨다. 그 결과, 성도는 하나님을 "아빠, 아버지!"라고 부를 자격을 얻는다(요 1:12; 롬 8:17).

⑥ **성화**(聖化) : 구원받은 성도가 이 세상에 살면서 성령의 도우심으로 점차 죄의 영향력에서 벗어나 하나님의 거룩하심을 닮아가는 신앙 성숙의 과정을 일컫는다. 중생, 칭의, 양자가 즉각적인 신분상의 변화라면, 성화는 점진적인 심령과 삶의 변화이다(롬 6:11-12).

⑦ **견인**(堅忍) : 하나님의 예정과 선택, 소명과 칭의 등으로 말미암아 구원의 길로 들어선 성도는, 신앙 삶에서 일시적인 퇴보는 있을지라도

그리스도의 중보사역과 성령의 내주하심으로 인해 구원의 대열에서 떨어져 멸망하는 일이 없음을 가리킨다(요 10:27-29; 롬 11:29; 빌 1:6).

⑧ 영화(榮華) : 구원 서정의 최종 단계로서, 성도의 영육이 죄와 죄책으로부터 완전히 해방되어 천국의 영원한 복락의 자리에 이르는 미래적 구원을 가리킨다(롬 8:30; 고전 15:51-53).

그 무엇도 하나님의 크신 사랑에서 우리를 떼어놓을 수 없다! (8:31-39)

그렇다면 여러분, 이 같은 하나님의 은혜로운 일을 두고, 우리가 무슨 말을 할 수 있겠습니까. 이처럼 하나님께서 우리 편이신데, 누가 감히 우리를 대적할 수 있단 말입니까! 자, 생각해 보십시오. 하나님께서는 우리를 위해 외아들까지도 아낌없이 선뜻 내어주셨습니다. 그러할진대, 하물며 그 외아들과 함께 세상의 다른 모든 것들도 우리에게 거저 선물로 주시지 않을 리가 있겠습니까!

가문의 혈통과 후사(상속자)를 극히 소중하게 생각했던 고대세계에서 외아들보다 더 소중하고 값나가는 것은 없고, 그 무엇과도 바꿀 수 없다. 오직 그 외아들이 가문의 혈통을 이어나갈 유일한 인물이기 때문이다. 그런데 하나님은 그런 외아들마저도 우리를 위해 십자가에 내어놓으셨다. 그만큼 우리를 사랑하셨기에. 그러하실진대 우리에게 세상의 그 어떤 선물인들 거저 주시지 않겠는가!

하나님께서 선택하신 자들을 누가 감히 고소하겠습니까. 우리를 의롭다고 인정해 주신 분은 다른 누구도 아닌, 바로 하나님이십니다. (절대 의로우신 하나님 그분께서 우리를 의롭다고 인정해 주셨단 말입니다.) 그러니 하나님께 의롭다고 인정해 주신 우리를 누가 감히 '죄인'이라고 규정하고 정죄할 수 있겠습니까. 정녕 하나님의 독생자이신 그리스도 예수께서는 우리를 위해 십자가에 못 박혀 죽으셨을 뿐만 아니라, 죽은 자들 가운데서 다시 살아나셔서 지금 하나님의 오른편 보좌에 앉아 우리를 위해 간구하고 계십니다.

비록 신자들이 여전히 죄 가운데 놓여 있을지라도 그들을 위해 피 흘리신 예수 그리스도의 십자가 공로에 근거하여 그들을 의롭다고 판결하신 이는 절대 의로우신 하나님이다. 그렇기에 그 누구도 신자들을 이런저런 죄들로 다시 고소할 수 없다. 이는 고대세계에서 최고 통치자가 어떤 죄인을 사면해 주면, 누구도 그 죄인을 고소하여 죄를 물을 수 없는 이치와 같다.

그리고 신자들을 의롭다고 하신 하나님의 판결은 결코 번복되지 않는다. 그 까닭은 이러하다. 첫째, 신자들이 감당해야 할 죄책을 그리스도께서 대신 해서 십자가 위에서 피 흘림으로써 더는 죄책을 물을 수 없기 때문이다. 둘째, 그리스도께서 죽은 자들 가운데서 다시 살아나고 승천하셔서 하나님의 우편 보좌에 앉아 신자들을 위해 꾸준히 대언자로 활동하고 계시기 때문이다.

그런즉, 누가 감히 우리를 그리스도의 그 크신 사랑에서 떼어놓을 수 있겠습니까? 고통입니까, 역경입니까, 핍박입니까, 굶주림입니까. 헐벗음입니까, 위협입니까, 아니면 칼입니까? 결코 아닙니다! 그런 것들에 관해서는, 성경을 보면 "우리가 종일토록 주님을 위하여 죽음의 위협을 당하고, 또한 도살당할 양처럼 취

우리가 주를 위해 도살당할 양같이 여김을 받았나이다

> 급당하며 살아갑니다."(시 44:22)라고 기록되어 있는 것과 같습니다. 비록 우리에게 그 모든 일들이 닥쳐온다 해도, 우리는 우리를 사랑하시는 분 곧 예수 그리스도를 통해 그분의 능력을 힘입어 넉넉히 이길 수 있습니다.

바울은 시편 44장 22절의 말씀을 인용하여 신자들이 현재 이 세상에서 겪고 있는 모든 고난과 시련은 전혀 이상한 것이 아니라 도리어 당연한 것이라는 사실을 알려주고 있다. 그러므로 신자에게 닥치는 이 세상의 고난과 시련이 하등 문제될 것이 없고, 정작 중요한 것은 그 어떤 고난과 시련에도 불구하고 신자들을 그토록 사랑하시는 예수 그리스도의 능력으로 말미암아 넉넉히 이길 수 있다는 것, 바로 그것이 중요하다고 가르친다.

> 그러므로 나 바울은 확신합니다. 죽음도, 생명도, 천사들도, 귀신들도, 현재 일도, 장래 일도, 그 어떤 세력도, 아무리 높은 곳도, 아무리 깊은 곳도, 그리고 세상의 그 어떤 피조물일지라도, 우리를 우리 주 그리스도 예수 안에 있는 '하나님의 사랑'에서 결코 떼어놓을 수 없습니다!

성경 전체를 하나의 반지로 본다면, 로마서는 그 반지의 보석이고, 그중 로마서 8장은 그 보석의 반짝이는 광채다. 더 나아가 로마서 8장 31-39절은 그 광채 중에서도 가장 아름답게 반짝이는 영롱한 빛깔이다. 왜냐하면 이 본문을 통해 우리는 우주 만물의 그 어떤 세력도 우리를 하나님의 사랑에서 결단코 떼어놓을 수 없다는 사실을 한 점 의심 없이 확신할 수 있기 때문이다. 정녕 구원에 관한 한, 이 본문은 모든 의심의 끝장이며 모든 불확실성의 종지부다!

9

하나님의 절대 주권

은혜 베푸는 건 하나님 권리이기에
우리는 하나님께 따질 수 없습니다
이스라엘 자손 바닷가 모래 같아도
남은 자들만 구원받을 것입니다

로마서 초반부(1-8장)에서 바울은 하나님의 크신 사랑과 예수 그리스도의 십자가 대속 사역으로 말미암는 '이신득의'(오직 믿음으로써 얻는 구원) 사상을 누누이 설파했다. 그렇다면, 지금도 '믿음'이 아니라 '율법'을 구원의 절대 표준으로 삼고 있는 동족 유대인들은 어떡한단 말인가?

이에 바울은 성령의 감동과 하나님의 계시에 근거해서 무려 세 장에 걸쳐 그 문제를 집중적으로 다룬다. 이스라엘의 과거(선택, 9장), 이스라엘의 현재(버려짐, 10장), 이스라엘의 장래(회복, 11장)에 대해 조상의 피를 이어받은 동포와 겨레의 언어로 심도 있게 통찰한다.

하나님께서 처음에 이스라엘을 선택하심 (9:1-18)

여러분, 나는 그리스도 안에서 오직 참말만 말하고 거짓말을 하지 않습니다. 내 양심이 성령 안에서 그 사실을 밝히 증언해 주고 있습니다. 지금 나는 내 동족 때문에 마음 깊은 곳에서 큰 슬픔을 느끼고 있고 밤낮으로 그치지 않는 큰 고통이 있습니다. 정말이지, 내 형제요 내 동족인 유대인 여러분을 위해서라면 비록 내가 그리스도로부터 끊어지는 저주를 받는다 할지라도, 차라리 나는 그 편을 택할 것입니다.

옛적에 모세도 이스라엘의 죄 사함과 구원을 위해 자기 이름을 주님의 생명책에서 지워버려 달라고 기도했었다(출 32:32). 이런 기도는 사랑하는 동족을 위해서라면 자기 한 몸 정도는 영원한 저주 아래에 처해져도 기꺼이 받아들이겠다는 의미로, 어떤 대상을 향한 지고지순한 사랑의 표현이다. 하지만 실제로 그럴 수는 없다. 사람으로선, 자신의 구원과 다른 사람의 구원을 맞바꾸는 것이 불가능하기 때문이다.

사실, 내 동족 이스라엘 백성은 하나님의 자녀로서 하나님의 영광이 함께 합니다. 하나님과 언약을 맺은 백성이며 율법을 받은 백성이고 하나님의 성전에서 예배를 드릴 뿐만 아니라 또한 하나님에게서 귀한 약속을 받은 백성입니다. 뿐입니까. 훌륭한 족장들이 그들의 조상이고, 인간적인 혈육으로 말하자면 심지어 예수 그리스도조차도 이스라엘의 후손입니다. 진실로 예수 그리스도는 만물의 위에 계시며 영원 세세토록 마땅히 찬양받으실 하나님이십니다. 아멘!

바울의 말대로 과연 이스라엘 백성은 세상 모든 민족들 가운데서 하나님의 크신 사랑을 먼저 받은 자들이었다. 그렇다면 하나님은 다른 민족들에 비해 이스라엘을 편애하신 것인가? 우리는 하나님께서 일하시는 방식을 이해할 수 없기 때문에 우리에게는 하나님의 편애라고 보이는 것이 사실은 어떤 책임을 너 크게 부여받은 것일 수도 있다.

사실 이스라엘은 큰 특권을 가졌지만, 큰 책임도 따랐다. 하나님은 온 세상에 복을 주기 위한 수단으로서 먼저 이스라엘을 '제사장 나라'로 선택하신 것이다(출 19:5-6). 하나님은 이스라엘을 통해 세상 모든 나라와 민족과 사람들이 하나님을 알게 되기를 바라셨다. 이처럼 하나님은 이스라엘을 사랑하셨지만, 또한 온 세상을 사랑하신다.

지금 나는 이스라엘 백성에게 하신 하나님의 약속이 취소되었다는 말을 하려는 것이 아닙니다. 내 말을 오해하지 말고 들으십시오. 이스라엘 사람으로 태어났다고 해서 모두가 이스라엘 사람은 아닙니다. 또한 아브라함의 후손이라고 해서 모두가 그의 자녀가 아닙니다. 일찍이 하나님께서는 아브라함에게 말씀하시기를 "이삭을 통하여 태어난 자들만을 네 자손이라고 부르겠노라."(창 21:12) 하셨습니다.

아브라함에게는 첩 하갈과 후처 그두라를 통해 낳은 자녀들도 있었다(창 25:1-6; 대상 1:32-33). 하지만 메시아를 통한 하나님의 구원의 언약은 본처 사라를 통해 낳은 이삭에게만 주어졌고, 이후 이삭을 통하여 그 언약을 이어받은 자들만 아브라함의 참된 후손이 될 수 있었다. 다시 말해 '믿음의 조상' 된 아브라함에게 있어 그의 후손은 '믿음의 아들들'에 국한되었다. 이런 사실을 바울은 글로 쓴다.

이 말씀은, 육신의 자녀가 하나님의 자녀가 아니라 오직 약속의 자녀라야 참된 아브라함의 자손으로 인정받는다는 말입니다. 일찍이 하나님께서 아브라함에게 주신 약속의 말씀은 이렇습니다. "내년에 내가 다시 올 때쯤, 네 아내 사라에게 아들이 있을 것이다"(창 18:10). 그뿐만이 아닙니다. 리브가 역시 우리 조상인 이삭 한 사람에게서 쌍둥이를 임신했습니다. 하지만 쌍둥이가 태어나기도 전에, 말하자면 그때는 그들 쌍둥이가 좋은 일이든 나쁜 일이든 어떤 일을 행하기 전인데도 하나님께서는 쌍둥이 중 누구 하나를 선택하시겠다는 뜻을 분명히 정했습니다.

지금 바울은, 하나님께서 어떤 선택을 함에 있어서 그 기준은 하나님 자신의 절대 주권에 달려 있음을 강조한다. 사람의 어떤 공로나 선행, 업적이 하나님의 선택에 영향을 미치는 게 결코 아님을 말하고 있다.

하나님의 그런 선택은, 선택의 기준이 사람의 행위에 달려 있지 않고 오직 택하시고 부르시는 분 곧 하나님께 달려 있음을 분명히 나타내 보여주기 위함이었습니다. 그래서 하나님께서는 쌍둥이를 임신하고 있는 이삭의 아내 리브가에게 말씀하시기를 "장차 형이 동생을 섬기게 될 것이다"(창 25:23)라고 하셨습니다. 이는 또한 성경에 기록되기를 "나는 야곱을 사랑하였고 에서를 미워하였다"(말 1:2-3)라고 한 것과 같습니다.

하나님은 감정적으로 누구를 좋아하고 누구를 미워하지 않으신다. 단지 하나님의 오묘한 구속사역의 섭리와 경륜에 근거하여 하나님은 당신의 기쁘신 뜻에 따라 주권적으로 동생 야곱을 언약 백성의 혈통으로 선택하시고 형 에서를 그 선택에서 제외시키셨던 것이다.

자, 그러면 우리가 무엇이라고 말해야 할까요? 하나님은 불의하신 분일까요? 아뇨, 절대로 그렇지 않습니다! 일찍이 하나님께서 모세에게 말씀하시기를 "나는 불쌍하게 여길 사람을 불쌍하게 여기고 어여삐 여길 사람을 어여삐 여길 것이다"(출 33:19)라고 하셨습니다. 그러므로 하나님의 선택은 사람의 의지나 노력에 달려 있는 것이 아니고, 오직 불쌍히 여길 자를 불쌍히 여기시는 하나님의 긍휼에 전적으로 달려 있습니다.

야곱과 에서에 대한 하나님의 선택은 인간 편에서 바라볼 땐 편애(偏愛)임이 분명하다. 그러나 하나님 편에서 바라보면 그것은 하나님의 절대주권이다. 이 같은 하나님의 절대주권에 대하여 사람들이 판단할 수 없다. 그것은 피조물 된 사람이 창조주이신 하나님을 판단하는 일로 주제넘은 짓이다. '누구를 불쌍히 여기느냐' 하는 문제는 전적으로 하나님의 긍휼에 달린 일이다.

그러하기에 성경을 보면 하나님께서 파라오 곧 이집트 왕을 두고 하신 말씀이 이렇게 기록되어 있습니다. "내가 너를 그 자리에 세운 것은 내가 이 일을 하기 위함인데, 곧 너로 말미암아 나의 능력을 나타내 보여줌으로써 내 이름이 온 세상에 널리 알려지게 하려는 것이다"(출 9:16). 이처럼 하나님께서는 자신의 기쁘신 뜻에 따라 자신이 원하시는 대로 하시는 분이십니다. 그래서 불쌍히 여기시고자 하는 사람을 불쌍히 여기시어 자비를 베푸시고, 완악하게 하시고자 하는 사람을 완악하게 만드십니다.

바울은 지금 '선택'에 관한 하나님의 절대적인 주권을 역설하고 있다. 하나님의 선택에 관한 한, 인간의 공로나 노력, 업적이나 혈통 등이 끼어들 여지가 아예 없다. 한편, 하나님께서 완악하게 하시고자 하는 사람을 완악하게 만드신다는 말은, 본래 선하고 착한 사람을 일부러 완악하게 만든다는 의미가 아니라, 본래 완악한 사람을 그 완악한 상태대로 내버려두신다는 의미다. 모세 당시에 하나님의 이적을 목도하고서도 출애굽을 기어코 반대한 이집트 왕 곧 파라오의 경우가 대표적이다.

하나님은 누구도 따질 수 없는 절대주권을 지니신 분 (9:19-29)

이쯤해서 여러분이 내게 묻기를 "그렇다면 어찌하여 하나님께서는 우리에게 책임을 묻는 것입니까? 도대체 누군들 하나님의 뜻을 거역할 수 있단 말입니까?"라고 할 수도 있습니다. 오, 그렇게 말하지 마십시오. 그대가 누구이기에 감히 하나님께 말대꾸를 한단 말입니까? 생각해 보십시오. 만들어진 것이 자기를 만든 분에게 "왜 나를 이렇게 만들었소?" 하고 따질 수 있겠습니까?

하나님의 절대주권에 관한 바울의 설명을 듣고서 사람들이 반박하는 내용이다. 그들은 하나님의 선택 행위에 대한 바울의 결론을 '숙명론'으로 받아들였기에 자연히 이 같은 의구심을 갖게 되었다. 이에 대해 바울은 피조물과 창조주의 논리로 설명하고 있다.

> 하나의 비유를 들겠습니다. 토기장이가 진흙 한 덩어리를 가지고, 똑같은 흙으로 하나는 귀하게 쓸 그릇을 만들고, 다른 하나는 아무렇게나 쓸 그릇을 만들 권리가 없겠습니까? 하나님께서 인간들에게 하신 일도 이와 똑같습니다. 하나님께는 멸망할 수밖에 없는 인간들에게 자신의 진노와 두려운 능력을 나타내 보이실 당연한 권리가 있지 않겠습니까. 그러나 실제로 하나님께서는 이런 인간들에 대해서도 오래도록 참고 또 참으셨습니다. 또한 하나님께는 자신의 영광이 얼마나 풍성한지를 모든 사람이 볼 수 있도록 자신이 자비를 베풀겠다고 작정한 사람들에게 은혜를 베푸실 권리가 있지 않겠습니까. 그래서 하나님께서 그런 권리를 사용하셨더라도, 그게 대체 뭐가 잘못되었단 말입니까?

바울이 '토기장이와 진흙의 비유'를 사용한 것은 인간의 선택과 구원에 관한 하나님의 절대주권을 쉽게 설명하고 분명하게 강조하기 위해서였다. 물론, 이렇게 반문할 수 있다. "만일 토기장이가 진흙으로 무엇을 빚는다면, 어떻게 토기장이의 뜻대로 빚어진 진흙에게 책임이 있을 수 있는가?"

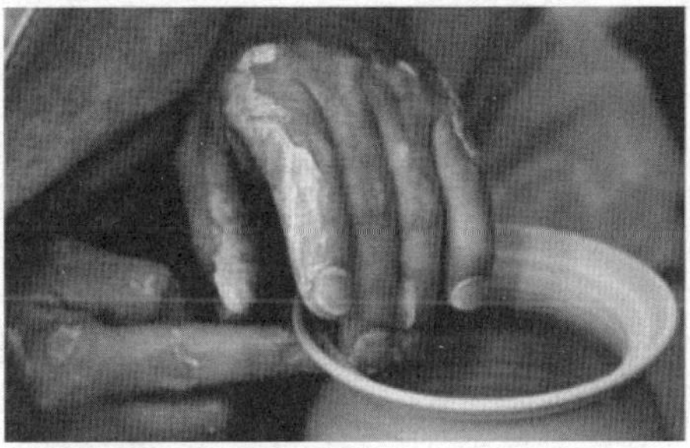

진흙으로 토기 그릇을 만들고 있는 토기장이

이에 대한 답변은 이것이다. 성경의 비유는 한계를 지녔고, 따라서 특별한 진리에 관해 모든 면을 전부 보여줄 수 없다. 이는 하나의 속담이 모든 진리를 다 포함하지 못하는 것과 같다. 그러므로 여기서 바울이 강조하고자 하는 비유의 핵심은, 하나님은 모든 피조물에 대해 그 누구도 간섭할 수 없는 절대적인 주권을 지니신 분이라는 사실이다.

이처럼 절대주권을 지니신 하나님께서 바로 우리 성도들을 귀히 쓸 그릇으로 부르셨는데, 우리를 부르실 때 유대인들 가운데서만이 아니라 이방인들 가운데서도 부르셨습니다. 이는 일찍이 하나님께서 호세아 선지자를 통해 말씀하시기를 "때가 오면, 내가 내 백성이 아닌 사람들을 '내 백성'이라 부르겠고, 내가 사랑하지 않던 자를 '나의 사랑하는 자'라 부르겠노라"(호 2:23) 하신 것과 같습니다. 그리고 또 말씀하시기를 "내가 '너희는 내 백성이 아니다'라고 말해졌던 바로 그 자리에서 '이제 너희는 살아계시는 하나님의 자녀들'이라고 불리게 될 것이다"(호 1:10) 라고 하신 것과 같습니다.

바울은 다양한 구약성경의 인용을 통해 그릇된 선민(選民) 사상에 빠져 있는 유대인들에게 하나님의 참되고 올바른 뜻을 일깨워주고 있다. 그래서 로마서 전체에서 바울은 60회 이상 구약성경을 인용한다. 이렇게 바울은 구약의 말씀과 신약의 복음을 하나로 연결시켜서 유대인들이 율법의 틀에서 벗어나 십자가 복음을 깨닫기를 바랐다.

또한 일찍이 이사야 선지자도 이스라엘에 대해 외치기를 "이스라엘 백성이 바닷가의 모래알같이 많을지라도 남은 자들만이 구원을 받을 것이다. 주님께서는 자신이 선포하신 것을 땅 위에서 신속하고 온전하게 이루실 것이다"(사 10:22-23)라고 하였습니다. 그것은 또한 이사야가 그보다 앞서 이렇게 말한 것과 같습니다. "전능하신 만군의 주께서 우리에게 씨를 남겨두지 않으셨더라면 우리가 소돔같이, 고모라같이 모조리 멸망하고 말았을 것이다"(사 1:9).

여기서 '남은 자들'이나 '씨'라는 말은, 이스라엘 백성들 가운데 '소수의 사람들'만이 하나님의 절대주권적인 섭리와 경륜 하에 구원을 받을 것이란 사실을 암시하고 있는 표현이다.

이스라엘은 율법의 행위로 의를 추구하는 잘못을 저지르다 (9:30-33)

사실이 이러하다면, 이제 우리가 무슨 말을 해야 하겠습니까? 자, 보십시오. 율법의 의를 좇지 않던 이방인들은 믿음에서 비롯된 믿음의 의로 하나님께 의롭다고 인정을 받았습니다. 하지만 율법의 의를 지키려고 애썼던 이스라엘은 하나님께 의롭다는 인정을 받지 못했습니다.

'율법의 의'는 율법을 통해 의로움에 이르는 것을 가리키고, '믿음의 의'는 믿음을 통해 의로움에 이르는 것을 가리킨다. 유대인들은 율법의 의로써 의로움을 힘껏 추구했지만 하나님께 의롭다고 인정받지 못해 실패하고 말았다. 그러나 이방인들은 그리스도 예수를 믿는 믿음의 의로써 의로움을 추구했기에 하나님께 의롭다고 인정받을 수 있었다. 바울은 그 이유를 밝힌다.

왜 그런 것입니까? 이스라엘은 믿음에 의해 의롭게 되려고 한 것이 아니라, 자신들의 행위에 의해 의롭게 되려고 헛되이 애썼기 때문입니다. 그들은 행위라는 걸림돌에 걸려 스스로 넘어진 것입니다. 이런 사실 역시 성경에 기록되어 있습니다. 일찍이 이사야 선지자가 말하기를 "보라, 내가 시온에 사람들을 걸려 넘어지게 하는 돌을 놓겠고 사람들이 부딪힐 수 있는 바위를 두겠노라. 그러나 누구든지 그분 메시아를 믿는 자는 결코 수치를 당하지 않을 것이다"(사 28:16)라고 한 것과 같습니다.

10

율법의 의와 믿음의 의

이스라엘이 구원받기를 원합니다
그러나 그들은 올바르지 않습니다
하나님의 의를 내세우지 않고
자신의 의를 내세우기 때문입니다

하나님께 택함 받은 선민 이스라엘이 어찌하여 그 영예로운 자격을 상실하게 되었을까? 그들이 복음을 듣고도 불순종하여 오직 믿음으로 말미암는 의를 거부하고, 율법의 행위를 통해 자기들의 의를 세우려고 애썼기 때문이었다. 그래서 바울은 하나님의 의와 자기들의 의, 믿음으로 말미암는 의와 율법으로 말미암는 의를 대비시켜 유대인들의 잘못이 무엇인지를 밝히 일깨워주고 있다.

이스라엘은 불순종으로 인해 참된 의를 알지 못했다 (10:1-4)

사랑하는 형제들이여, 나는 내 동족 이스라엘 백성이 구원받기를 마음속 깊이 진심으로 원했기에 그 일을 두고 하나님께 계속 기도해 왔습니다. 나는 이스라엘이 하나님을 섬기는 일에 얼마나 열성적인지를 밝히 증언할 수 있습니다. 하지만 그들의 열성은 올바른 지식에 근거한 것이 아닙니다. 그들은 하나님에게서 비롯되는 의를 알지 못하고 자기들 스스로 의를 세우려고 애씀으로써 하나님의 의를 따르지 않았습니다. 이러했기에 그리스도께서는 주님을 믿는 모든 사람들로 하여금 하나님의 의에 이르도록 하기 위해 율법을 온전히 실현하셔서 율법의 종결자요 마침이 되셨습니다.

구약시대의 율법은 장차 오실 그리스도의 예표이고 암시이며 그림자였다. 따라서 율법의 실체이며 그리스도께서 이 땅에 오셨을 때 율법은 마침(완성)이 되었고, 모든 것들이 새롭게 변했고 승화되었다(마 5:17).

하나님의 구원은 온 세상 만민에게 임한다 (10:5-21)

여러분, 일찍이 모세는 기록하기를 "사람이 율법대로 따라 살면 하나님의 의에 이를 수 있고, 그래서 그 의로 인해 살 수 있다"(레 18:5)라고 하였습니다. 그러나 믿음을 통해서 오는 하나님의 의에 대해서는 이렇게 말합니다. "여러분은 마음속으로 (그리스도를 모셔 내리려고) '누가 하늘에 올라가겠느냐?'(신 30:12)하고 말하지 마십시오." 또는 "마음속으로 (그리스도를 죽은 자들 가운데서 모셔 올리려고) '누가 지옥(무저갱)에 내려가겠느냐?'(신 30:13) 하고 말하지도 마십시오."

모세의 기록이 틀린 것은 아니다. 사람이 율법을 온전히 지키면 그로 말미암아 의에 이를 수 있고, 그 의로 인해 마침내 구원을 얻을 수 있다. 그러나 사실 이 말에는 사람이 율법을 온전히 지킬 수 없다는 의미가 함축되어 있다. 태어날 때부터 죄의 성향을 지닌 인간은 누구도 율법의 모든 요구를 온전히 충족시킬 수 없기 때문이다. 그래서 율법을 지키는 '행위'보다는 그리스도를 믿는 '믿음'이 필요한 것이다.

그런데 그리스도를 믿는 믿음, 즉 그런 믿음을 통해 얻을 수 있는 하나님의 의는 율법의 요구처럼 아주 까다롭거나 힘들지 않다. 그런 의를 얻기 위해 하늘로 올라갈 필요도 없고, 또한 지옥으로 내려갈 필요도 없다. 그렇다면 어떻게 얻을 수 있을까?

> 이 말은 무엇을 뜻합니까? 성경에 기록되기를 "말씀은 너희 가까이에 있다. 너희의 입 속에 있고 너희 마음속에 있다"(신 30:14)라고 했습니다. 그렇습니다. 우리가 전파하는 것이 바로 이 믿음의 말씀입니다. 그러므로 만일 여러분이 "예수는 나의 주님이십니다."라고 입으로 고백하고, 또한 "하나님께서 자기 독생자 예수를 죽은 자들 가운데서 살리셨다."라는 사실을 마음으로 믿으면, 여러분은 구원을 받을 것입니다. 이처럼 사람이 마음으로 믿으면 하나님께 의롭다는 인정을 받게 되고, 입으로 그 믿음을 고백하면 구원을 얻게 됩니다.

하나님의 의를 얻기 위해서는 반드시 그리스도를 믿어야 하는데, 바울은 그 일이 결코 어려운 일이 아님을 역설했다. 바울은 신명기 30장 11-14절을 인용하여, 그리스도를 믿기 위해서 하늘로 올라가거나 또는 무저갱(지옥)으로 내려갈 필요 없이 오직 가까이에 있는 말씀(복음)을 믿기만 하면 된다고 강조한다.

> 또한 성경에 기록되기를 "누구든지 그리스도를 믿는 사람은 결코 수치를 당하는 일이 없을 것이다"(사 28:16)라고 했습니다. 이 점에 있어, 유대인이나 이방인이 아무런 차별이 없습니다. 똑같은 주님이 우리 모두의 주님이시고, 주님께서는 자신께 구하는 사람 누구에게나 풍성한 복을 내려주십니다. 진실로 그러합니다. "누구든지 주님의 이름을 부르는 사람은 구원을 얻을 것입니다"(욜 2:32).

'주님의 이름을 부른다'란 말은, 단순히 주님의 이름을 입으로 외친다는 뜻이 아니다. 이는 예수 그리스도를 자기 마음속에 구주로 받아들인 자가 그런 믿음을 입으로 시인하고 고백한다는 말이다.

자, 그렇다면 한번 생각해 보십시오. 주님을 믿지 않는다면, 그들이 어떻게 주님을 부를 수 있겠습니까? 또 주님의 이름을 한 번도 들어본 적이 없다면, 어떻게 주님을 믿을 수 있겠습니까? 또 누군가 주님에 대해 전하는 사람이 없다면, 그들이 어떻게 들을 수 있겠습니까? 또 보내시는 분이 없다면, 누가 어떻게 가서 그들에게 복음을 전할 수 있겠습니까! 그러하기에 성경은 "참으로 아름답구나, 기쁜 소식을 전하는 자들의 발이여!"(사 52:7)라고 기록했습니다.

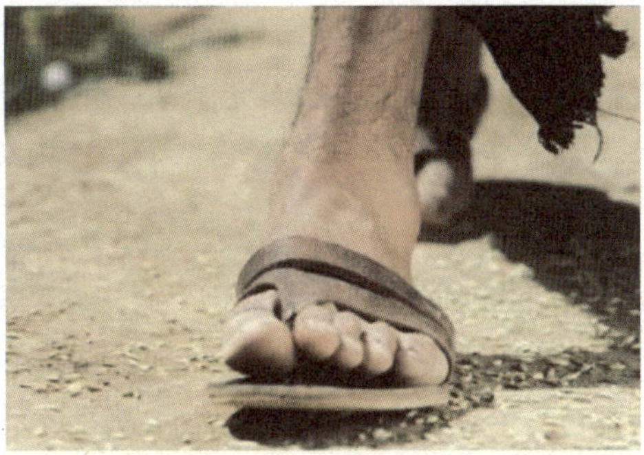

아름답도다, 기쁜 소식을 전하는 자들의 발이여!

복음을 듣고 믿음을 갖게 되는 과정이 순차적으로 언급되었다. 그것은 파송 → 선교(전도) → 들음 → 믿음 → 시인(고백)의 순이다.

그러나 누가 복음을 전했다고 해도, 이스라엘 사람들 모두가 그 복음을 받아들이는 것은 아닙니다. 그래서 일찍이 이사야 선지자는 "주님, 우리가 그들에게 전해준 말을 믿은 자가 과연 있었습니까?"(사 53:1)라고 탄식했습니다. 그렇지라도 결국 믿음은 말씀을 듣는 데서부터 시작되고, 또 듣는 것은 그리스도의 말씀에서 비롯됩니다. 그렇다면 내가 묻겠습니다. 유대인들은 과연 들은 적이 없습니까? 아뇨, 그들은 다 들었습니다. 그러하기에 성경에도 "전하는 자들의 소리가 온 땅에 전해지고, 그들의 말이 세상 끝까지 이르렀다"(시 19:4)라고 기록되어 있습니다.

바울은 구약을 인용하여 구원에 이르는 복음이 세상 끝까지 널리 퍼져 이스라엘 사람들을 포함하여 모두가 그 기쁜 소식을 들었다는 사실(시 19:4)과, 그럼에도 불구하고 유대인들이 그 복음을 믿지 않았다는 사실(사 53:1)을 지적하면서 참으로 안타까운 마음을 드러내고 있다.

그러면 내가 다시 묻겠습니다. 유대인들은 전하는 자들의 말씀을 듣고서 그 말씀을 알아듣지 못했단 말입니까? 아뇨, 그렇지 않습니다. 사실, 그들은 모세 때부터 하나님의 말씀을 꾸준히 들어 잘 알고 있었습니다. 그래서 하나님께서는 먼저 모세를 통해 말씀하시기를 "(너희가 나의 말을 거역하고 불순종하므로) 나도 내 백성이 아닌 족속을 사랑하여 너희로 질투하게 하고, 또 내가 어리석은 민족을 사용하여 너희로 분노하게 하겠노라"(신 32:21) 하셨습니다.

사도 바울의 논지는 이것이다. 하나님의 오묘한 구원의 섭리와 경륜 속에서 이스라엘 백성이 메시아(그리스도) 복음을 배척한 결과, 하나님께서는 그 복음이 이방인들에게로 먼저 향하도록 했고, 이에 대해 이스라엘 백성의 시기와 노여움을 불러일으켜 마침내 그들 역시도 그리스도의 복음을 받아들이게 만드셨다는 것이다(롬 11:11-12). 바울은 다시 한 번 이스라엘에 대한 하나님의 안타깝고 애타는 심정을 강조한다.

또한 이사야 선지자도 이스라엘 백성에게 담대하게 외치기를 "나 여호와는 나를 찾지 않던 사람들에게 나를 알려주어 찾게 할 것이고, 나에게 도와달라고 청하지도 않은 사람들에게 나를 드러내어 보여주겠노라"(사 65:1) 했습니다. 또 이사야는 계속해서 이스라엘 백성에 대한 하나님의 심정을 전하면서 외치기를 "나 여호와가 내게 복종하지 않고 나를 거역하는 이 백성을 품으려고 하루 종일 내 팔을 벌리고 있었노라"(사 65:2) 했습니다.

11

이스라엘의 남은 자와 이방인의 구원

본가지도 버리는 하나님이시니
곁가지인 여러분은 겸손하십시오
때가 되면 이스라엘은 회복되므로
하나님의 부르심은 후회 없습니다

동족 이스라엘 백성에 대한 사도 바울의 뜨거운 사랑과 애타는 감정은 도무지 식을 줄을 모른다. 문자로 기록된 율법만 부지런히 추구할 뿐, 생명력 있는 복음을 알지 못하고 배척하는 유대인들을 향해 피를 토하는 간곡한 심정으로 호소하고 권유하고 설득한다.

앞서 이스라엘의 과거(9장)와 현재(10장)에 대해 언급한 뒤, 이제 바울은 이스라엘의 미래에 관해 이야기한다. 성령에 감화, 감동된 바울은 계속 말하고, 그의 곁에서 더디오는 바울의 숨소리 하나조차 놓치지 않기 위해 귀를 바짝 기울여 세심하게 듣고 정성껏 대필한다.

이스라엘 가운데 '남은 자들'이 있다 (11:1-10)

사랑하는 형제 동포들이여, 그러면 내가 다시 묻겠습니다. 하나님께서 자기 백성 이스라엘을 버리신 것입니까? 포기하신 것입니까? 아뇨, 결코 그렇지 않습니다! 나 역시 여러분처럼 이스라엘 사람이고 아브라함의 후손으로서 베냐민 지파에 속한 사람입니다. 우리 하나님께서는 미리 아시고 처음부터 선택한 자기 백성을 버리신 일이 절대로 없습니다.

앞선 장(10장)에서 바울은 하나님께 불순종하여 그리스도의 복음을 거절한 유대인들은 하나님께 버림을 받았다고 말했다. 그렇다면 이에 대해 사람들은 "하나님께서는 자신이 선택한 백성을 그렇게 무책임하게 버리시고 마는가?"라는 질문을 하게 된다. 이런 질문에 대해 바울은 "결코 그렇지 않다!"라고 단호하게 대답한다. 어째서 그런가?

여러분은 타락한 이스라엘 백성을 징벌해 달라고 호소하는 엘리야 선지자에 대해 성경이 어떻게 말하고 있는지 알지 못합니까? 옛적 엘리야 선지자가 주님께 호소하기를 "주여, 저들은 주님의 선지자들을 다 죽이고 주님의 제단을 모조리 허물어버렸습니다. 그리하여 이제는 저 혼자 유일하게 살아남아 있는데, 저들은 저마저도 죽이려고 혈안입니다. 이를 어쩌면 좋겠습니까?"(왕상 19:10)라고 하자, 그때 하나님께서 엘리야에게 어떻게 답변하셨습니까? 말씀하시기를 "엘리야야, 나는 나 자신을 위해 바알에게 무릎 꿇지 않은 칠천 명을 남겨두었노라"(왕상 19:18)라고 하지 않았습니까?

'바알'은 가나안 땅의 주요 우상이다. 엘리야 시대에, 북왕국 이스라엘의 아합 왕(주전 874-853년경)은 여호와를 떠나 강력한 바알 숭배 정책을 폈고, 이에 반대하는 자들을 처단했다(왕상 18:1-19:18). 그래서 엘리야도 심각한 목숨의 위협을 받고 계속 쫓기고 있었는데, 그는 여호와를 섬기는 자들은 모두 죽고 자신만 살아남았다고 생각하여 탄식하고 절망했다.

그러나 이때 하나님은 '바알에게 무릎 꿇지 않은 자들' 곧 흔들림 없이 '여호와 신앙을 간직한 자들'이 7천 명이나 남아 있다고 엘리야에게 알려주셨다. 이는 어떤 혹독한 상황에서도 하나님은 '신앙의 남은 자들'

곧 신앙을 지키는 자들을 남겨두신다는 의미다. 바울의 편지는 이어진다.

오늘날에도 마찬가지입니다. 하나님께서는 이스라엘 가운데 은혜로 선택하신 자들을 여전히 남겨두셨습니다. 이처럼 이스라엘 중에 '남은 자들'이 있는데, 그것은 오직 하나님의 은혜로 된 것이지 사람의 행위로 된 것이 아닙니다. 만일 '행위'로 선택을 받았다면, 그것을 어찌 '은혜'라고 할 수 있겠습니까?

바알 선지자를 밟고 있는 엘리야 선지자

'남은 자'(헬, 레임마)는 '뒤에 남겨놓다'란 뜻의 헬라어 동사 '레이포'에서 유래한 말이다. 성경에 사용된 이 말은 다수의 타락한 자들 가운데 하나님의 은혜로 남겨진 '소수의 참된 신앙인들'을 일컫는 말이다.

형제 여러분, 그러면 무엇입니까? 이스라엘 사람들이 자신들의 율법적 행위로써 그토록 열성적으로 찾아 헤매던 것, 곧 '의롭다 함'을 그들은 끝내 얻지 못했지만, 오직 선택받은 사람들은 하나님의 은혜로 그것을 얻었습니다. 그리하여 결과적으로 의롭다 함을 얻지 못한 사람들은 매우 미련한 자들이 되고 말았습니다. 이런 사실을 두고, 일찍이 성경에는 이렇게 기록되어 있습니다.

"하나님께서 그들에게 혼미한 영을 주셨으므로, 그들은 오늘날까지도 눈이 있어도 (복음을) 보지 못하고 귀가 있어도 (복음을) 듣지 못하는구나"(사 29:10; 신 29:4). 또한 다윗도 이렇게 말했습니다. "그들의 밥상이 도리어 올가미가 되게 하소서. 또한 덫이 되고 함정이 되게 하셔서, 마침내 거기에 걸려 넘어지고, 그것으로 인해 징벌을 당하게 하소서. 그리고 그들의 두 눈을 어둡게 하셔서 앞을 보지 못하게 하시고 그들의 등이 항상 구부러져 있게 하소서"(시 69:22-23).

하나님께서 이스라엘(유대인들)에게 혼미한 영을 주셨다는 말은 일부러 그들을 영적 장애자로 만드셨다는 의미가 아니라, 결과적으로 볼 때 그렇게 되었다는 말이다. 즉, 하나님은 유대인들 스스로의 선택(불순종)에 대하여 그 결과(영적 장애)를 스스로 거두도록 하셨다는 말이다.

그리고 다윗의 시는 본래 주의 백성을 저주하는 자들이 받게 될 보응에 관한 기도다. 사도 바울은 이 시를 인용하여, 하나님께서 처음에 크신 은혜로 이스라엘(유대인들)을 선택하셔서 그들에게 구원과 생명의 '밥상'을 베푸셨지만, 유대인들이 그 밥상(생명의 떡이신 그리스도 예수, 또는 복음)을 제 발로 걷어참으로써 그 밥상이 도리어 그들에게 올가미, 덫, 함정 즉 '거치는 것'이 되어 그들에게 심판의 근거가 되고 말았다는 뜻이다.

이방인의 구원과 이스라엘의 회복 (11:11-24)

자, 내가 다시 묻습니다. 그렇다면 이스라엘이 거치는 것에 걸리고 넘어져 다시는 일어날 수 없게 되었습니까? 아뇨, 결코 그렇지 않습니다! 그들이 불순종하고 잘못을 저지른 탓에 하나님의 구원이 그들을 떠나 이방인들에게로 향하게 되었지만, 그것은 이스라엘로 하여금 질투심을 불러일으키기 위함이었습니다. 보십시오. 이처럼 이스라엘의 잘못이 결과적으로 세상의 부요함이 되고, 이스라엘의 실패가 결과적으로 이방인들에게 부요함을 가져다주었다면, 만일 이스라엘(유대인들)이 하나님 앞에 올바로 서게 되면 그들은 얼마나 더 많은 부요함을 충만하게 누릴 수 있게 되겠습니까!

비록 이스라엘이 하나님의 은혜로 주어진 '구원의 밥상'을 스스로 걷어찼지만, 그렇다고 해서 구원의 소망이 완전히 사라진 것은 아니다. 자신들이 걷어찬 하나님의 구원이 이방인에게로 향하는 것을 보고, 선민(選民)으로서 이스라엘이 강렬한 질투심을 느껴, 자신들도 회개하고 돌이켜 그리스도의 복음을 받아들임으로써 마침내 이스라엘의 남은 자들 전부가 구원을 누리게 될 터였다. 그것이 이스라엘을 향한 하나님의 섭리요 경륜이었다.

그러므로 이제 나는 이방인 된 여러분에게 말합니다. 사실, 나는 이방인들에게 복음을 전하도록 주님께 부르심을 받은 사도인 만큼, 나는 내가 맡은 이 직분을 무척 영광스럽게 여깁니다. 내가 내 직분에 최선을 다함으로써 모쪼록 내 동족 유대인들에게 질투심을 불러일으켜, 그들 가운데 몇 사람만이라도 구원의 자리로 이끌고 싶다는 간절한 소망을 갖고 있습니다. 유대인들이 하나님께 버림받은 결과로 온 세상 사람들(이방인들)이 하나님과 화목을 이루게 되었다면, 이제 하나님께서 유대인들을 다시 받아들이신다면 그것은 죽은 자들에게 새 생명을 주시는 것과 다름없는 일이 될 것입니다. 하나님께 거제로 드려진 처음 익은 곡식가루가 거룩하다면 나머지 떡덩이 부분도 거룩하게 마련이고, 나무의 뿌리가 성하면 그 가지도 성한 법입니다.

여기서 '처음 익은 곡식가루'와 '나무의 뿌리'는 애초에 하나님께 거룩하게 구별되어진 유대인들의 조상을 가리킨다. 그리고 '나머지 떡덩이 부분'과 '나무의 가지'는 그들의 후손 된 현재의 이스라엘 백성을 가리킨다. 말하자면 이스라엘의 근본은 하나님의 선민 된 거룩한 백성이라는 말이다.

이제 바울은 하나님의 구원과 관련하여 유대인들과 이방인들의 관계를 논함에 있어서, 그 유명한 '참 올리브나무(참감람나무)와 야생 올리브나무(돌감람나무)의 비유'를 든다. 여기서 '참 올리브나무'는 이스라엘(유대인들)을, '야생 올리브나무'는 온 세상 사람들(이방인들)을 상징한다.

여러분, 참 올리브나무의 가지를 일부 잘라내고 거기에 야생 올리브나무의 가지를 접붙이면, 그 야생 올리브나무의 가지는 본래의 참 올리브나무 뿌리에서 양분을 공급받게 됩니다. 그러므로 접붙임 받은 가지 된 이방인 여러분은 그 잘려나간 본래의 가지들을 얕잡아 보면서 우쭐대지 말아야 합니다. 그 까닭인즉슨, 가지가 뿌리를 지탱해주는 것이 아니라 어디까지나 뿌리가 가지를 지탱해 주기 때문입니다. 이 사실을 꼭 명심하십시오.

이방인 여러분은 혹 이렇게 생각할 수도 있습니다. "(하나님은) 나를 접붙이기 위해서 본래의 가지들을 잘라낸 거야." 그건 그렇습니다. 그러나 본래의 가지들(유대인들)이 잘려나간 것은 그들이 하나님을 믿지 않았기 때문이고, 여러분(이방인들)이 접붙여진 것은 하나님을 믿었기 때문입니다. 이 사

참감람나무에 접붙임이 되어 있는 돌감람나무

실을 꼭 명심해야 합니다. 그러므로 절대로 교만한 마음을 품지 말고, 도리어 삼가 두려워하는 마음을 가져야 합니다.

유대인들이 미워서 잘라낸 것이 아니고 이방인들이 예뻐서 접붙인 것이 아니라, 오직 하나님을 믿는 믿음 곧 하나님의 독생자이신 예수 그리스도의 복음을 받아들이는 그 믿음에 근거해서 하나님께서 그리하셨다는 말이다.

자, 생각해 보십시오. 하나님께서 본래 참 올리브나무의 가지들조차 아끼워하지 않고 단호하게 잘라내셨다면, 하물며 거기에 접붙임 받은 가지 된 이방인 여러분 또한 아까워하실 리 없습니다. 이처럼 하나님께서는 자비로우신 분임과 동시에 준엄하신 분임을 잊지 마십시오. 하나님께서는 자신을 거역하는 자들에게는 매우 준엄하시지만, 겸손한 마음으로 자신의 관대한 은혜 가운데 머물러 있는 사람에게는 늘 관대하게 대하십니다. 따라서 여러분이 하나님의 구원을 가볍게 여겨 교만하게 군다면, 여러분 또한 언제든지 잘려나갈 것입니다.

바울의 말을 오해하지 말라. 우리의 구원은 우리의 행위에 따라 언제든지 잃어버릴 수 있다고 말하는 게 아니다. 누구든지 하나님의 은혜로 일단 구원을 받았다면, 그는 구원의 반열에서 떨어지는 법이 없다. 만일 하나님의 구원에서 도중에 끊어지는 자가 있다면, 그는 구원받은 것처럼 보였을 뿐이고 처음부터 진정으로 구원받은 자가 아닌 것이다. 우리의 구원은 우리의 선한 행위에 근거하고 있는 것이 아니라, 처음부터 끝까지 오직 하나님의 신실하신 은혜에 근거하고 있기 때문이다.

그렇지만 비록 한때의 불신앙 탓에 잘려나간 자들일지라도 그들이 자신들의 불신앙을 계속 고집하지 않고 돌이켜 회개한다면, 하나님께서는 언제라도 그들을 다시 (구원의 나무에) 접붙여 주실 것입니다. 하나님에게는 그런 능력이 충분히 있기 때문입니다. 또한 본래 야생 올리브나무 가지였던 여러분 이방인들이 거기서 잘려져 그 본성을 거슬러 참 올리브나무에 접붙임을 받았다면, 하물며 본래의 참 올리브나무 가지들(유대인들)이 자신들의 본래 올리브나무에 다시 접붙여진다는 것은 얼마나 더욱 쉬운 일이겠습니까!

유대인들의 회복이 어렵지 않고 쉽다는 사실을 단적으로 비유하는 말이다. 비록 이스라엘(유대인들)이 하나님께서 베푼 구원의 밥상을 걷어참으로써 실족하여 구원의 반열에서 잘려나갔지만, 그들은 어디까지나 참 올리브나무에 뿌리를 둔 본래 가지들이었다. 따라서 그들이 회개하고 돌이킨다면 참 올리브나무에 다시 접목되는 일은 본래 야생 올리브나무인 이방인들이 본성을 거슬러 접목되는 일보다 훨씬 쉽고 간단하다. 이것은 실제로 나뭇가지의 접붙임을 한 번이라도 해본 사람이라면 백번 공감하는 일이다.

이스라엘의 회복과 인간 구원을 위한 하나님의 경륜 (11:25-36)

그러므로 이방인 형제들이여, 여러분은 이런 하나님의 신비를 깨닫고 부디 자만하지 않기를 바랍니다. 구원받기로 작정된 이방인들의 충만한 수효가 다 찰 때까지는 이스라엘 사람들 중에 불신앙을 고집하는 완고한 자들이 계속 있게 될 것입니다. 그러나 언젠가 때가 되면, 선택받은 온 이스라엘이 구원의 자리에 전부 이를 것입니다.

'온 이스라엘'이 구원의 자리에 이른다는 말은 모든 이스라엘 백성들이 개별적으로 전부 구원을 받는다는 의미가 아니라, 때가 이르게 되면 이스라엘이 국가적인 단위로 메시아(그리스도) 복음을 받아들인다는 의미다.

요컨대, 바울의 설명은 이렇다. 비록 하나님께서 유대인들(이스라엘)의 불순종으로 인해 복음 안에서 이방인들을 먼저 자기 자녀로 삼았지만, 그래도 유대인들을 위해 특별한 미래의 계획을 가지고 있다는 것이다. 그 계획인즉슨, 일정 기간 유대인들을 불신앙의 상태로 내버려두었다가 작정하신 이방인들의 충만한 수효가 복음 안으로 들어오면, 그때부터는 본격적으로 유대인들로 하여금 복음을 받아들이게 하여 국가나 민족 단위로 '온 이스라엘'을 구원의 길로 이끈다는 것이다. 이는 실로 깊고 풍성한 하나님의 경륜이기에, 바울은 이를 '신비'라고 불렀다(롬 11:25).

> 이는 내 말이 아니라, 하나님의 말씀입니다. 보십시오. 이런 사실에 대하여, 성경에는 이렇게 기록되어 있지 않습니까. "시온으로부터 구원하시는 분이 나와서 야곱의 후손 중에서 경건치 못한 자들을 모두 몰아내실 것이다"(사 59:20). "보라, 이것이 바로 내가 그들과 맺은 구원의 언약인데(사 59:21), 내가 그들의 죄를 없애버릴 때에 비로소 그 구원의 언약이 이루어질 것이다"(사 27:9).
>
> 또한 복음과 관련해서 말씀드리자면, 불신앙 탓에 이스라엘이 하나님과 원수 된 것은 오히려 이방인 된 여러분에게는 득이 된 일입니다. 하지만 하나님의 선택하심과 관련해서 말씀드리자면, 유대인들은 자신들의 조상 덕분에 하나님의 사랑을 먼저 받은 자들입니다. 그런 하나님의 은혜와 부르심에는 어떤 후회도 없고 결코 번복되는 일도 없습니다.

본래 하나님의 계획은 이러했다. 이스라엘 백성을 먼저 택하여 제사장 나라로 삼고 그들을 충만하게 구원한 다음에, 그들로 말미암아 이방인들을 하나님께로 이끈다는 것이었다. 그런데 이스라엘이 하나님께 불순종하여 하나님과 원수가 되는 바람에 하나님의 구원계획이 변경되었다.

즉, 이스라엘 사람들(유대인들)에 앞서 이방인들을 먼저 충만하게 구원한 다음에, 이어서 유대인들을 충만한 구원의 자리로 이끄는 방식이었다. 따라서 결과적으로 볼 때 이스라엘의 불신앙이 이방인들에게는 득이 되었다. 하지만 이스라엘을 먼저 선택하신 하나님의 은혜와 부르심에는 어떤 번복이나 후회가 없다. 구원의 순서만 뒤로 늦춰졌을 뿐, 이스라엘의 충만한 수효를 구원의 자리로 이끈다는 사실에는 하등 변함이 없기 때문이다.

물론 '이방인의 충만한 수효'가 모든 이방인 개개인을 뜻하지 않듯 '이스라엘의 충만한 수효' 역시 모든 이스라엘 백성 개개인을 뜻하지 않는다. 이 말은, 장차 이스라엘이 국가적으로 그리스도의 복음을 받아들여 많은 수효가 구원을 받게 될 것이라는, 말하자면 '민족적 회심'을 뜻하는 말이다. 그리하여 이스라엘 백성들 중 모든 세대의 구원받은 자들과 합하여, 그들도 하나님께서 처음부터 작정하신 구원의 '충만한 수효'를 이루게 될 것이었다.

> 생각해 보십시오. 한때 하나님을 거역하였던 이방인 여러분은 이스라엘의 불순종 탓에 이제 하나님의 자비를 덧입게 되었습니다. 이와 같이 이스라엘이 지금은 하나님을 거역하고 있지만, 이방인 여러분이 받고 있는 하나님의 자비를 보게 되면, 그들도 결국에는 회개하고 하나님께로 돌아와 그분의 자비를 받게 될 것입니다. 이렇게 볼 때, 하나님께서 모든 사람을 불순종의 상태에 가두신 것은 모든 사람에게 자비를 베풀기 위함이라고 볼 수도 있습니다.

달리 말하면, 유대인들과 이방인들을 막론하고 모든 사람이 하나님을 떠나 불순종의 상태에 빠져 있었을지라도, 하나님께서는 차별 없이 그들에게 자비와 긍휼을 베푸시어 구원의 자리로 초청하신다는 말이다.

아, 이 얼마나 고맙고 감사한 일인지요! 하나님의 지혜와 지식은 얼마나 풍성하고 또 얼마나 깊이가 있는지요! 그분의 판단력은 감히 헤아릴 길이 없고, 그분께서 가시는 길은 우리 인간들이 감히 더듬어 추적할 수조차 없습니다! 어느 누가 주님의 마음을 알 수 있겠습니까, 어느 누가 그분의 의논 상대가 될 수 있겠습니까! 또 하나님께서 되돌려주셔야 할 만큼, 그분께 먼저 드린 사람이 온 세상에 누가 있겠습니까! 오직 만물이 다 그분 하나님께로부터 나오고, 그분 하나님으로 말미암아 존재하고, 결국 그분 하나님께로 돌아갈 뿐입니다. 그분 하나님께 영원무궁토록 영광을 돌립시다. 아멘!

지금껏 바울은 이스라엘(유대인들)과 이방인들을 향한 하나님의 신비로운 구원 사역을 살펴보는 가운데 하나님의 크시고도 깊으신 자비, 은혜, 지혜, 지식, 섭리, 경륜 등을 깨닫고 온 마음을 다해 찬미와 영광을 돌리고 있다. 진실로 만물의 처음이자 마지막이시며, 만유의 근원이시고 주권자 되시는 하나님께 모든 영광과 존귀를 돌림으로써 바울은 하나님의 절대주권을 드높이고 있다. 그렇다. 인간의 구원을 위한 하나님의 거룩하신 섭리와 오묘하신 경륜 앞에 인간이 반응할 수 있는 마땅하고 합당한 자세는 단 하나, 오직 "주님께 찬미!"뿐이다.

12
성도들의 합당한 삶

여러분 몸을 거룩한 산 제물로
하나님께 온전히 바치십시오
이 세상 헛된 것들 본받지 말고
합당한 영적 예배 드리십시오

"사도님, 주님께 찬미를 돌렸으니 이제 편지를 마무리할까요?"

"아, 아닐세. 지금까지는 내가 구원의 도리에 관해 집중적으로 이야기 했네만, 이제부턴 하나님의 은혜로 구원받은 성도들의 삶에 관해 집중적으로 이야기하고 싶네. 삶 속에서 실천되지 않는 교리라면 그게 무슨 의미가 있겠는가, 안 그런가?"

나이 60세에 가까운 사도 바울, 로마 교회를 향한 불타는 애정과 성령의 감화 감동으로 인해 편지를 쓸수록 더욱 힘이 솟구치는 듯 열정적으로 구술한다.

그리스도 안에서 새로운 삶과 은사 (12:1-8)

사랑하는 형제들이여, 그러므로 내가 하나님의 자비하심으로 여러분에게 간곡히 권면합니다. 모쪼록 여러분의 몸을 하나님께서 기뻐하며 받으실 거룩한 산 제물로 바치십시오. 이것이야말로 여러분이 하나님께 드릴 합당한 영적 예배입니다. 여러분은 이 세상의 악하고 타락한 풍조를 더는 본받지 말고, 여러분의 마음을 새롭게 하여 믿는 자답게 변화되어야 합니다. 그리하여 여러분은 하나님의 뜻이 무엇인지, 또한 여러분을 향한 하나님의 기뻐하시고 선하시며 온전한 뜻이 어디에 있는지 옳게 분별하여, 그것을 온전히 받아들이고 실천하도록 하십시오.

구약시대의 실제적인 제사는 짐승을 죽여 그 살과 피로써 하나님께 희생 제물로 바치는 것이었다. 그러나 신약시대의 영적 제사는 자아의 생각과 뜻을 십자가 아래 죽이고 하나님의 기뻐하시고 선하신 뜻을 온전히 좇음으로써 자신을 거룩한 산 제물로 바치는 것이다. 하나님의 뜻을 옳게 분별한다는 것은 성경에 나타난 하나님의 뜻에 전적으로 순종하여 그대로 '행하는 것'을 의미한다. 실천 없는 지식(앎)은 아무런 가치와 의미가 없다.

나 바울은 하나님의 은혜를 받은 사람으로서 여러분 한 사람 한 사람에게 진심으로 말합니다. 여러분은 자기 자신에 대해 마땅히 생각해야 할 그 이상의 교만한 생각을 하지 말고, 하나님께서 주신 믿음의 분량에 따라 여러분 자신을 분수에 맞게 올바로 평가하십시오. 우리 몸에는 많은 지체들이 있지만, 그 지체들이 다 똑같은 일을 하는 것은 아닙니다. 마찬가지로 우리 믿는 자들도 많고 다양하지만, 그 많고 다양한 사람들이 예수 그리스도 안에서 한 몸을 이루어 우리 각자가 서로서로 지체가 되었습니다.

믿는 자들은 그리스도 예수 안에서 한 몸을 이루었고, 성도 한 명, 한 명의 각자는 서로 간에 유기적으로 상호 작용하는 몸의 지체들이 되었다는 말이다. 그리스도 안에서 성도의 일치와 연합, 그리고 유기적 관계성을 언급한 것이다.

여러분, 우리 각자는 하나님께 받은 은혜에 따라 저마다 다른 은사를 지니고 있습니다. 가령, 예언의 은사를 받은 사람은 자기 믿음의 정도에 맞게 예언해야 합니다. 또 남을 섬기는 은사를 받았거든 섬기는 일에 힘써야 하고, 가르치는 은사를 받았거든 가르치는 일에 힘써야 합니다. 또 권면하는 은사를 받았거든 권면하는 일에, 나누어주는 일을 은사로 받은 사람은 다른 사람들과 나누는 일에 힘써야 합니다. 지도하고 인도하는 자질을 은사로 받은 사람은 지도자요 인도자로서 부지런히 일해야 합니다. 그리고 자선 베푸는 일을 은사로 받은 사람은 기쁜 마음으로 자선 베푸는 일을 해야 합니다.

은사(헬, 카리스마)는 '은총(은혜)'이란 뜻인데, 하나님께서 믿는 자들로 하여금 자신을 섬기고 교회와 이웃을 돌보도록 하기 위해 특별히 부여해 주신 '은총의 선물'을 가리킨다. 이 같은 은사는 오직 하나님의 은혜로 주어지는 만큼, 은사를 받은 자는 교만한 마음을 품거나 그 은사를 자랑해선 안 된다.

여기서 바울은 7가지 은사를 열거했다. ① 예언하는 일 ② 섬기는 일 ③ 가르치는 일 ④ 권면하는 일 ⑤ 나누어주는(구제하는) 일 ⑥ 다스리는 일(지도하고 인도하는 일) ⑦ 자선(긍휼) 베푸는 일.

그리스도인의 새롭고 올바른 삶 (12:9-21)

사랑하는 형제 여러분, 사랑에는 거짓이 없으므로 주님의 말씀을 좇아 서로 사랑하되, 겉치레로 사랑하지 말고 진심으로 사랑하십시오. 악을 미워하여 멀리하고, 선한 것을 꽉 붙드십시오. 교우들 간에 친형제처럼 서로 따뜻하게 사랑하고, 서로 먼저 존경하는 마음을 가지십시오. 자신이 맡은 일을 게을리하지 말고, 영적인 열정을 품고 최선을 다해 힘껏 주님을 섬기십시오. 소망 가운데 기뻐하고, 환난 가운데 인내하며,

기도하는 가운데 신실하십시오. 또한 곤궁에 빠진 성도들에게 쓸 것을 공급해 주고, 나그네를 정성껏 후히 대접하도록 하십시오.

소망 중에 즐거워하며 기도에 항상 힘쓰라

하나님의 속성 가운데 가장 큰 속성은 '사랑'이다. 그래서 하나님은 사랑이시다(요일 4:8). 그 사랑(헬, 아가페)은 참된 것으로, 인간의 사랑과는 달리 영원하고도 완전하며 아무런 거짓이 없다. 믿는 자들은 그 사랑을 본받아 거짓 없는 참사랑으로 하나님을 사랑하고 이웃을 사랑해야 한다. 특히 그리스도 안에서 한 가족과 형제자매 된 교우들을 진심으로 사랑해야 한다.

여러분을 박해하는 사람이 있다면, 그들을 위해 도리어 복을 빌어 주십시오. 그렇게 축복해 주고 원한을 품거나 저주하지 마십시오. 기뻐하는 사람들과 함께 기뻐하고, 슬퍼하는 사람들과 함께 슬퍼하십시오. 서로서로 한마음이 되어 다 함께 어울려 조화롭게 사십시오. 무엇보다 조심해야 할 것은, 결코 교만한 마음을 품어서는 안 된다는 것입니다. 비천한 사람이라고 해서 따돌리지 말고 그들과도 기꺼이 함께 사귀고, 스스로 지혜 있는 양 뻐기거나 잘난 체하지 마십시오. 누구에게든지 악을 악으로 갚지 말고, 누가 보더라도 책잡히지 않게끔 항상 옳은 일을 하는 데 애쓰십시오. 할 수 있는 대로, 여러분 쪽에서 먼저 손을 내밀어 모든 사람과 화목하고 평화롭게 지내도록 하십시오.

지금 사도 바울은 성도의 새로운 삶에 관해 언급하고 있다. 성도들은 그리스도 예수 안에서 새롭게 태어난 사람들로서 마땅히 새로운 삶을 살아가야 한다. 그리스도를 알지 못하는 세상 사람들과는 다른 가치관과 다른 생활방식을 가져야 한다. 그것은 곧 예수님의 삶을 본받는 것으로, 착하고 의로우며 거룩하고 신실하며 선하고 올바르게 살아가는 삶이다.

> 사랑하는 나의 형제들이여, 여러분에게 진심으로 권면합니다. 원수에 대하여 여러분이 직접 복수하려고 하지 말고, 그 일에 관해 하나님의 진노하심에 맡기십시오. 성경에 기록된 대로(신 32:35), 하나님께서 친히 말씀하시기를 "원수 갚는 일은 내가 할 일이니, 내게 다 맡기라" 하셨습니다. 또 성경을 보면(잠 25:21-22) "네 원수가 굶주려 있거든 그에게 먹을 것을 주고, 목말라 하거든 마실 것을 주어라. 그렇게 하면, 그것은 네 원수의 머리 위에 불타는 숯불을 올려놓은 것과 같아서, 그로 하여금 크게 뉘우치게 하는 계기가 될 것이다" 하였습니다. 그렇습니다. 절대로 악에게 지지 말고 악을 이기되, 부디 선으로 악을 이기십시오.

원수에게 저주를 퍼붓고 해를 가하는 대신에 도리어 선을 행하고 자비를 베풀면, 그것은 그 원수의 머리 위에 불타는 숯불을 올려놓은 것과 같다. 이 말은 고대 세계의 잠언으로(잠 25:22), 비록 원수이지만 그에게 선을 행하고 친절을 베풀면, 원수의 얼굴이 부끄러움과 민망함으로 (불타는 숯불처럼) 붉게 타오를 것이며, 그로 인해 원수가 자기 잘못을 스스로 깨닫고 뉘우치게 될 것이라는 뜻이다(만일 그 원수가 끝까지 뉘우치지 않으면, 그는 결국 불타는 숯불처럼 뜨겁고 강렬한 하나님의 진노를 자신의 머리 위에 쌓는 결과를 초래하는 것이다). 성경은 모든 면에서 개인적인 복수를 허락하지 않는다. 우리는 다만 사랑하고 용서할 뿐이고, 원수 갚는 일은 어디까지나 하나님의 몫이다.

13

성도들의 바른 국가관

잠에서 깰 때가 되었습니다
밤이 깊어 낮이 가까우므로
어둔에 속한 악한 행실 버리고
낮에 합당한 빛의 옷을 입읍시다

성도와 이 세상의 권세에 대하여 (13:1-7)

사람은 누구나 위에 있는 정부 당국의 권세에 복종해야 합니다. 세상의 모든 권세는 하늘의 하나님께로부터 비롯된 것이고, 이미 있는 세상 권세들도 다 하나님께서 세우신 것이기 때문입니다. 그러므로 나라의 권세를 거역하는 사람은 하나님께서 세우신 권세를 거역하는 것과 마찬가지이기 때문에 그런 사람에게는 처벌이 뒤따를 것입니다. 올바르게 살아가는 사람에게는 세상 통치자가 두려울 것이 전혀 없지만, 악한 일을 행하는 사람에게는 세상 통치자가 두려움의 대상이 됩니다. 따라서 세상 통치자를 두려워하지 않으려거든 죄짓지 말고 올바르게 사십시오. 그러면 세상 통치자도 여러분을 칭찬할 것입니다.

하나님은 만유의 주재자로서 자신의 기쁘고 선한 뜻에 따라 나라들과 왕들을 세우기도 하시고 폐하기도 하신다(단 2:21). 따라서 세상의 모든 권세는 하늘의 하나님께로부터 비롯된 것이다. 이 사실이 세상 정부에 복종해야 하는 근본적인 이유다.

> 권세를 가진 이 세상의 통치자들은 여러분의 유익을 위해 보내진 하나님의 일꾼들입니다. 하지만 여러분이 악한 일을 저지르게 되면, 그를 두려워하는 것이 당연합니다. 통치자가 공연히 칼을 가지고 있는 게 아닙니다. 그는 하나님의 일꾼으로서 죄를 저지르는 악인에게 하나님을 대신하여 벌을 내리는 것입니다. 여러분은 벌을 받지 않기 위해서만이 아니라, 양심에 따르기 위해서라도 세상 권세에 복종해야 합니다.

여기서 의문이 생긴다. 그렇다면 하나님은 악한 세상 정부도 후원하시는가? 만일 세상 정부의 법과 하나님의 법이 충돌한다면, 우리는 어떤 것을 따라야 하는가?

어떤 경우에, 하나님은 악한 자들이 세상 권력을 장악하는 것을 허용하신다. 하지만 그것은, 하나님이 그 정부를 후원하신다는 뜻은 아니다. 그 정부가 선한 것이든 악한 것이든, 하나님은 자신의 선하고 더 위대한 목적을 이루시기 위해 모든 통치자와 모든 세상 정부를 이용하실 수 있다.

여기서 바울은 시민의 불복종 문제에 대해선 다루고 있지 않지만, 그것에 대해서 언급하고 있는 성경의 다른 구절을 살펴보면(행 5:29), 세상 정부가 믿는 자들의 신앙 자유를 침범할 때 기독교인들은 세상 정부보다는 하나님의 법에 순종해야 한다. 하나님은 만유의 주재자로서 세상의 그 어떤 정부도, 그 어떤 통치자도 하나님보다 더 높은 권위를 가질 수 없다. 그래서 신자는 모든 상황에서 언제나 세상의 법보다 하나님의 법에 우선 순종해야 하는 것이다.

> 여러분이 나라에 세금을 내는 것도 같은 이유에서입니다. 정부에서 일하는 사람들은 하나님의 일꾼들로서 하나님께서 맡기신 일을 감당하는

사람들이기 때문입니다. 그러므로 국가에 대한 여러분의 의무를 다하십시오. 세금을 내야 한다면 세금을 내십시오. 두려워해야 할 사람을 마땅히 두려워하고, 존경해야 할 사람을 마땅히 존경하십시오.

이 세상의 국가와 정부가 신앙의 자유를 침범하거나 하나님의 법에 어긋나지 않는 한, 성도들은 국가와 정부에 대한 책임과 의무를 다해야 한다. 그리하여 이 세상과 세상 사람들에 대해 빛과 소금의 역할을 잘 감당함으로써 하나님께 영광을 돌려야 한다(마 5:16).

사랑은 모든 율법의 완성이다 (13:8-10)

여러분, 서로 사랑해야 하는 사랑의 빚 외에는 누구에게든지 아무 빚도 지지 마십시오. 이웃을 사랑하는 사람은 율법을 다 이룬 셈입니다. 율법을 보면 "간음하지 말라", "살인하지 말라", "도둑질하지 말라", "탐내지 말라" 같은 계명들과 그 밖의 다른 여러 계명들이 있을지라도, 율법의 모든 계명은 "네 이웃을 네 몸과 같이 사랑하라"는 단 하나의 계명 속에 다 요약되어 있습니다. 그렇습니다. 사랑은 이웃에게 결코 해를 끼치지 않습니다. 그러므로 사랑은 율법의 완성입니다.

사랑은 율법의 완성이다

이 문제에 대해선, 예수님이 명쾌하게 직접 정리해 주셨다. 한 율법학자가 예수님께 율법 중에서 어느 계명이 가장 큰 것인지를 물었을 때, 예수님은 첫째는 '하나님 사랑'이고, 둘째는

'이웃 사랑'이라고 답하셨다. 그러면서 이 두 계명이 온 율법과 선지자(예언)의 대강령이고 요약이며 핵심이라고 말씀하셨다. 따라서 '사랑'이야말로 모든 율법의 완성이다.

깨어 근신하고, 빛의 갑옷을 입어라 (13:11-14)

형제 여러분, 지금이 어느 때인지를 깨닫고 올바로 살아가십시오. 잠에서 깨어나야 할 때가 벌써 이르렀습니다. 지금은 우리의 구원이 우리가 처음 믿었을 때보다 한층 가까워졌기 때문입니다. 어두운 밤은 거의 끝나가고 밝은 낮이 가까웠습니다. 그러므로 밤의 어둠에 속하는 악한 행실은 모두 벗어버리고, 낮에 합당한 빛의 갑옷을 입으십시오. 낮에 행동하듯이 단정하고 규모 있게 행해야 합니다. 흥청망청 먹고 마시며 술 취하지 말고, 음행과 방탕에 빠지지 말고, 다투거나 시기하지 마십시오. 그 대신에, 오직 주 예수 그리스도로 옷 입고 세상 정욕을 채우려고 죄 많은 육신의 일을 추구하지 마십시오.

성경에서 '밤'이나 '어둠'은 종종 사탄의 영역, 또는 사탄에게 속한 온갖 악한 일들을 상징한다. 반면, '낮'이나 '빛'은 그리스도의 영역, 또는 그리스도께 속한 온갖 선한 일들을 상징한다. 예를 들어 사탄의 악한 영향력 하에 있는 '밤의 어두운 일들'은 이러하다. 술 취함, 음행, 방탕, 다툼, 시기, 정욕 등이다(롬 13:13-14).

반면, 그리스도의 선한 영향력 하에 있는 '낮의 밝은 일들'은 이러하다. 그것들은 곧 '빛의 열매들'로서 모든 착함과 의로움과 진실함이다(엡 5:9). 또한 '성령의 열매들'로서 사랑, 희락(기쁨), 화평(평강), 오래 참음(인내), 자비(친절함), 양선(선함), 충성(신실함), 온유, 절제 등이다(갈 5:22-23).

14
형제를 판단하지 말라

여러분은 음식 문제로
하나님의 일 무너지게 하지 말고
형제자매를 넘이뜨리지 말고
오직 믿음에 따라 행하십시오

“이젠 교회 내에서 믿음 생활을 하고 있는 성도와 성도 사이의 올바른 자세와 관계에 대해 이야기하고 싶네. 듣자 하니, 음식이나 절기 문제 등을 놓고 성도들 간에 여러 견해와 논쟁이 있는 것 같아서 말이야.”

“네, 사도님. 말씀하십시오.”

믿음의 형제들 간에 서로 업신여기거나 비난하지 말라 (14:1-12)

사랑하는 형제 여러분, 만일 교회 안에 믿음이 약한 사람이 있더라도 그들을 그냥 순수하게 받아들이고, 그들의 초보적인 생각을 시빗거리로 삼지 않도록 하십시오. 어떤 사람들은 무엇이든지 다 먹을 수 있는 강한 믿음을 가졌지만, 어떤 사람들은 믿음이 연약하여 단지 채소만 먹습니다. 이때 무엇이든 다 먹는 사람은 그렇지 못한 사람을 업신여기지 말아야 하고, 또한 모든 것을 다 먹지 못하고 채소만 먹는 사람은 무엇이든 다 먹는 사람을 비난하지 말아야 합니다. 왜냐하면 하나님께서는 다 먹든, 채소만 먹든 그런 사람들을 전부 자신의 백성으로 받아들이셨기 때문입니다.

이 말은 바울 당시(주후 1세기 중엽)의 신자들에게 적용되는 말이다. 그 당시에 어떤 신자들은 율법의 음식물 규례에 근거하여 스스로 음식물 섭취를 제한했다. 그래서 성결 등의 이유로 고기류를 먹지 않고 단지 채소류만을 고집했다. 하지만 그들은, 입으로 들어가는 것이 사람을 더럽게 하는 것이 아니라, 입에서 나오는 것들이 사람을 더럽게 한다는 예수님의 가르침을 진정 깨닫지 못한 믿음이 연약한 자들이었다(마 15:15-20). 바울 역시 예수님의 가르침에 근거하여 음식물 자체가 악하거나 속된 것은 없다고 가르쳤다(롬 14:14).

이런 사실에 기초하여 바울은 자신의 잣대로 다른 사람의 신앙을 함부로 판단하거나 정죄해선 안 된다는 사실을 다시금 강조한다.

여러분이 누구이기에 다른 사람의 종을 이렇다, 저렇다 판단할 수 있는 것입니까? 그럴 수 없습니다. 그 종이 서 있든 넘어지든, 그것은 그의 주인의 문제입니다. 주께서 그 사람을 서 있게 하신다면, 그 사람은 서 있게 될 것입니다.

또 절기 문제에 관해 말하자면, 어떤 이들은 특별한 날을 정하여 그 날을 더 중요하게 기리지만, 다른 이들은 어느 날이나 다 똑같다고 생각합니다. 이런 문제는, 각자가 마음에 작정한 대로 결정할 일입니다. 그 까닭은, 모두가 주님을 위한다는 생각에서 그렇게 행동하기 때문입니다. 특정한 날을 존중하는 사람도 주님을 위해 그렇게 하고, 고기를 먹는 사람도 주님을 위해 주님께 감사하면서 먹습니다. 음식을 가리는 사람도 또한 주님께 감사를 드리면서 그렇게 가립니다. 무엇보다도 이 사실이 중요한 것입니다.

각자가 자신의 신앙 양심에 따라 마음에 작정한 대로 결정하고 행하는 것, 이를 기독교 용어로 '아디아포라(Adiaphora)'라고 한다. 따라서 여기에 속하는 행위들은 행해도 되고, 행하지 않아도 죄가 되지 않는 대수롭지 않은 문제들로서 본질적으로 선악(善惡)과 직결되지 않았을 뿐만 아니라, 더욱이 구원의 문제와 관련된 것이 아니다.

그렇기 때문에 '아디아포라'에 속하는 일상적인 삶의 문제들은 성도 각자의 개인적인 판단과 양심의 자유에 맡겨야 하고, 그보다 정말 중요한 것에 주목해야 한다. 중요한 것은, 무엇을 행하든 행하지 않든, 주님을 위하고 또 하나님의 영광을 위한다는 마음가짐을 갖추는 것이다.

> 우리 믿는 자들 가운데 어느 누구도 자신만을 위하여 살아가는 사람이 없고, 자신만을 위하여 죽는 사람도 없습니다. 우리는 살아도 주님을 위해 살고, 죽어도 주님을 위해 죽습니다. 이처럼 살든지 죽든지, 우리는 온전히 주님의 것입니다. 바로 이런 이유로, 우리 주 그리스도께서는 죽었다가 다시 살아나셔서 산 자와 죽은 자 모두에게 주님이 되었습니다.

예수 그리스도께서는 십자가 위에서 죽으시고 무덤에서 부활하심으로써 사망 권세를 이기셨다! 따라서 그리스도는 모든 죽은 자를 포함하여 모든 산 자의 주관자로서, 산 자와 죽은 자의 유일한 소망이 되셨다.

> 이러할진대 여러분은 어찌하여 자기 신앙의 잣대로 여러분의 형제들을 비난합니까? 왜 여러분의 형제를 업신여기는 것입니까? 언젠가 우리 모두는 다 하나님의 심판대 앞에 서게 될 것입니다. 이와 관련해서 성경에 기록되기를 "주께서 말씀하신다. '그날에 모든 이들이 내 앞에 무릎을 꿇을 것이고, 모든 이들의 혀가 하나님께 자백할 것이다' 했습니다." 그렇습니다. 그때가 되면, 우리 각자는 하나님 앞에 스스로 행한 일을 낱낱이 자백해야 할 것입니다.

우리가 살아도 주를 위하여 살고 죽어도 주를 위하여 죽나니

장차 최후심판의 날에는 믿는 자들이나 믿지 않은 자들이나 모두 하나님의 심판대 앞에 선다(고후 5:10; 계 20:11-12). 그 때에 공정한 심판을 통해 믿지 않는 자들은 그들의 불신앙에 대해 징벌을 받게 되고, 믿는 자들은 그들의 신실한 행위에 대해 상급을 받게 된다(고전 3:12-15).

믿음의 형제가 걸려 넘어지지 않도록 조심해서 처신하라 (14:13-23)

그러므로 사랑하는 교우 여러분, 이제부터는 서로 간에 비난하지 마십시오. 또한 믿음의 형제가 걸려 넘어지는 일이 없도록 형제 앞에 걸림돌이나 장애물을 놓아두지 마십시오. 내가 주 예수 그리스도 안에서 분명히 알고 확신하는 것은 이것입니다. 곧 세상의 어떤 음식도 그 자체로는 본질상 부정한 것이 아니라는 사실입니다.

분명한 사실은, 태초의 천지창조 때부터 부정한(속된) 음식으로 지음 받은 것은 하나도 없다. 이후 모세 율법에 규정된바(레 11장), 정결한 음식과 부정한 음식에 관한 레위기의 정결 규례는 선민 이스라엘 백성에게 정결함과 거룩함의 도를 가르치기 위해 한시적으로 설정된 구약시대의 훈련 교재일 뿐이다. 이런 사실은 후일에 예수님이 밝히 일깨워주셨다(마 5:11; 막 7:18; 행 10:15).

하지만 어떤 사람이 자신의 신앙 양심에 따라 특정한 음식을 부정하게 여긴다면, 그 사람에게 있어서는 그 음식이 부정한 것입니다. 그러므로 여러분이 먹는 음식 문제 때문에 어떤 형제의 마음을 아프게 한다면, 여러분은 사랑 안에서 살고 있지 않은 것입니다. 먹는 음식 문제로 인해 형제를 망하게 하거나 실족시키지 마십시오. 우리 주 예수 그리스도께서는 그 형제를 위해서도 죽으셨습니다.

구약의 음식 규례에 따라 어떤 음식을 먹느냐, 먹지 않느냐 하는 것이 중요한 것이 아니다. 음식 문제로 인해 형제의 마음을 아프게 하느냐, 그렇게 하지 않느냐 하는 것이 중요하다.

그러므로 여러분이 하고 있는 일이 비록 틀리지 않고 옳은 일이라 할지라도, 그것이 도리어 다른 사람에게 비난거리가 되지 않게 하십시오. 분명히 말하지만, 하나님의 나라는 먹고 마시는 문제에 있는 것이 아니라, 성령 안에서 누리는바 의와 평강과 기쁨의 문제에 있기 때문입니다. 이렇게 우리 주 예수 그리스도를 섬기는 사람은 누구든지 하나님께 기쁨이 되고 사람에게도 인정을 받습니다.

바울의 가르침은 아주 분명했다. 자신의 행위가 자기 신앙 양심에 비추어 옳은 일이라 할지라도 자기보다 연약한 믿음을 가진 형제들에게 실족거리나 비난거리가 되선 안 된다는 것이다. 말하자면, 자신의 신앙 자유를 만끽하는 것보다는 연약한 믿음의 형제들을 위한 차원 높은 배려와 절제가 더욱 중요하다는 것이다.

그러므로 우리는 모쪼록 믿음의 형제들 간에 서로 화목하게 지내고 서로 덕을 세우는 일에 힘씁시다. 다시 강소하시만, 음식 문제로 인해 하나님의 일을 그르치지 마십시오. 본래 모든 음식은 다 깨끗합니다. 그러나 어떤 음식을 먹음으로 해서 그 일이 다른 사람을 걸려 넘어지게 한다면, 그것은 잘못된 일입니다. 만일 내 행동이 형제를 걸려 넘어지게 하는 일이라면, 차라리 고기도 먹지 않고 술도 마시지 않는 편이 낫습니다. 그 일이 무엇이든, 다른 형제를 걸려 넘어지게 하는 일만큼은 부디 삼가서 행하지 말아야 합니다.

이처럼 바울은 음식 문제에 있어서 그 음식을 먹는 것이 옳은 것이냐, 틀린 것이냐를 떠나 무엇보다 '형제 우선의 원칙'을 제시했다.

음식이나 절기 문제 등에 대해서, 여러분의 믿는바 확신을 하나님 앞에서 고이 지켜나가십시오. 누구든지 스스로 옳다고 생각하는 일을 행하면서 스스로를 정죄하지 않는 사람은 복이 있습니다. 그러나 의심을 품고 무엇을 먹는 사람은 이미 스스로를 정죄한 것입니다. 그 까닭은, 그가 자신의 믿음에 따라 행한 것이 아니기 때문입니다. 꼭 명심하십시오. 믿음에 따라 행하지 않은 것은 전부 죄입니다.

바울 시대에(주후 1세기경), 음식물은 단순한 먹을거리가 아니었다. 어떤 음식물은 율법에 금지되었고, 어떤 음식물은 우상에게 바쳐진 제사 음식일 수도 있었다. 이런 상황에서 음식물을 둘러싼 옳고 그름의 논쟁은 신자들 간에 불가피한 것이었다. 하지만 실상 음식물 자체에 문제가 있는 것은 아니었다. 모든 음식물은 본질상 깨끗한 것이다(행 10:15).

신앙 양심상 거리낌 없이 음식물을 먹으면 그런 자들에게 그 음식물은 전혀 죄가 되지 않는다. 반면, 신앙 양심상 '이 음식물을 먹으면 혹 죄가 되는 것은 아닌가?' 하고 의심하면서 먹으면, 그런 자에게 그 음식물은 죄가 된다. 음식물을 먹을 때 그것의 유무죄 여부는 믿음에 따라 행했느냐, 혹은 그렇지 않느냐에 달려 있는 것이다.

15

바울의 권면과 계획

내가 여러분에게로 갈 때는
주의 복을 가지고 갑니다
하나님의 뜻에 따라 기쁨으로
기도하면서 일하려 합니다

당시 바울은 팔레스타인 북부의 수리아 지방을 발판 삼아 소아시아 전역(오늘날 터키 지역), 헬라(그리스) 지역, 마케도니아 지역 등에서 활발하게 전도사역을 펼치고 있었는데, 그의 마음속에는 언제나 '로마'가 자리잡고 있었다. 제국의 심장부인 로마에 직접 들어가 그리스도의 십자가 복음을 힘껏 전하고픈 뜨거운 열망이 불타오르고 있었다.

하지만 어찌된 일인지 로마 방문이 쉽지 않았다. 계획할 때마다 여러 장애 요인이 생겨 차일피일 미루다 보니, 로마서를 쓰는 작금까지(주후 57년 말엽) 로마 방문의 뜻을 이루지 못했다. 그래서 비록 몸은 가지 못했지만, 그에 앞서 로마 교회에 편지부터 보내기로 작정하고 이 글을 쓰고 있는 것이다.

결국 바울은 로마에 가게 되지만 피의자(죄수)의 몸으로 호송되어 갔고, 로마에 도착한 후에도 2년 동안은 가택연금의 신세가 되어 로마 교회를 방문하지 못했다. 2년 후 가택연금에서 풀려난 뒤에야 바울은 로마 교회를 방문하여 꿈속에서도 그리워하던 성도들을 만나게 되었으니, 이 로마서 편지를 쓴 뒤 4년 후에나 상봉하게 된 셈이다(주후 61년경 말엽~62년경 초엽).

주님과 이웃을 기쁘게 하는 삶을 살아가라 (15:1-6)

사랑하는 형제들이여, 믿음이 강한 자들은 믿음이 약한 자들의 약점과 잘못에 대해서 너그럽게 감싸주어야 합니다. 우리는 자신만을 위해 자기 좋을 대로 살아서는 안 됩니다. 우리는 저마다 이웃을 기쁘게 하고, 이웃의 유익을 위해 살아야 하며, 이웃에게 덕을 세우도록 해야 합니다. 우리 주 예수 그리스도께서도 결코 자신이 기뻐하시는 대로 살지 않았습니다. 그러므로 성경에 기록되기를 "주 하나님을 비방하는 자들의 그 비방이 나에게 미쳤다"라고 했습니다.

바울이 인용한 성경구절(시 69:9)은 장차 메시아(그리스도)가 당할 수난을 읊은 시로서, 하나님께 향한 충성과 순종의 결과로 메시아 예수께서 세상 사람들에게서 비난과 모욕을 받아 죽임을 당하게 되실 것이라는 의미다. 이런 사실에 기초하여 바울은, 믿는 자들이 주님을 위해 살아가다 보면 세상 사람들의 비방을 받게 되지만 이런 때에도 굴하지 않고 끝까지 하나님과 이웃을 기쁘게 하는 신앙의 삶을 살아가야 한다고 권면한 것이다.

무엇이든지 이전에 기록된 모든 성경 말씀은 우리에게 교훈을 주기 위해 쓰인 것입니다. 그래서 우리는 말씀을 통해 인내를 배우고 위로를 받는 가운데 소망을 품고 살아가게 됩니다. 우리에게 인내와 위로를 주시는 하나님께서 여러분을 도와 서로가 같은 뜻을 품고 한마음이 되어 그리스도 예수를 따를 수 있게 되기를 바랍니다. 그리하여 모쪼록 우리 모두가 한마음과 한입으로 하나님 곧 우리 주 예수 그리스도의 아버지께 영광을 돌릴 수 있게 되기를 빕니다.

여기서 바울은, 신자들이 모두 똑같은 생각을 가져서 어떤 불일치도 피해야 한다고 말하고 있는 게 아니다. 궁극적 목표는 '하나님께 영광 돌리는 것'이다. 즉, 하나님께 영광 돌리는 일에 서로 뜻을 맞춰 한마음과 한입으로 연합해야 한다는 것이다. 신자들도 얼마든지 개성이 다를 수 있지만 그런 다름이 다툼이나 분열로 이어져선 안 되고 '하나님의 영광을 위해' 그리스도 안에서 힘써 연합을 이루어야 한다.

믿음의 형제들은 서로가 서로를 받아들여야 한다 (15:7-13)

그러므로 사랑하는 형제 여러분, 우리 주 예수 그리스도께서 하나님께 영광을 돌리시려고 여러분을 받아들이신 것처럼, 여러분도 서로를 받아들이십시오. 내가 지금 여러분에게 말하고 있는 것은 이러합니다. 그리스도께서 할례 받은 사람들 곧 유대인의 종이 되신 것은 하나님의 신실하심을 드러내 보이고 또한 우리 조상에게 하신 약속을 확증하시기 위함이었습니다. 그리하여 마침내는 이방인들도 하나님의 긍휼을 맛보아 하나님께 영광을 돌릴 수 있도록 하기 위함이었습니다. 그래서 성경에 기록되기를 "그러므로 내가 이방인들 가운데서 주님께 찬양을 드리고 주님의 이름을 찬송합니다."(시 18:49)라고 했습니다.

예수님은 태어난 지 8일째에 할례를 받음으로써 유대인들의 율법에 순종하셨다(눅 2:21). 이처럼 예수께서 유대인들의 율법에 따라 충실하게 할례를 받으신 사실은 할례 받은 자들인 유대인들을 섬기는 종으로 이 땅에 오셨음을 보여준다. 물론, 예수님은 할례 받은 유대인들뿐만 아니라, 할례 없는 이방인들을 섬기기 위해서도 오셨다. 그래서 바울은 그런 사실을 글로 쓴다.

이새의 뿌리에서 일어나시는 그에게 소망을 두리라

또 성경의 다른 곳에서는 이렇게 기록되어 있습니다. "이방 사람들아, 주님의 백성과 더불어 기뻐하여라."(신 32:43). 또 이렇게도 기록되어 있습니다. "모든 이방 사람들아, 주님을 찬양하여라. 모든 세상 민족들아, 주님의 이름을 찬양하여라"(시 117:1). 그리고 이사야 선지자는 선포하기를 "이새의 뿌리에서 싹이 나와 뭇 족속들을 다스릴 것이니, 모든 이방 사람들이 그에게서 소망을 찾을 것이다"(사 11:10)라고 했습니다. 진실로 우리에게 소망을 주시는 하나님께서 믿음에서 비롯되는 모든 기쁨과 평강을 여러분에게 충만하게 채우셔서, 여러분이 성령의 권능으로 차고 넘치는 소망의 삶을 살아갈 수 있기를 빕니다.

이새의 뿌리에서 나올 그 싹은 '메시아(그리스도)'를 가리킨다. 메시아가 '이새의 뿌리'에서 나온다고 함은, 그가 다윗 가문에서 출생하실 것이라는 말이다(계 22:16). 이새는 다윗의 아버지이기 때문이다. 그런데 그 싹이 '다윗의 뿌리'가 아니고, 굳이 '이새의 뿌리'에서 나올 것이라고 표현한 것은, 그 싹이 다윗 왕의 이전 지위 곧 평범한 일개 목부(牧夫)인 다윗의 아버지 이새가 상징하는바 미천한 신분으로 태어날 것임을 암시하기 위함이다.

바울의 사명과 선교 원칙 (15:14-22)

나의 사랑하는 형제들이여, 나는 여러분이 충분히 선하고 온갖 지식이

> 넘쳐나서 서로가 서로를 가르치며 권면할 수 있다고 분명히 믿습니다. 그럼에도 불구하고 내가 감히 여러분께 이런 편지를 쓰는 것은, 하나님께서 내게 주신 은혜로 말미암아 여러분에게 몇 가지를 새로이 상기시켜 드리고자 함입니다.
>
> 나 바울은 하나님의 은혜로 여러분 이방인들을 위해 예수 그리스도의 일꾼이 되었습니다. 그래서 여러분에게 복음을 전하는 제사장 직분을 성실히 수행하여 여러분 이방인들로 하여금 하나님께서 기쁘게 받으실 제물, 곧 성령에 의해 거룩하게 된 제물이 되게 하려 합니다. 그러므로 나는 그리스도 예수 안에서 하나님을 섬기는 일을 아주 영예롭게 생각합니다.

이런 사실과 관련해서 사도 바울은, 앞서 로마 교회의 성도들을 향해 "하나님께서 기쁘게 받으실 거룩한 산 제물로 바쳐라"라고 권면했고, 바로 그것이 우리가 하나님께 드려야 할 합당한 "영적 예배"라고 가르쳤다(롬 12:1).

> 나는 여러분 이방인들을 그리스도께 인도하여 여러분들로 하여금 내가 말하고 행하는 것에 따라 하나님께 복종하도록 하기 위해 그리스도께서 나를 부르셨다는 것 외에는 다른 할 말이 없습니다. 그 일은 놀라운 표적과 기적의 권능으로, 그리고 뜨거운 성령의 능력으로 이루어졌습니다. 그리하여 나 바울은 예루살렘에서부터 일루리곤 지방에 이르기까지 두루 돌아다니며 예수 그리스도의 복음을 남김없이 전하였습니다.

'예루살렘에서부터 일루리곤 지방에 이르기까지'란 표현은 사도 바울이 세 차례에 걸쳐 복음을 전파한 모든 지역을 총괄적으로 일컫는 말이다. 일루리곤은 당시 로마제국의 한 주(州)로서 아드리아해(海)의 동쪽 연안에 있는 마케도니아 지방의 북서쪽 경계에 위치한 지방이다. 현재는 유고슬라비아의 남단 도시다.

나 바울은 또한 복음을 전파함에 있어 하나의 원칙이 있는데, 그것은 그리스도의 이름이 아직 알려지지 않은 곳에, 그래서 다른 사람이 토대를 닦아놓지 않은 낯선 곳에 그리스도의 복음을 전파하겠다는 원칙과 열망을 늘 품고 다녔습니다. 이와 관련해서, 성경에는 이렇게 기록되어 있습니다. "그리스도에 관하여 알지 못하던 사람들이 보게 될 것이요, 듣지 못했던 사람들이 듣고 깨닫게 될 것이다"(사 52:15). 사실, 나는 여러분이 있는 로마에 가려고 여러 차례 시도했지만, 이런 이유들로 번번이 여러분을 방문하지 못했습니다.

바울이 여태 로마 교회를 방문하지 못한 까닭이 설명되었다. 그것은, 아직껏 복음이 전파되지 못한 많은 지역들을 두루 돌아다니면서 복음을 전하는 일에 힘쓰느라 시간적인 여유가 없어서였고, 또한 어렵사리 로마 방문 계획을 세웠더라도 다른 외부적 요인으로 인해 부득이 취소될 수밖에 없었기 때문이다.

바울의 스페인 선교와 로마 방문 계획 (15:23-33)

그렇지만 이제 이 지역(로마 동편의 지중해 연안지역)에서는 내가 가야 할 곳이 더 이상 없고, 또 여러 해 동안 여러분을 만나기 위해 간절히 바랐으므로 이번에 서바나(스페인)까지 갈 때에 로마에 들러 여러분을 방문할 생각입니다. 그곳 로마에서 얼마 동안 여러분과 함께 기쁨을 나눈 후에 여러분의 후원을 받아 스페인으로 갈 수 있게 되기를 바랍니다.

스페인은 바울이 방문하기를 열망했던 남서 유럽의 국가다. 바울이 이 지역을 최종적인 전도 사역지로 삼은 까닭은, 당시에는 이곳이 로마제국 판도의 가장 서쪽에 위치하였기에 사람들의 생각 속에 '땅 끝'으로 여겨졌기 때문이다. 바울은 "땅 끝까지 가서 증인이 되라!"(행 1:8)는 예수님의 명령을 염두에 두고 항상 그 지역을 방문하려 애썼던 것이다.

그러나 지금은 예루살렘에 있는 믿음의 형제들을 돕기 위해 우선 그리로 가고 있습니다. 마케도니아 및 아가야에 있는 믿음의 형제들이 어려움을 겪고 있는 예루살렘 형제들을 돕기 위해 특별헌금을 해서 내게 구제금을 마련해 주었기 때문입니다. 그들은 평소부터 예루살렘의 형제들에게 복음의 빚을 지고 있다고 생각해왔던 터라, 이 구제의 일을 기쁜 마음으로 해주었습니다. 그렇습니다. 이방인으로서 유대인들의 영적인 복을 나누어 받았으니, 이제는 이방인들이 자신들의 물질적인 복을 유대인들과 더불어 나누어야 할 의무가 있습니다.

당시 제3차 전도여행(주후 53-58년경) 중에 있던 바울은 마케도니아 지역(빌립보, 데살로니가, 베뢰아 등)과 아가야 지역(고린도, 아테네)의 여러 교회에서 모금한 구제 연보를 가지고 큰 기근으로 어려움에 처한 예루살렘 교회의 형제들에게 전달해주려고 예루살렘으로 돌아가고 있는 중이었다(행 20:16). 그래서 바울은 간절히 원했던 로마 방문을 이번에도 부득이 연기하지 않을 수 없게 되었다.

그러므로 나는 이번 구제헌금 전달의 일을 완수하여 그 열매를 예루살렘 교회의 형제들에게 확실하게 전달한 후에 여러분이 있는 로마에 들렀다가 멀리 서바나로 가려 합니다. 내가 여러분에게 나아갈 때는, 주께서 허락해주신 충만한 복을 함께 가지고 방문하게 될 것입니다.

당시 제3차 전도여행 중 고린도에 머물고 있던 바울의 향후 계획은 이러했다(주후 58년 초엽). ① 예루살렘 교회에 구제헌금을 전달함(롬 15:25-27) → ② 로마 교회를 방문함(롬 15:23) → ③ 로마 교회의 후원을 받아 서바나(스페인) 전도를 떠남(롬 15:23-24, 28). 이때로부터 대략 6개월 후쯤에 첫 번째 계획(구제헌금의 전달)을 마친 바울은 4년 후쯤에 두 번째 계획(로마 교회 방문)도 달성한다(주후 62년경).

하지만 세 번째 계획(스페인 전도여행)의 달성 여부는 확실하게 알 수 없다. 주후 62년, 2년에 걸친 로마 셋집의 연금 상태에서 풀려난 바울은 곧바로 로마 교회를 방문하였고, 로마 교회의 후원을 받아 그가 그토록 가보길 원했던 서바나(스페인 지역) 전도여행을 실시했을 가능성이 충분히 있다. 하지만 역사적 자료에서나 스페인 지방에서나 사도 바울의 스페인 방문을 증명할 만한 증거들을 찾아보기는 어렵다.

> 사랑하는 형제 여러분, 내가 주 예수 그리스도를 힘입고 또 성령의 사랑을 힘입어 여러분에게 간절히 부탁합니다. 나도 여러분을 위해 항상 기도하지만, 여러분도 주님의 일을 위해 애쓰는 나를 위해 하나님께 열심히 기도해주십시오. 내가 유대에 있는 믿지 않는 자들에게 화를 입지 않도록, 그리고 내가 지금 가져가는 구제금이 예루살렘에 있는 믿음의 형제들에게 기쁘게 받아들여지도록 기도해 주십시오. 그렇게 되면, 나는 하나님의 뜻에 따라 기쁜 마음으로 여러분을 방문해서, 여러분과 함께 기쁨을 나누면서 편히 쉴 수 있는 시간을 가질 수 있을 것입니다. 평강의 하나님께서 여러분 모두와 항상 함께하시기를 빕니다. 아멘!

유대 땅의 불신자들은 바울을 핍박했다. 회심 전에 바울은 열렬한 유대주의자였다(갈 1:14). 하지만 바울이 다마스쿠스 도상의 회심을 통해 신자가 되었을 때, 유대인들은 그의 변절에 크게 분노했다. 그래서 바울은 이제 핍박자에서 핍박받는 자가 되었다. 초대교회에서 바울의 활약이 커지고 신자들이 증가함에 따라 그만큼 바울에 대한 유대인 율법주의자들의 핍박도 커졌고, 급기야 바울을 죽이려고 호시탐탐 기회를 엿보는 자들이 생길 정도가 되었다. 그런 처지에 있는 자신이 화를 입지 않도록 바울은 하나님께 기도해 줄 것을 요청한 것이다.

16

바울의 문안과 당부

대필하는 나 더디오도 문안합니다
가이오, 에라스도, 구아도에게도
하나님의 크신 은혜가
영원히 함께하시기를 원합니다

"자, 이제 편지를 마무리하도록 하세. 로마 교회의 성도들에게 마지막 당부를 한 후에 문안인사를 하고 끝맺도록 하지."

"네, 사도님. 그리하시지요. 그럼, 말씀하세요."

로마 교회의 성도들을 향한 바울의 문안인사 (16:1-24)

로마에 살고 계시는 사랑하는 형제 여러분, 나는 여러분에게 겐그레아 교회의 일꾼이며 우리의 신실한 자매인 뵈뵈를 추천합니다. 여러분은 성도의 사랑으로 주님 안에서 그녀를 정중하게 맞아들이고, 그녀가 여러분에게 무엇을 원하든지 힘껏 도와주시기를 바랍니다. 지금껏 그녀는 많은 사람들을 기꺼이 도와주었고, 나 바울도 그녀에게서 많은 도움을 받았습니다.

뵈뵈는 겐그레아 교회의 여집사로, 바울이 자신의 전도사역에 물심양면의 원조자라고 소개한 인물이다. 겐그레아는 아가야도(道)의 고린도시(市) 동남쪽 11km 지점, 에게해(海) 연안에 위치한 항구도시로, 제2차 전도여행 때 바울이 방문했던 지역이다(행 18:18). 이때 바울은 뵈뵈 집사의 신실함을 알아보았고, 그래서 제3차 전도여행 때 고린도에서 집필한 로마서 서신을 근처 겐그레아 교회의 뵈뵈 집사에게 특별히 부탁하여 로마 교회에 전달하였다.

여러분은 브리스가와 아굴라에게 문안하십시오. 이분들은 그리스도 예수 안에서 나와 함께 일하는 나의 동역자들입니다. 진실로 그들 부부는 나를 위해 위험을 무릅쓰고 목숨을 걸었던 사람들입니다. 그래서 나뿐만 아니라 모든 이방 교회의 성도들도 그들에게 감사하고 있습니다. 그리고 그들 부부의 집에서 예배드리기 위해 모이는 교우들에게도 문안하십시오. 또한 나의 좋은 친구인 에배네도에게도 문안하도록 하십시오. 그는 아시아 지역에서 가장 먼저 그리스도인이 된 사람으로 내 전도의 첫 열매입니다.

뵈뵈, 브리스가, 아굴라, 에배네도 등…. 로마서의 마지막 장(16장)에서 바울은 무려 26명에 달하는 동역자들의 이름을 일일이 열거하고 있다. 이런 사실은, 많은 전도 열매를 맺은 바울의 탁월한 전도사역에는 이처럼 많은 동역자들의 기도와 도움이 있었다는 사실을 일깨워준다. 로마 교회의 성도들을 향한 바울의 문안인사가 이어진다.

또 여러분을 위해 몸을 사리지 않고 힘껏 도와준 마리아에게도 문안하십시오. 또 나의 친척이며 나와 함께 감옥에 갇힌 일도 있는 안드로니고와 유니아에게도 문안하십시오. 그들은 나보다 먼저 그리스도인이 된 사람들로 다른 사도들에게서도 존경을 받고 있습니다. 또 주 안에서 내가 사랑하는 암블리아에게도 문안하십시오. 또 그리스도 안에서 우리의 동역자인 우르바노 및 나의 사랑하는 스다구에게도 문안하십시오. 또 주님을 위해 숱한 고생을 한 아벨레에게도 문안해 주시고, 또 아리스도불로의 가족들에게도 문안하십시오.

로마 교회의 성도들을 향한 바울의 문안인사가 계속 이어진다. 한 명 한 명, 친분 있는 동역자들과 성도들의 이름을 언급하고 그들과의 인연 및 관계를 언급하면서 소개하고 문안인사를 드리고 있다.

사도 바울, 그는 강력한 추진력과 지칠 줄 모르는 불굴의 신념으로 힘차게 복음 사역을 전개한 불같은 성령의 사도, 그 이상이었다. 그는 함께 일하는 주변 동역자들과 성도들을 살뜰히 챙기고 그들과 친밀하게 교감을 나누는 다정다감한 사도였다. 지친 이들에게 용기를 북돋워주면서 그들의 손을 잡아 일으켜주고, 상처 입고 아픈 자들을 진심으로 위로하면서 함께 눈물 흘리는 인간적인 사도였다. 정녕 바울은 참된 목자의 심정을 가진 인격적인 사도였다. 그의 문안인사는 계속 이어진다.

또 나의 친척 헤로디온에게도 문안인사를 해주시고, 나깃수의 집안사람들에게도 문안하도록 하십시오. 또 주 안에서 수고한 주의 일꾼 드루배나 및 드루보사에게도 문안해 주시고, 주님을 위해 많은 수고를 아끼지 않은 사랑하는 버시에게도 문안하십시오. 그리고 주 안에서 택하심을 받는 루포 및 그의 어머니에게도 문안하십시오. 루포의 어머니는 곧 나의 어머니이기도 합니다.

로마서 16장의 문안인사에서 언급된 '친척'(헬, 쉉게네이스)이란 말은 문자 그대로 혈연상 직계나 방계의 친척이라기보다 로마서 9장 3절에서처럼 '골육(骨肉)'이라는 뜻으로, 곧 '동족 유내인'을 가리키는 표현이다.

'루포'는 오래전에 예수님의 십자가를 대신 지고 골고다(갈보리) 언덕으로 올라간 구레네(아프리카 북부 연안의 도시) 출신의 '시몬'으로

나 바울과 그리스도의 모든 교회가 다 너희에게 문안하느니라

추정된다(막 15:21). 그때 이후로 그는 마음의 감화를 받아 신자로 개종하여 신실하게 주님을 섬긴 것으로 보인다. 바울의 가슴속에는 품고 있는 동역자들과 성도들이 많아 그의 문안인사는 계속 이어진다.

아슈그리도, 블레곤, 허메, 바드로바, 허마, 그리고 그들과 함께 있는 모든 형제자매들에게도 문안하십시오. 빌롤로고, 율리아, 네레오, 네레오의 자매, 올름바, 그리고 그들과 함께 있는 모든 성도들에게도 문안하십시오. 성도들 간에 거룩한 입맞춤으로 서로 문안하십시오. 저와 함께 이곳에 있는 모든 그리스도의 교회가 여러분에게 문안인사를 드립니다.

바울 당시에 가까운 사람을 만나거나 헤어질 때 볼, 이마, 수염, 손등에 입맞춤을 하곤 했다. 입술에다 직접 하는 경우는 없었다. 초대교회의 문헌을 보면, 성도들 간에 행해진 이런 방식의 인사는 '거룩한 입맞춤'으로 불렸는데, 일반적으로 오직 남자와 남자, 여자와 여자 사이에서만 가능했다. 이런 문화적 관습 뒤에는 상대방에 대한 사랑과 존중이 담겨 있었다. 이제 문안인사를 모두 마친 바울은 편지를 마무리하기 전에 마지막 당부를 한다.

사랑하는 형제 여러분, 이 편지를 마치기 전에 내가 여러분에게 당부합니다. 지금까지 여러분이 십자가 복음에 대해 배워온 것과는 다르게 반대되는 교훈을 가르침으로써 교회에 분열을 일으키고 여러분의 신앙을 훼방하는 자들이 있다면, 삼가 그런 자들을 경계하고 반드시 멀리하십시오. 그런 자들은 우리 주 예수 그리스도를 섬기는 것이 아니라 단지 자기들의 이익만을 추구하는 자들입니다. 그런 자들의 그럴듯한 공교한 말과 아첨하는 말에 순박한 사람들은 미혹을 받아 자주 속아 넘어갑니다.

로마서에 앞서 고린도 교회의 성도들에게 써 보낸 두 번째 편지에서 바울은 거짓 교훈을 가르치는 자들에 대해 이렇게 말하기도 했다. "그런 사람들은 거짓 사도들이고 속이는 일꾼들이고 그리스도의 사도로 가장한 자들입니다. 그러나 알고 보면 그리 놀랄 일도 아닙니다. 사탄도 종종 빛의 천사로 가장합니다. 그렇다면 사탄의 일꾼들도 의의 일꾼인 양 가장한다고 해서 놀랄 일이 아닌 것입니다"(고후 11:13-15).

여러분의 순종에 대해서는 우리 모두가 잘 알고 있습니다. 나는 여러분으로 인해 무척 기뻐하고 있습니다. 나는 진실로 여러분이 옳은 일에 현명하게 처신하고, 악한 일에는 순진해져서 어떠한 악에도 물들지 않게 되기를 바랍니다. 평강의 하나님께서 이제 곧 사탄을 여러분의 발아래에서 짓밟히게 하실 것입니다. (우리 주 예수 그리스도의 은혜가 여러분과 함께하시기를 바랍니다.)

나의 동역자 디모데를 비롯해서 나의 친척 누기오, 야손, 그리고 소시바더가 여러분에게 문안인사를 전합니다. 이 편지를 받아쓰고 있는 나 더디오도 주님 안에서 여러분에게 문안인사를 드립니다. 가이오도 여러분에게 문안인사를 드립니다. 지금 나 바울뿐만 아니라 온 교회가 그의 집에서 신세를 지고 있습니다. 또한 이 도시의 재무관인 에라스도 및 믿음의 형제 구아도도 여러분에게 문안인사를 드립니다. (우리 주 예수 그리스도의 은혜가 여러분 모두와 함께하시기를 바랍니다. 아멘!)

바울은 제3차 전도여행의 끝 무렵(주후 57년 말엽) 예루살렘으로 돌아가는 길에 헬라(고린도)에 이르러 거기서 3개월가량 체류했는데(행 20:1-3), 그때 고린도 교회의 신실한 성도인 가이오의 집에 머물면서 서기 더디오에게 대필을 시켜 로마 교회의 성도들에게 보내는 이 편지, 곧 '로마서'를 집필한 것이다.

찬미와 송영 (16:25-27)

로마 교회의 성도들을 향한 문안인사와 당부의 말을 모두 마친 사도 바울, 마침내 그는 하나님께 찬미를 드리는 송영(頌詠)으로 편지를 마무리 짓는다.

오랜 세월 동안 감추어져 있었던 크신 비밀이 드러남에 따라, 내가 전하는 십자가 복음 곧 우리 주 예수 그리스도에 관한 선포의 말씀으로 여러분의 믿음을 능히 굳세게 세워주시는 그분 하나님께, 또한 영원하신 하나님의 명령에 따라 선지자들의 글을 통해 이제는 그 비밀이 밝히 드러나고 알려져서 모든 나라와 민족이 믿고 순종하게 된 그분 하나님께, 그리고 오직 한 분이시며 지혜로우신 그분 하나님께, 우리 주 예수 그리스도로 말미암아 영광이 세세에 영원무궁토록 함께하시기를 빕니다. 아멘!

예수 그리스도를 통한 십자가 구원의 비밀이 밝히 드러나지 않고 그토록 오랜 세월 동안 사람들에게 감추어져 있었던 것은 사실이다.

그럴지라도 사실 하나님은 모든 세대에 걸쳐 다양한 방식으로 자신을 드러내셨다(히 1:1). 그리고 구원의 비밀인 예수 그리스도가 오시기 전에도, 하나님을 믿는 자들은 그들의 믿음으로 구원을 받았다. 그럼에도 불구하고 구약시대에는 십자가 복음이 비밀에 부쳐진 것은 사실이다. 하나님께서는 왜 메시아(그리스도) 약속을 오랜 세월이 흐른 후에야 비로소 성취시키셨는지 우리는 알 수 없다. 아마도 하나님은 사람들이 율법 준수를 통한 스스로의 노력과 공로로는 결코 구원에 이를 수 없다는 사실을 보다 철저하게 깨닫기를 오래도록 기다렸을 수 있다(벧후 3:8-9).

서바나(스페인) 선교를 꿈꾸며
로마 교회에 편지를 쓰고 있는 바울

"더디오, 그동안 수고 참 많았네. 이제 대필한 그 편지를 다시 살펴보고 잘 정리한 뒤에 사람을 보내 로마 교회의 성도들에게 전달하도록 하세."

"저야 뭐 불러주시는 대로 쓰기만 했을 뿐인데요, 사도님이 그동안 밤낮으로 수고 많았지요. 이 편지를 받아보면 분명 로마 교회의 성도님들이 무척 기뻐하실 것 같아요."

"흠, 그러면 누구한테 이 편지를 맡기는 게 좋을까? 이곳 고린도에서 로마까지 가려면 아주 힘든 여정이 될 텐데…."

"그러게요, 그러니 아주 신실하고 책임감 강한 사람에게 맡겨야 해요."

"가만있자…, 음… 그녀라면 분명 잘 해낼 거야! 고린도 인근에 위치한 겐그레아 교회의 '뵈뵈' 집사가 적임자인 것 같아. 내가 평소 그 집사님의 신실함과 책임감을 익히 보아 왔거든! 됐네, 그 집사님에게 이 편지를 맡겨 로마 교회에 전달하도록 하지!"

"좋은 생각이십니다. 저도 그 집사님을 잘 아는데, 그분이라면 충분히 이번 임무를 잘 해낼 겁니다."

"하하, 한시름 들었네 그려. 자, 그럼 편지를 깔끔하게 다듬고 정리한 뒤에 한시바삐 뵈뵈 집사님의 손에 들려 보내도록 하세나. 더디오, 서둘러 주게나."

"네, 잘 알겠습니다. 사도님은 긴 편지를 마무리했으니 오늘 밤은 편하게 푹 주무십시오."

바울은 그제야 잠자리를 펴고 지친 육신을 가만히 눕힌다. 감겨드는 눈에 일전에 가보았던 로마의 전경이 떠올랐다. 예수님을 알기 전, 회심하기 전의 그때에는 로마제국에서 유명한 사람이 되려는 의지로 활활 불탔었는데, 이제는 로마를 복음의 불길로 활활 불태우려는 의지로 충만했다. 60세 가까운 노인이 로마제국의 심장인 로마를 십자가 복음으로 성시화(聖市化)하고자 하는 위대한 꿈을 열정적으로 꾸고 있다. 로마는 안녕하신가.

고린도전서

한마음 한뜻으로 협력하라

기도와 눈물로 세운 주의 교회
피땀 흘려 세운 그 교회가
어찌 여러 파로 갈리는가
어찌 주의 교회가 병드는가

서로 헐뜯고 싸우기에만 바빠
교회의 거룩한 사명 잊고
성도들 사이에 소송이 난무하니
가슴이 찢어질 것 같네

나의 이 눈물어린 편지를 보고
상처와 분열과 갈등을 딛고
두 손 모아 진심으로 기도하며
주의 가르침대로 실천해야 하네

책망하고 경고하고 권면하면서
한마음 한뜻으로 서로를 감싸
하나님께 영광 돌리는 삶 향해
참된 신앙인으로 자라야 하네

1

교회의 분열과 십자가 지혜

유대인들은 표적 요구하고
그리스인들은 지혜 추구하지만
우리는 오직 십자가에 달리신
그리스도 예수만 전합니다

서막

"아니, 그, 그게 정말이오? 고린도 교회가 그렇게 많은 문제들로 심각한 몸살을 앓고 있다고요? 아, 어찌 그럴 수가…!"

바울은 당황한 기색이 역력했다. 비통한 심경을 감출 수 없었다. 현재 바울은 제3차 전도여행 중으로, 소아시아 지역의 에베소에서 한창 전도사역을 감당하고 있는 중이었다(주후 55년 말엽~56년 초엽).

그런 시기에, 하루는 글로에 집안에 소속된 한 하인의 방문을 받고서 그에게서 고린도 교회의 작금 상황에 관해 자세히 전해 듣게 되었다. 지금 고린도 교회가 분파, 소송, 은사, 결혼, 성만찬, 부활, 성적 타락, 우상숭배 등등의 문제로 성도들 간에 분파를 짓고 다툼과 내분이 일어나 심각한 몸살을 겪고 있다는 것이었다(고전 1:11).

고린도 교회! 바울에게 이 교회는 수많은 개척 교회들 가운데 가장 크고 심혈을 기울인 교회로서, 첫 사랑 같은 아름다운 추억이 깃들어 있고 첫 자식같이 든든한 교회였다. 그러니까 지금으로부터 대략 4-5년

고린도전서의 무대

전에 바울은 제2차 전도여행을 했는데, 그때 바울은 고린도에 방문하여 디도 유스도의 집에 기거하면서 18개월가량(주후 50년 가을쯤~52년 봄쯤) 심혈을 기울여 사역한 끝에 마침내 고린도 교회를 개척했다(주후 51년경). 그때 바울의 나이는 50세쯤.

하지만 교회의 설립과 부흥을 크게 시기한 유대인 율법주의자들의 극렬한 훼방과 배척, 모함과 고소 고발로 바울은 고린도 교회의 형제들과 아쉬운 작별을 한 뒤 에베소 → 가이사랴를 거쳐 수리아의 안디옥 교회로 귀환함으로써 제2차 전도여행을 마무리 지었다.

이어 제3차 전도여행을 개시하여 아시아도(道)의 에베소에서 한창 전도사역을 감당하고 있을 때(주후 55년 말엽~56년 초엽), 자신을 방문한 글로에 집 소속의 한 하인에게서 고린도 교회의 작금 상황을 전해 듣게 된 것이다. 뜨거운 믿음의 터전 위에 설립되어 날로 부흥하고 성장했던 고린도 교회가 바울 자신이 자리를 비운 4~5년 사이에 그토록 타락하고 망가지게 된 상황을 전해 들으니 억장이 무너지는 심정이었다.

당시 바울이 머물고 있던 아시아주의 에베소에서 아가야주의 고린도까지는 대략 500km, 에게해를 사이에 두고 마주보고 있었다. 마음 같아서야 당장이라도 고린도로 건너가서 모든 문제를 해결하고 엉망진창 된 모든 상황을 깔끔하게 정리해주고 싶었지만, 한창 물이 오른 에베소 사역을 도중에 그만둘 수도 없었다. 바울은 고민했고, 주님께 기도했다.

"오, 그게 사실이오? 고린도 교회에서 내게 파송단을 보냈다고요? 그래, 그들이 지금 어디에 있소? 참으로 잘 되었소. 내가 모든 문제점들에 관해 편지를 써서 그들의 손에 쥐어주어 고린도 교회의 성도들에게 읽히도록 하면 되겠소. 오, 주님! 감사합니다."

그리하여 바울은 급히 펜을 들고 고린도 교회에서 보낸 파송단의 질문에 대해 답변하는 방식으로 편지를 쓰기 시작한다(보다 정확하게 말하면, 시력이 좋지 않은 바울은 보통 자신의 편지를 구술하여 대필자로 하여금 받아적도록 한 다음에, 맨 마지막 문구나 인사말은 자신이 직접 기록하는 형식을 취했다. 그렇게 한 이유는, 그 편지가 바울 자신의 것임을 확인시키기 위함이었다).

이 편지가 바로 고린도 교회에 보낸 첫 번째 편지인 '고린도전서'다. 당시 제3차 전도여행(주후 53년~58년경, 행 18:23-21:19) 중에 있던 바울이 '에베소'에서 썼고, 집필 연대는 '주후 55년 말엽부터 56년 초엽쯤'이다. 이 편지의 특징을 살펴보면 이러하다.

첫째, 심오한 영적 진리에 입각하여 교회 내의 여러 문제점들이 체계적으로 다뤄져 있기 때문에 그리스도인들의 실제적인 삶에 많은 도움을 주는 생활 지침서다.

둘째, 집회나 애찬 등 초대교회 성도들의 생활상이 자주 나타나 있기 때문에 교회사 연구에 귀중한 자료를 제공해주고 있다.

셋째, '사랑 장'(13장)이나 '부활 장'(15장)에서 보듯 논리적이면서도

오늘날 고린도의 유적지

수려하고 아름다운 문학적인 필치가 돋보이는 편지다.

고린도 교회를 향한 문안인사와 감사 (1:1-9)

하나님의 뜻에 따라 그리스도 예수의 사도로 부르심을 받은 나 바울과 우리 형제 소스데네는 예수 그리스도 안에서 거룩해지고 또 거룩하게 되도록 부르심을 받은 고린도에 있는 하나님의 교회에 이 편지를 씁니다. 아울러 각처에 흩어져 살면서 우리 주 예수 그리스도의 이름을 부르는 모든 성도들에게 문안인사를 드립니다. 진실로 예수 그리스도께서는 그들 모두의 주님이시요 또한 우리의 주님이십니다. 우리 아버지 하나님과 주 예수 그리스도께서 여러분에게 은혜와 평강을 내려주시기를 빕니다.

바울의 문안인사에 등장하는 '소스데네'는 바울의 제2차 전도여행 때 고린도에 있는 유대인 회당의 회당장일 가능성이 높다. 당시 고린도의 유대인들은 크게 소란을 일으키면서 로마 총독 갈리오에게 바울을 고소했지만, 그 고소가 유대인들의 종교 문제라고 여긴 총독에 의해 각하되고 말았다. 그러자 이로 인해 반유대주의자들인 헬라 사람들은 소란을 일으켰다는 이유로 유대인 회당장인 소스데네를 두들겨 팼다(행 18:12-17).

아마도 이 사건을 계기로 소스데네가 회심하여 기독교인이 된 듯한데, 여기서 바울이 자신의 여러 동역자들 가운데 특별히 소스데네를 소개한 까닭은, 그가 고린도 교회에 잘 알려진 인물이었기 때문인 듯하다.

나는 하나님께서 그리스도 예수를 통하여 여러분에게 내려주신 크신 은혜를 생각하면서 항상 하나님께 감사를 드립니다. 그 까닭인즉슨, 여러분이 그리스도 안에서 모든 면에서, 곧 여러분의 말이나 여러분의 지식 면에서 몰라보게 풍요로워졌기 때문입니다. 그리스도에 관한 우리의 증언이 이토록 여러분 안에서 확고하게 자리를 잡은 것입니다. 그리하여 여러분은 조금도 부족함 없이 모든 영적 은사를 받아 누리면서 우리 주 예수 그리스도께서 다시 오실 날을 기다리고 있습니다.

바울의 편지대로, 당시 고린도 교회의 성도들은 방언, 가르침, 예언 등 풍성한 영적 은사를 받아 누리고 있었다. 하지만 그들은 그런 은사들을 성숙하게 사용하지 않고, 그것 때문에 교회 내에서 서로 싸우고 분쟁거리를 만들었다. 그래서 바울은 모든 영적 은사들 중에서도 가장 가치 있는 것이 '사랑'이라고 가르쳤다(고전 13:1-3).

우리 주 예수 그리스도께서 다시 오시는 재림의 그날에, 여러분이 책망 받지 않고 흠 잡을 데 없는 자들로 올바르게 설 수 있도록 하나님께서는 끝까지 여러분을 굳세게 지켜주실 것입니다. 여러분 하나하나를 부르셔서 자기 독생자이신 우리 주 예수 그리스도와 교제하며 사귈 수 있도록 해주신 하나님께서는 진실로 신실하신 분이십니다.

교회 내에서 분파를 지어 서로 분쟁하지 말라 (1:10-17)

고린도 교회의 형제 여러분, 내가 주 예수 그리스도의 이름으로 여러분에게 간곡하게 권면합니다. 여러분 안에 모쪼록 분쟁이나 분열이 없도록 하십시오. 그리스도 예수 안에서 마음과 생각이 일치하고 연합할 수 있도록 서로서로 한마음이 되십시오. 나의 형제들이여, 얼마전에 나는 여러분 가운데 심각한 다툼과 분열이 있다는 말을 글로에 집안에 속한 어떤 사람의 편에 전해 듣게 되었습니다. 그것은 다름이 아니라, 여러분이 제각기 주장하기를 "나는 바울파", "나는 아볼로파", "나는 게바(베드로)파" 그리고 "나는 그리스도파"라고 하면서 이리저리 편을 가른다고 합니다.

그랬다. 당시 고린도 교회는 교인들 간에 분파를 지어 서로 다투고 미워하고 배척했다. 바울파는 고린도 교회의 설립자인 '바울'을 지지하는 파이고, 아볼로파는 모세 율법에 정통한 '아볼로'를 지지하는 파다. 게바파는 '베드로'를 지지하는 파를 말하는데, 유대인 신자들을 중심으로 형성된 파이고, 그리스도파는 위의 세 파와는 무관하게 따로 생긴 분파다. 이 같은 당파들은 모두 고린도 교회 내에서 자생적으로 생겨난 분파들로서 분파의 중심인물인 당사자들(바울, 아볼로, 게바, 그리스도 등)과는 전혀 무관했다. 바울의 편지는 이어진다.

여러분, 그래서는 안 됩니다! 그리스도께서 그렇게 여러 갈래로 나누어졌단 말입니까? 나 바울이 여러분을 위해 십자가에 매달리기라도 했단 말입니까? 또 여러분이 바울의 이름으로 세례를 받기라도 했습니까? 그러고 보니, 내가 여러분 가운데 그리스보와 가이오 외에는 아무에게도 세례 베푼 일이 없다는 사실에 새삼 하나님께 감사드립니다. 그 까닭은, 여러분 가운데 내 이름으로 세례를 받았다고 우쭐대며 자랑할 사람이 아무도 없을 것이기 때문입니다. 참, 내가 스데바나 집안의 사람에게도 세례를 주었습니다만, 그 밖에는 어느 누구에게도 세례를 베푼 기억이 없습니다.

당시 고린도 교회의 일부 교인들은 세례가 영적인 성숙과 안전한 구원을 보장해 준다고 믿었다. 그래서 그들은 누구에게서 세례를 받았는지, 즉 얼마나 훌륭하고 명망 있으며 영성 있는 사람에게서 세례를 받았는지를 매우 중요하게 여겼다. 그리고 그런 자에게서 세례 받은 사실을 우쭐대며 자랑했다. 바울은 그런 잘못된 생각을 지적한 것이다.

여러분이 명심해야 할 것은, 예수 그리스도께서 나를 여러분에게 보내신 것은 세례를 베풀도록 하기 위함이 아니라 복음을 전하도록 하기 위함이었습니다. 복음을 전하되, 인간의 지혜로운 말로써 전하지 않도록 하셨는데, 그 까닭은 예수 그리스도의 십자가 복음이 한낱 그런 말재간으로 헛되게 되어서는 안 되기 때문입니다.

지금 바울은 세례가 필요 없다고 말하고 있는 게 아니다. 바울 자신도 몇몇 교인들에게는 직접 세례를 베풀었다. 하지만 세례는 단지 회개 및 신자 됨을 공적으로 고백하는 외적인 증표이고 하나의 종교의식일 뿐이다. 세례 자체가 구원을 보증해 주는 것이 아니다. 구원은 물로써 세례 받는 것 이상의 그 무엇, 곧 십자가 복음을 마음속에 영접하는 참된 믿음을 필요로 한다. 바울은 그 복음을 전하도록 보냄 받은 것이다.

세상의 지혜와 하나님의 지혜 (1:18-31)

여러분, 그러므로 중요한 것은 세례가 아니라 복음입니다. 십자가 복음이 멸망할 자들에게는 아주 어리석게 들리겠지만, 구원받은 우리에게는 하나님의 크신 능력입니다. 그래서 성경에 기록되기를 "내가 지혜로운 자들의 지혜를 멸하고 지식 있는 자들의 지식을 폐할 것이다"(사 29:14)라고 했습니다.

논리적인 변증과 이성적인 철학을 좋아했던 고린도 사람들에게는, 죄인의 모습으로 십자가에 처형된 예수 그리스도와 그가 전한 말(복음)을 믿는다는 것이 아주 미련하고 어리석게 여겨졌을 것이다. 그러나 그런 세상적인 지혜와 인간적인 지식은 구원을 얻는 데 아무런 도움이 되지 못하는 헛된 것이기에 결국 폐하여 없어지고 말 것이다.

그런즉 주위를 둘러보십시오. 지혜로운 자가 어디에 있습니까? 학자가 어디에 있습니까? 이 시대의 철학자가 어디에 있습니까? 하나님께서는 세상의 지혜를 모두 어리석은 것으로 만들어 버리셨습니다. 그래서 세상 사람들은 세상의 지혜로써는 결단코 하나님을 발견하지도 알지도 깨닫지도 못할 터인데, 바로 이것이 하나님의 지혜인 것입니다. 우리 하나님께서는 세상 사람들의 눈에 어리석게 보이는 우리의 복음, 곧 십자가 복음의 선포를 통해 그 복음을 받아들이고 믿는 사람들을 구원하시기로 작정하신 것입니다.

그렇다면 기독교는 반지성적인가? 그건 아니다. 사실, 바울 자신이 당대의 탁월한 지성인이었다. 여기서 바울이 강조한 가르침의 요점은 이것이다. 멸망할 자들, 곧 불신자들의 지혜와 지식은 결코 그들을 그리스도께로 인도하지 못한다는 점이다. 이처럼 세상 지식의 한계를 지적하면서 바울은 그것을 뛰어넘는 영적인 지혜 곧 하나님의 능력이신 예수 그리스도의 십자가 복음을 소개했다. 그것이야말로 인간의 모든 지혜와 지식을 미련하게 만드는 참된 지혜와 지식으로, 사람으로 하여금 그들의 죄를 깨닫게 하여 마침내 구원으로 인도하시는 하나님의 능력인 것이다.

십자가에 못 박힌 그리스도를 전하노라

유대인들은 표적을 요구하고, 헬라인들은 지혜를 추구합니다. 하지만 우리 믿는 자들은 오직 십자가에 달리신 그리스도 예수를 전합니다. 이 같은 사실이 유대인에게는 걸림돌이고 이방인(헬라인)에게는 어리석은 것이겠지만, 하나님께 부르심을 받은 자들에게는 그가 유대인이든 혹은 헬라인(이방인)이든 그리스도 예수는 하나님의 능력이요 하나님의 지혜입니다. 진실로 하나님의 어리석음이 인간의 지혜보다 더욱 지혜롭고, 하나님의 연약하심이 인간의 강함보다 더욱 강하다는 사실을 명심하십시오.

과연 그러했다. 유대인들은 표적(헬, 세메이온) 곧 초자연적인 이적을 중요시했고, 헬라인들은 철학적 사상과 논리적 이성을 통해 도출된 지혜를 중요시했다. 그래서 유대인들은 예수님에게서 줄곧 표적을 요구했고(마 12:39; 요 2:18), 헬라인들은 바울의 아테네 전도 때에 계속 변론하기를 원했다(행 17:16-18).

형제들이여, 여러분이 하나님께 처음 부르심을 받았을 때 여러분의 처지와 형편이 어떠했는지를 한번 생각해 보십시오. 인간적이고 세상적인 기준으로 볼 때, 여러분 중에는 지혜로운 사람이 많지 않았고, 영향력 있는 사람도 많지 않았으며, 좋은 가문에서 태어난 사람도 많지 않았습니다. 하지만 우리 하나님께서는 세상의 지혜로운 자들을 부끄럽게 하시려고 어리석어 보이는 자들을 택하셨고, 세상의 강한 자들을 부끄럽게 하시려고 연약해 보이는 자들을 택하셨습니다. 이처럼 우리 하나님께서는 이 세상에서 힘 있다고 자랑하며 잘난 체하는 자들을 낮추시고 무력하게 하시려고 비천한 자들과 업신여김 받는 자들과 보잘것없는 자들을 택하셨습니다.

실제로 그러했다. 로마 당국을 비롯하여 유대인들과 불신자들의 핍박이 심했던 초대교회 당시에는 세상에서 그럴듯한 지위에 있고 좋은 신분을 지닌 사람들보다는 뭔가 부족하고 미천하고 가난하며 소외된 자들이 복음을 더욱 잘 받아들였다. 예를 들면, 초대교회의 지도자들이 된 예수님의 12사도 대부분이 그런 종류의 사람들이었다.

우리 하나님께서 이처럼 하신 것은, 어느 누구도 하나님 앞에서 스스로를 자랑하지 못하도록 하기 위해서입니다. 이제 여러분은 하나님의 부르심을 받고 그리스도 예수 안에 있는 자들입니다. 그리고 그분 예수께서는 우리에게 하나님께로부터 임하는 지혜가 되어주셨고, 또한 우리의 의로움과 거룩함과 구속함이 되어주셨습니다. 그러므로 이런 사실과 관련하여 성경에 기록되기를 "누구든지 자랑하려거든 오직 주님 안에서 자랑하라"(렘 9:23-24)고 했습니다.

당시 고린도 교회에서는 파당을 지어 서로를 향해 자랑하는 일이 많았다. 그러나 오직 하나님의 은혜로 택함 받은 성도들은 결코 자랑할 것이 없는 자들이었다. 그래서 바울은 모든 세상적인 자랑을 뚝 그치고, 그저 값없이 구원의 은혜를 베푸신 하나님께 감사하면서 그런 은혜로운 일을 내세우며 자랑하라고 권면하였다.

2

인간의 지혜와 하나님의 지혜

세상 지혜는 참으로 어리석어
하나님의 지혜를 알지 못합니다
통치자들이 그 지혜를 알았다면
주를 십자가에 못 박지 않았겠지요

오직 성령의 능력으로 행한 고린도 전도 (2:1-5)

형제들이여, 일전에 내가 여러분에게로 나아가서 하나님의 말씀을 전할 때 유식한 말이나 인간의 지혜로 하지 않았습니다. 그리한 까닭은, 내가 여러분과 함께 있는 동안 여러분 가운데서 십자가에 못 박혀 죽으신 예수 그리스도 그분 외에는 아무것도 전하지 않기로 작정했기 때문입니다.

바울은 제2차 전도여행(주후 50-52년경) 때, 고린도에서 거의 1년 6개월가량 머물며 복음을 전했다. 고린도 직전에 아테네(아덴)에서 복음을 전할 때, 바울은 세상의 철학적 지혜를 좇아 논리적으로 복음을 전한 적이 있었다. 아테네는 당시 에피쿠로스(에비구레오) 학파, 스토아(스도이고) 학파에 속한 철학자들이 왕성하게 활동하여 헬라 철학이 가장 발달한 도시로, 그곳 사람들은 화술에 능하고 철학적, 이성적 사고가 뛰어났기 때문이었다.

그러나 이런 시도는 여러 철학자들과 허탄하고 무익한 변론만을 반복적으로 얘기했을 뿐이고 전도의 열매를 맺는 데는 실패했다(행 17:16-18). 이런 쓰라린 경험 이후로 바울은 어디를 가든, 누구를 만나든, 오직 십자가에 못 박힌 예수 그리스도 곧 '십자가 복음'만을 전하기로 굳게 마음먹었다. 자신의 세상 학문으로 세상의 학문을 이기겠다는 생각을 버린 것이다.

당시에 내가 여러분에게로 나아가서 여러분 가운데 있을 때, 나는 실로 연약하고 두려웠으며 몹시 떨었습니다. 그래서 내가 여러분에게 전하는 말과 설교도 그리 지혜롭지도 못했고 설득력 있는 것도 아니었습니다. 그때에 나는 다만 십자가 복음을 선합으로써 성령의 능력만을 보여주고자 했습니다. 그리하여 나는 여러분의 믿음이 사람들의 세상적인 지혜에 뿌리를 내리지 않고, 오직 하나님의 능력에 뿌리 내리기를 간절히 바랐던 것입니다.

고린도에 있을 때, 바울은 두려워 몹시 떨었다. 그때 바울은 아테네에서 세상 지식을 사용하여 전도하다가 쓰라린 실패를 겪었던 때였다(행 17:17-34). 그런 시기에, 설상가상으로 바울이 당도한 고린도 지역은 이교도들의 강력한 세력과 각종 철학자들의 사변, 그리고 음란한 도덕적 타락상이 활개를 치던 곳이었다. 그들은 온갖 술수로 언제든지 바울을 공격할 만반의 준비를 갖추고 있었다. 이런 상황에서 바울은 자신의 인간적인 나약함을 인정하면서, 그 당시에 정말로 두렵고 떨렸다는 자신의 심경을 피력한다.

하나님의 신비롭고 비밀스러운 지혜 (2:6-16)

여러분, 믿음이 성숙한 사람들끼리는 지혜의 말을 합니다. 그렇지만 그 지혜는 이 세상 사람들의 지혜나 장차 멸망할 이 세상 통치자들의 지혜가 아닙니다. 우리 성숙한 신자들이 말하는 지혜는 하나님의 신비롭고 비밀스러운 지혜입니다. 진실로 하나님께서는 태초에 시간이 시작되기도 전, 곧 영원 전부터 우리 믿는 자들의 영광을 위해 이 지혜를 미리 정하시고 감추어두셨습니다.

바울은 자신이 고린도에서 성령의 능력으로 전파했던 지혜는 '하나님의 신비롭고 비밀스러운 지혜'임을 밝힌다. 그것은 곧 하나님께서 영원 전부터 구원받을 자들을 위해 준비해두셨던 '예수 그리스도의 십자가' 곧 복음(헬, 유앙겔리온)이었다. 오직 그 복음만이 죄인을 구원의 자리로 인도하는 참 지혜요 유일한 지혜였다. 바울은 바로 이 지혜를 전했다.

이처럼 하나님께서 이 지혜를 감추어두셨기에, 이 세상 통치자들은 누구도 그 지혜를 알지 못했습니다. 만일 그들이 그 지혜를 알았더라면, 영광의 주 예수 그리스도를 십자가에 못 박지 않았을 것입니다. 그래서 성경에 기록되기를 "하나님께서는 어느 누구도 보지 못했던 것을, 어느 누구도 듣지 못했던 것을, 어느 누구도 생각하지 못했던 것을, 자기를 사랑하는 자들을 위해 예비해두셨다"(사 64:4; 52:15; 65:17)라고 했습니다.

하나님께서 구원의 지혜 곧 복음을 그토록 오랫동안 비밀로 유지하시고 감추어두신 이유를 우리로서는 알 수 없다. 그러나 그 이유가 무엇이든,

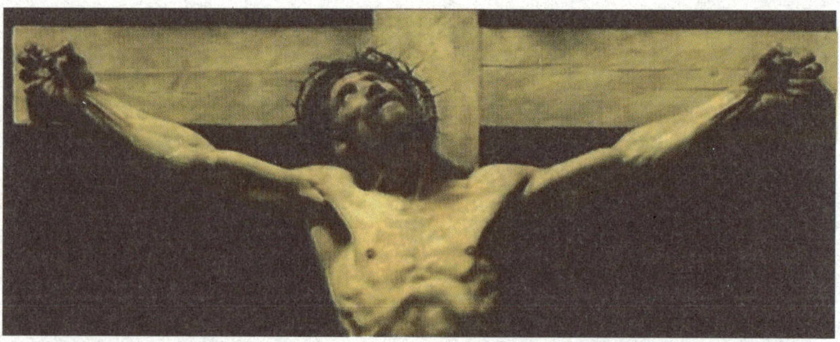

통치자들이 하나님의 지혜를 알았더라면, 영광의 주를 십자가에 못 박지 아니하였으리라

하나님께서는 인류의 구원과 관련해서 자신만의 분명한 '아젠다'(Agenda, 일정 및 계획)를 가지고 계셨다고 바울은 확신했다.

그렇습니다. 하나님께서는 성령을 통하여 우리 믿는 자들에게 이 지혜를 드러내 보여주셨습니다. 모든 것을 살피시는 성령께서는 하나님의 가장 깊은 비밀스러운 경륜까지도 다 살피시는 분입니다. 사람 속에 있는 그 사람의 영이 아니고서야 누군들 그 사람의 생각을 알겠습니까? 마찬가지로, 하나님의 영 곧 성령이 아니고서야 그 누구도 하나님의 생각을 알 자가 없습니다.

그렇다. 사람 속에 있는 생각이나 감정 등은 그 사람의 영이 가장 잘 안다. 마찬가지로 하나님의 깊은 세계와 비밀스러운 경륜은 하나님의 영이신 성령 외에는 누구도 알 수 없다. 세상의 어떤 지식이나 어떤 인간의 이성도 하나님께 속한 지혜를 측량할 길이 없다.

우리 하나님께서는 이 세상의 영이 아닌, 바로 이 하나님의 영 곧 성령을 우리에게 주셨습니다. 그래서 하나님께서 우리에게 값없이 그저 주신 놀라운 은혜의 선물을 우리로 알게 하시고 깨닫게 하셨습니다. 우리가 지금 이렇게 말하는 것은, 사람의 지혜가 가르쳐준 말로써 하는 것이 아니라, 성령께서 가르쳐주신 말로써 하는 것입니다. 곧 신령한 진리를 신령한 말로 설명하고 있는 것입니다.

바울은, 사람이 하나님의 감추어진 비밀 곧 복음을 깨닫기 위해서는 성령의 가르침을 받아야 한다고 말했다. 하나님의 영이신 성경은 하나님의 오묘한 비밀을 온전히 아시는 분으로, 우리의 마음을 열고 감동 감화시켜 성경의 진리를 깨우쳐주는 방식으로 가르침을 베푸신다(롬 8:1-11).

그러므로 육신에 속한 사람 곧 신령하지 아니한 사람은 하나님의 영 곧 성령으로부터 비롯된 일들을 받아들이지 않습니다. 그런 사람들에게는 성령에 속한 신령한 일들이 어리석은 것으로 여겨져서 도무지 이해할 수 없기 때문입니다. 성령에 속한 일들은 오직 영적인 분별력이 있어야 비로소 이해할 수 있습니다. 성령에 속한 신령한 자들은 모든 것을 제대로 살펴 옳게 판단하지만, 자기 자신은 세상 사람들의 판단에 좌우되지 않습니다. 진실로 "누가 주님의 마음을 알아 감히 주님을 가르칠 수 있겠습니까?" 하지만 우리 믿는 자들은 예수 그리스도의 마음을 가지고 있습니다.

믿는 자들은 예수 그리스도의 마음을 소유한 자들로서 성령에 속한 신령한 자들이다. 이런 자들은 육신(세상)에 속한 자들과는 달리 성령을 마음에 모시고 성령의 가르침을 받으며 성령의 인도하심에 따라 살아가는 자들이다.

3

믿음의 참된 기초

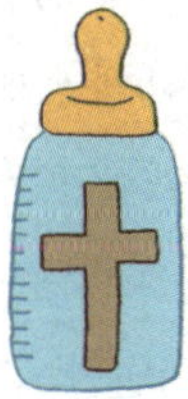

나는 영적으로 말하지 않고
인간적으로 말하려 합니다
여러분은 그리스도 안에서
어린아이이기 때문입니다

'아, 내 편지를 읽고 제발 고린도 교회가 믿음 위에 바로 서고, 교인들 간에 화목과 연합이 이루어져야 할 텐데….'

지금 바울은 고린도에서 500km나 떨어진 에베소에 있다. 제3차 전도여행(주후 53~58년경) 중에 에베소에 도착한 바울은 무려 3년 가까이 그곳에 머물면서 전도와 목회사역을 병행하고 있었다. 그러던 중 고린도에서 건너온 한 교인에게서 고린도 교회가 분파, 분쟁, 간통, 애찬 등의 문제로 몸살을 앓고 있다는 염려스러운 소식을 전해 듣게 된다.

바울의 마음은 아픔과 걱정과 번민으로 무너져 내렸다. 고린도 교회는 바울이 제2차 전도여행(주후 50~52년경) 때 온 심혈을 기울여 개척한 교회로 바울의 긍지이며 자랑이었다. 그런 교회가 세속화되고 갈라지고 붕괴될 위기에 처했던 것이다!

하지만 여러 형편상 에베소를 제쳐두고 고린도로 당장 달려갈 수는 없었다. 그래서 바울은 우선 급한 대로 고린도 교회에 편지를 쓰기로 작심한 것이다. 편지로 작금의 문제점들에 대해 지혜로운 해결책을 제시하면서, 때로는 꾸짖고 때로는 권면하는 가운데 올바른 진리를 가르치기로 마음먹었다. 1장과 2장에 이어, 그런 바울의 편지가 계속 이어진다.

믿음의 참된 기초는 오직 예수 그리스도(3:1-23)

고린도 교회의 형제들이여, 나는 여러분에게 성령에 속한 사람에게 말하듯이 말하지 않고, 육신에 속한 사람들에게 말하듯이 말할 수밖에 없었습니다. 그 까닭인즉슨, 사실 여러분은 그리스도 안에서 아직 어린아이에 지나지 않았기 때문입니다. 그때에 나는 여러분에게 단단한 음식은 먹이지 않고 젖을 먹였습니다. 여러분이 단단한 음식을 먹을 준비가 되지 않았기 때문입니다. 그런데 여러분은 아직까지도 단단한 음식을 감당할 수 없습니다.

여기서 바울은 고린도 교인들의 영적 상태를 사람의 식단에 비유해서 쉽게 설명했다. '젖'은 아직 덜 자란 어린아이에게 맞는 음식이고 '단단한 음식'은 다 자란 어른에게 맞는 음식이다. 처음 고린도 교회를 개척할 때, 영적으로 고린도 교인들은 아직 덜 자란 어린아이와 같았기에 바울은 단단한 음식이 아니라 부드러운 젖으로 그들을 먹였다. 그러니까 여기서 '젖'은 초보 신자들에게 어울리는 기초적인 복음을 말한다.

하지만 바울은, 그들이 속히 자라서 밥 같은 단단한 음식을 먹게 되기를 원했다. 여기서 '단단한 음식'은 단지 방언이나 예언 같은 영적인 은사를 갖는 것을 뜻하지 않는다. 그런 은사들을 하나님의 영광과 교회의 건덕, 그리고 이웃 사랑을 위해 올바로 사용하는 것을 포함한다. 비록 탁월한 영적 은사를 받고 깊은 신학적 지식을 갖고 있더라고 그것들을 올바로 사용하지 않으면 아무것도 아니다(고전 13:1-3).

내가 들은 바에 의하면, 여러분은 여전히 육신에 속한 세상적인 사람입니다. 지금 여러분 가운데 시기와 다툼이 있다는 사실이 바로 여러분이 육신에 속한 세상적인 사람이라는 증거가 아니고 무엇이겠습니까. 여러분은 육신에 속한 세상 사람들처럼 인간의 악한 본성에 따라 행하고 있습니다. 보십시오. 여러분 가운데 어떤 사람들은 "나는 바울파"라고 주장하고, 또 어떤 사람들은 "나는 아볼로파"라고 주장하고 있다고 하니, 그것이 여러분이 아직 육신에 속해 있다는 증거입니다.

바울은 고린도 교회를 개척하고 세운 설립자이고, 아볼로는 모세 율법에 정통한 학자로서 유명한 설교자였다. 당시 고린도 교인들은 설립자인 바울을 따르고 지지하는 측(바울파)과 저명한 학자이고 설교자인 아볼로를 따르고 지지하는 측(아볼로파)이 편을 갈라 서로 다투고 시기하며 분쟁하고 있었다. 이 외에도 게바(베드로)파, 그리스도파도 있었다(고전 1:12). 어느 시대이건 사람들이 끼리끼리 편을 가르는 것은 인간의 본성이자 죄성(罪性)이다.

그렇다면 여러분, 아볼로는 무엇이고 또 바울은 무엇입니까? 우리는 단지 주님의 일꾼들에 불과합니다. 우리는 단지 주님께서 우리 각자에게 맡기신 일을 했을 뿐이고, 그래서 여러분은 우리를 통해 복음을 듣고 믿게 된 것입니다. 내가 씨를 뿌렸다면, 아볼로는 물을 주는 일을 했습니다. 하지만 결국 여러분을 자라나게 하신 분은 하나님이십니다. 그러므로 씨를 뿌리는 사람이나 물을 주는 사람은 아무것도 아닙니다. 오직 여러분을 자라나게 하신 분, 곧 하나님이 가장 중요합니다.

씨를 뿌린 사람과 물을 준 사람은 똑같은 하나님의 일꾼들로서, 그들은 각자 자기가 수고한 만큼 그들의 주인 되는 하나님께 품삯을 받게 될 것입니다. 그러므로 나와 아볼로는 하나님의 일을 하는 동역자이고,

여러분은 하나님의 밭이며 하나님께서 세우신 집입니다.

성도들은 바울이나 아볼로 같은 하나님의 일꾼들에 속한 자들이 아니고, 일꾼들을 통해 밭을 일구시고 집을 세우시는 하나님께 속한 자들이다. 그러므로 "내가 누구에게 속한 누구 파다"라고 하는 것은 아주 어리석은 생각과 행동임을 알 수 있다.

형제 여러분, 나는 내게 주신 하나님의 은혜로 한 사람의 지혜로운 건축자가 되어 기초를 놓았고, 다른 사람은 그 기초 위에 집을 세웁니다. 이때에 각자는 그 기초 위에 어떻게 집을 세울지 세심하게 주의를 기울여야 합니다. 누구라도 이미 놓아진 기초 곧 참된 기초이신 예수 그리스도 외에 다른 기초를 놓아서는 절대로 안 됩니다. 예수 그리스도라는 바로 그 기초 위에 누가 금이나 은이나 보석이나 나무나 풀이나 짚 등을 사용하여 집을 짓는다면, 그에 따라 각 사람이 한 일이 그대로 드러나게 될 것입니다.

내가 닦아둔 터는 예수 그리스도라

바울은 건축 자재의 예로 6가지를 제시했다. 금, 은, 보석, 나무, 풀, 짚. 이들 자재 가운데 금, 은, 보석은 불에 타지 않은 불연성(不燃性) 건축 자재들이고, 나무, 풀, 짚은 불에 잘 타는 가연성(可燃性) 건축 자재들이다.

그리하여 마침내 재림과 심판의 그날이 오면, 각 사람이 어떤 집을 건축했는지 밝히 드러나게 될 것입니다. 그리고 각 사람이 지은 그 집은 불로써 그 공적을 검증받게 될 것입니다. 그래서 자신이 지은 집이 불을 견디고 그대로 남아있게 되면, 그 사람은 상을 받게 될 것입니다. 그러나 자신이 지은 집이 불에 타버리면, 그 사람은 상을 잃고 말 것입니다. 그런 사람이라도 비록 구원이야 받겠지만, 그 모습은 마치 불(화염) 속을 탈출하여 간신히 목숨을 건진 사람처럼 아주 초라하게 될 것입니다.

바울은 예수님의 재림에 따른 최후 심판의 날에 각 사람이 지은 집에 대해 공적을 검증받게 될 것이라고 말하면서, 검증의 도구는 '불'이라고 말했다. 성경에서 '불'은 대개 '심판'이나 '시험'을 상징한다. 불은 광물의 모든 불순물을 불태움으로써 뒤에 순수한 금속을 남기기 때문이다.

이와 유사하게, 마지막 심판의 때에 우리의 신앙 삶 곧 우리가 '예수 그리스도'라는 기초 위에 건축한 집은 불로써 검증을 받게 될 터인데, 만일 불연성 자재인 금, 은, 보석으로 집을 건축했다면 그 집은 불에 타지 않음으로써 그 공적을 인정받아 상을 받게 된다. 그러나 가연성 자재인 나무, 풀, 짚으로 집을 건축했다면 그 집은 불에 활활 태워질 것이므로 그 공적을 인정받지 못해 모든 상을 잃게 될 것이다.

여기서 유의할 점은, 바울은 지금 구원을 받느냐, 못 받느냐에 관해 말하고 있는 게 아니다. 어떤 집을 건축한 사람의 공적(功績)이 구원의 조건이 될 수는 없기 때문이다. 여기 건축자들은 모두가 '예수 그리스도'라는 기초(터전) 위에 집을 지었기 때문이다.

바울은 구원이 아니라 상급을 얻느냐, 못 얻느냐에 관해 말하고 있다. 불에 타버리는 집을 짓게 됨으로써 최후 심판의 날에 구원은 얻되 상급을 잃게 된다면 참으로 부끄러운 일이 될 것임을 강조한다. 구원을 받긴 했지만, 활활 타오르는 맹렬한 화염의 불길 속에서 온몸이 불에 그을린 채 구사일생으로 겨우 빠져나온 자의 모습이 된다면, 참으로 부끄러운 구원이 되고 말 것이다. 그러므로 분쟁, 시기, 분파, 게으름 같은 가연성 자재로써가 아니라 충성, 신실함, 겸손, 온유, 인내 같은 불연성 자재로써 우리들 신앙의 집을 건축해야 한다.

고린도 교회의 성도들을 향한 바울의 책망과 권면은 이어진다.

> 형제 여러분, 여러분은 자신이 하나님의 성전인 줄을 알지 못합니까? 여러분 안에 하나님의 성령이 계신다는 것을 알지 못합니까? 누구든지 하나님의 성전을 허물면, 하나님께서는 그 사람을 멸망시키실 것입니다. 진실로 하나님의 성전은 거룩합니다. 여러분 각자가 바로 하나님의 성전입니다.

성도가 하나님의 성전이 되는 이유는 각 성도의 마음속에는 제3위 하나님이신 성령님이 내주하고 계시기 때문이다. 그런데 교회에서 분열과 분쟁을 일으켜 다른 성도에게 해를 입힌다면, 그것은 하나님의 성전을 훼손시키고 허무는 행위로서 하나님의 준엄한 심판을 받게 된다.

> 아무도 자신을 속이지 마십시오. 만일 여러분 가운데 이 세상에서 지혜롭다고 생각하는 사람이 있다면 정녕 어리석은 바보가 되어야 합니다. 그래야 참으로 지혜로운 사람이 될 수 있습니다. 이 세상의 지혜는 하나님께서 보실 때는 아주 어리석은 것이기 때문입니다. 그래서 성경은 기록하기를 "하나님께서는 세상의 지혜로운 자들을 자기 스스로의 꾀에 빠지게 하신다"(욥 5:13) 했습니다. 또한 성경에 이런 말씀도 있습니다. "주님께서는 세상에 속한 지혜로운 자들의 생각이 얼마나 허망한 것인지 잘 알고 계신다"(시 94:11).

하나님의 참된 지혜를 알기 위해서 세상 지혜에 대해서는 가치를 두지 말고 어리석은 바보같이 되라는 역설적인 권면이다. 사람의 논리와 이성에 바탕을 둔 철학적인 사고가 지배하는 세상 지혜에 대하여 아무것도 모르는 바보같이 반응할 때 비로소 하나님의 참된 지혜 곧 예수 그리스도의 십자가 복음을 밝히 볼 수 있는 영적 안목이 열리기 때문이다.

> 그러므로 누구든지 사람에 관한 것을 자랑하지 마십시오! 모든 것이 다 여러분의 것입니다. 바울이든 아볼로든 베드로든 세상이든 생명이든 죽음이든 현재 일이든 미래 일이든, 모든 것이 다 여러분의 것입니다. 그리고 여러분은 그리스도의 것이고, 그리스도는 하나님의 것입니다.

바울은 교회 내에서 아볼로파, 바울파, 게바(베드로)파 등의 파당을 지어 서로 분쟁하고 있는 고린도 교인들에게 보다 넓은 시야를 제시한다. 성도는 만물의 주인이기에 만물에 속하는 어떤 사람이나 현상을 자랑해서는 안 된다고 가르쳤다. 사실, 교회의 모든 지도자들과 온 세상의 여러 현상들은 전부 구원받은 성도들을 위한 하나님의 위대하신 목적과 경륜에 직, 간접적으로 관련되어 있다. 말하자면 온 세상의 모든 피조물과 현상들은 하나님께서 독생자 그리스도를 통해 이룩해놓으신 구원받을 자들 곧 성도들을 위해 존재하고 있는 것이므로 결국 만물은 성도에게 속한 것이 된다.

4

그리스도의 일꾼

우리는 그리스도의 일꾼으로
복음의 비밀을 맡은 자입니다
여러분이 나를 어찌 판단하든
주만이 나를 심판하십니다

예수 그리스도의 사도들 (4:1-21)

형제들이여, 여러분은 마땅히 우리를 그리스도의 일꾼이요 하나님의 비밀을 맡은 자들로 보아야 합니다. 그리고 맡은 자들에게 요구되는 가장 중요한 것은 충성스럽게 헌신하는 신실함입니다. 여러분이 나를 어떻게 판단하든, 또는 세상 법정이 나를 어떻게 판단하든, 그런 것들은 내게 조금도 문제가 되지 않습니다. 사실, 나도 나 자신을 판단하지 않습니다.

하나님의 비밀은 곧 '예수 그리스도의 십자가 복음'을 말한다. 따라서 그런 하나님의 비밀을 맡았다고 하는 것은, 십자가 복음을 책임지고 사람들에게 전파하며 가르치는 일을 맡았다는 뜻이다. 곧 하나님께 사명을 받은 복음 사역자가 되었다는 말이다. '일꾼'은 당시에는 '노를 젓는 노예'라는 개념이 있었다.

나는 내 양심에 조금도 거리끼는 일이 없지만, 그렇다고 그것이 내가 죄 없이 의롭다는 뜻은 아닙니다. 나를 판단하시는 분은 오직 주님이십니다. 그러므로 정해진 판단의 때가 오기 전, 곧 주께서 다시 오셔서 모든 사람을 판단하실 때까지는 아무것도 미리 판단하지 마십시오. 주께서 오시면, 어둠 속에 감추어져 있던 모든 것을 환한 공간에서 밝히 드러내실 것입니다. 또한 우리 마음속 깊은 곳의 모든 생각들까지도 전부 드러내실 것입니다. 그때에 신실하게 살아온 각 사람은 주님께로부터 칭찬받을 것입니다.

사람들의 판단은 어설프고 불완전하며 믿을 것이 못 되기 때문에 아무런 선을 이루지 못하고 도리어 분쟁과 분열만을 초래할 뿐이다. 참되고 공정하며 올바른 판단을 하실 분은 오직 주님뿐이시다. 주님은 오래 참고 기다리시다가 최후 심판의 날에 모든 사람에 대해 옳고 그름을 최종 판단하신다.

형제들이여, 나는 지금까지 여러분의 이해를 돕기 위해 나와 아볼로의 경우를 예로 들어 설명했습니다. 그렇게 한 것은, 여러분이 우리의 경우를 통해 "기록된 말씀 밖으로 넘어가지 말라"는 가르침의 의미를 제대로 배워서, 어느 한쪽을 편드는 가운데 다른 쪽을 얕보거나 대적하면서 우쭐대는 교만에 빠지지 않게 하려는 것입니다.

여기 '기록된 말씀'은 바울이 본 서신(고린도전서)의 처음부터 지금까지 바울이 구약의 여러 성경구절들을 인용하여 고린도 교인들을 가르친 성경적 교훈들을 가리킨다. 그중에서도 특히 '사람을 자랑하지 말라'는 교훈을 일컫는다. 바울이나 아볼로나 베드로 같은 사람, 곧 지도자를 자랑하고 내세우는 데서부터 분쟁과 파당이 시작되기 때문이다.

한번 생각해 보십시오. 여러분에게는 특별하게 내세울 것이 무엇이 있습니까? 여러분이 가진 것들 가운데 하나라도 하나님께 받지 않은 것이 있습니까? 여러분이 가진바 모든 것들이 전부 하나님께 받은 것이라면, 어떻게 하나도 받지 않은 것처럼 그렇게 자랑하고 잘난 체할 수 있습니까? 여러분은 이미 원하는 것을 다 가졌고 이미 배가 불렀습니다. 우리를 제쳐놓고 여러분은 벌써 왕이 되었습니다. 여러분이 왕인 체하는 것이 아니라 정말로 왕이 되었으면 얼마나 좋겠습니까. 그러면 우리도 여러분과 더불어 왕 노릇을 할 수 있을 테니 말입니다.

여기 바울의 말은 풍자적이다. 바울 당시에 풍자는 효과적인 수사 기교였다. 바울은 풍자를 통해 고린도 교인들의 자만심을 깨뜨리고 그들의 어리석음과 모순을 깨닫게 하여 스스로를 냉철하게 살펴보도록 했다.

그러나 내가 생각하기에 우리는 왕이 아니라 도리어 하나님께서 가장 낮은 자리에 두셨습니다. 사도들인 우리를 마치 죽이시기로 작정한 원형경기장의 죄수들처럼 가장 보잘것없는 맨 끝자리에 두셨습니다. 그래서 우리가 온 세상의 구경거리가 되었습니다. 사람들은 물론이고, 심지어 천사들에게까지 구경거리가 되었습니다. 이렇게 우리는 그리스도 때문에 아주 낮아지고 어리석은 바보가 되었습니다. 그런데 여러분은 그리스도 안에서 지혜로운 자들이 되었습니다. 우리는 연약하고, 여러분은 강합니다. 우리는 낮고 비천하지만, 여러분은 높고 귀합니다.

바울의 풍자는 계속된다. 바울을 비롯한 다른 사역자들은 그리스도 때문에 낮아지고 비천해지고 어리석은 자들이 되었지만, 고린도 교인들은 그와 반대로 그리스도 안에서 세상 지혜를 소유하고 자신들의 부요를 자랑함으로써 지혜롭고 높고 귀한 자들이 되었다는 말이다. 사도들의 수고와 고난과는 상관없이 세상적인 가치와 지혜에 따라 서로를 판단하며 왕 노릇하는 고린도 교인들의 잘못된 행태를 책망하는 말이다. 십자가 고난의 길이 아니라 세상 부귀영화의 길을 추구하는 어리석은 행태를 꾸짖는 풍자다. 계속해서 바울은 자신을 포함하여 다른 사도들과 복음 사역자들이 십자가 복음을 전하면서 얼마나 비천해지고 어리석은 바보가 되고 세상의 구경거리가 되었는지를 언급한다.

바로 이 순간까지 굶주리고 목마르며 헐벗고 매 맞으며

바로 이 시간까지도 우리는 굶주리고 목마르고 헐벗고 얻어맞고 정처 없이 떠돌고 있습니다. 또한 생계를 잇기 위해 우리 손으로 힘들게 일합니다. 누가 우리를 욕하면 우리는 그 사람을 축복하고, 누가 우리를 박해하면 우리는 그것을 꾹 참고 견딥니다. 우리를 비방하는 자들에게 우리는 따뜻한 말로 응대해 줍니다. 지금 이 순간까지도 우리는 세상의 쓰레기처럼, 만물의 찌꺼기처럼 그렇게 하찮은 존재로 취급당하며 살아가고 있습니다.

바울은 자신의 전도사역이 생계나 돈 때문이 아님을 나타내기 위해, 또한 어려운 형편에 처한 교회들과 성도들에게 어떤 민폐도 끼치지 않기 위해 손수 일을 하며 자비량 선교를 지속했다. 젊은 시절에 가말리엘의 문하에서 수학하던 때에 익힌 천막 제조 기술로 생계를 유지하며 전도했다(행 18:2-3).

오해하지 마십시오. 내가 지금 이런 말을 하는 것은, 여러분을 부끄럽게 만들기 위함이 절대로 아닙니다. 다만 여러분을 내 사랑하는 자녀들처럼 여기고 잘 타이르고자 하는 것입니다. 여러분을 가르치는 교사는 일만 명이 있을 수도 있지만, 여러분을 낳은 아버지는 단 한 사람일 수밖에 없습니다. 저는 그리스도 예수 안에서 복음을 통해 여러분을 낳았으므로 여러분의 아버지가 되었습니다.

당시 고린도 교인들을 가르치고 인도하는 교회의 지도자들이나 선생들은 많았다. 하지만 바울은 자신을 그렇게 많은 선생들 가운데 하나가 아니라 영적인 아버지로 소개했다. 그만큼 남다르게 특별한 애정과 관심을 갖고 있다는 뜻이고, 실제로 복음으로써 그들을 낳았다고 하기에 충분하다.

그러므로 아버지의 심정으로 여러분에게 진심으로 권면합니다. 여러분은 부디 나를 본받도록 하십시오. 이런 이유로, 나는 주님 안에서 얻은 나의 사랑하는 아들 곧 주님께 충성하는 신실한 디모데를 여러분께 보냅니다. 그는 내가 모든 교회들에서 똑같이 가르치고 있는바, 그리스도 예수 안에서 행하며 살아가는 나의 생활방식을 여러분에게 일깨워줄 것입니다.

제자 훈련에서 멘토는 극히 중요하다. 바울은 고린도 교인들에게 "여러분은 나를 본받도록 하십시오"라고 말함으로써 그들의 멘토임을 자처했다. 그런데 본서의 다른 곳에서 바울은 좀 더 구체적으로 "내가 그리스도를 본받는 자가 된 것같이, 여러분도 나를 본받는 자가 되십시오"라고 말했다(고전 11:1). 결국 바울은 궁극적인 멘토로서 그리스도를 추천한 것이다.

지금 여러분 가운데는 내가 여러분을 찾아가지 않을 줄 알고 제멋대로 교만하게 행동하는 사람이 있습니다. 그러나 주님께서 허락하신다면, 나는 당장이라도 여러분에게 달려갈 것입니다. 그래서 교만한 사람들이 그냥 말로만 큰소리를 치는 것인지, 아니면 참으로 능력을 가지고 그렇게 행동하는 것인지, 내가 직접 확인해 볼 생각입니다. 어디까지나 하나님의 나라는 말에 있지 않고 오직 능력에 있기 때문입니다. 자, 여러분은 어느 편을 택하겠습니까? 내가 여러분에게 채찍을 들고 가는 것이 좋겠습니까? 아니면, 사랑과 온유한 마음을 가지고 가는 것이 좋겠습니까?

성도의 참된 믿음생활은 말을 얼마나 잘 하느냐에 달려 있지 않고, 사람들을 구원으로 인도하는 십자가 복음을 얼마나 능력 있게 선포하고 그 복음의 말씀대로 실천하며 살아가고 있느냐에 달려 있다는 말이다. 그러므로 교회 안에서 온갖 말로써 분쟁과 분란을 일으키지 말고 믿는 자답게 능력 있는 실천의 삶을 살아감으로써 바울 자신이 고린도 교회를 방문할 때 꾸짖고 벌하는 징계의 목적으로 갈 수 있게 하지 말고, 위로와 격려와 칭찬의 목적으로 갈 수 있게 해달라는 부탁이다.

5

음행을 물리쳐라

이상한 말이 자꾸 들립니다
이교도들도 꺼리는 음란죄
사람의 도리 저버린 이를
차마 두고 보아서는 안 됩니다

고린도시(市)는 그리스 반도와 펠로폰네소스 반도를 연결하는 운하가 발달된 고린도만(灣) 내륙 3.2km 지점에 형성된 도시로 무역과 상업이 크게 발달된 도시였다. 주전 27년경에 아우구스투스 황제에 의해 그리스의 마케도니아로부터 분리되어 아가야도(道)의 수도가 되어 총독 주재 도시가 되었고, 바울 당시에 고린도 인구는 대략 60-70만 정도 되는 큰 도시였다.

고린도에는 지중해 연안에 위치한 여러 지역의 헬라인, 가나안인, 이집트인, 아시아인, 시리아인이 모여 들어 그들이 세운 신전들이 많이 있었고, 그런 신전들에서는 우상숭배가 행해지고 있었다. 그런 이방 신전들 중에서도 고린도 광장 남쪽에 있는 풍요의 여신 데메트 신전, 고린도 해협 북동쪽에 있는 바다의 신 포세이돈 신전, 고린도 광장 북서쪽에 있는 음악과 의료의 신 아폴로 신전, 그리고 고린도 광장 남쪽의 아크로고린도 언덕에 세워져 고린도를 한눈에 내려다볼 수

고린도 유적지: 아고라(시장) 및 아프로디테 신전(멀리 산 정상)

있는 위치에 있는 사랑과 미의 여신 아프로디테 신전 등이 유명했다.

특히 아프로디테 신전에는 1천여 명의 여자 공창(公娼) 사제들이 소속되어 신전 제의 때마다 온갖 타락한 음란 행위가 공공연히 자행되고 있었다. 그래서 그리스 시인 아리스토파네스는 음란하고 방탕한 것을 가리켜 '고린도인처럼 되다'(헬, 코린디아조마이)라고 표현했다. 이처럼 도시 전체에 팽배한 우상숭배와 음행의 도가니 속에 세워진 고린도 교회였기에, 바울이 고린도 교회를 떠난 사이에 이방인들의 타락하고 음란한 풍습이 교회 안으로 음으로 양으로 깊숙이 침투했던 것이다.

제2차 전도여행 때(주후 50-52년경, 행 15:40-18:22), 바울이 고린도에 1년 6개월가량 머물며 쉼 없는 기도와 눈물과 땀과 피로 개척한 고린도 교회(주후 52년경 초엽), 그 교회를 떠나온 지 3-4년 만에 크게 타락하고 세속화되었다는 참담한 소식을 에베소에서 전해 들은 사도 바울의 가슴은 칼로 미어지듯 아팠다. 그런 찢어지는 아픔과 고통을 안고, 바울은 편지를 써 내려간다.

교회 안의 음행에 대한 바울의 엄중한 책망과 경고 (5:1-13)

사랑하는 형제들이여, 듣자 하니 여러분 가운데 성적인 문란 행위가 있다는 이야기가 있습니다. 이런 말을 입 밖에 내는 것조차 수치스럽지만, 여러분 가운데는 심지어 자기 아버지의 아내를 데리고 사는 일까지 있다고 하는데, 그런 음란한 패륜 행위는 이방 사람들에게서도 찾아보기 어려운 일입니다. 그러고도 여러분이 잘난 체를 할 수가 있습니까? 크게 통탄하고 마음 아파하면서 그런 짓을 저지른 자들을 여러분 가운데서 쫓아내야 하지 않겠습니까!

당시 고린도 교회 안의 몇몇 교인들은 아버지의 새 아내, 즉 계모를 취하는 근친상간의 행위를 자행하는 자들이 있었다. 그런데 더욱 가관인 것은, 그런 자들이 자기들의 행위를 부끄러워하기는커녕 스스로 자랑하는 교만을 떨고 있다는 사실이었다.

이는 당시 음란한 이방 문화가 횡행한 고린도의 타락상에 깊게 물든 측면도 있지만, 교회 내의 거짓 교사들로 말미암은 잘못된 교리 때문이기도 하다. 거짓 교사들은, 높은 영적 수준에 이르면 더 이상 세속의 도덕적 기준에 얽매일 필요가 없다는 '도덕 폐기론'을 가르쳤다. 그래서 스스로 높은 영성을 지녔다고 생각한 일부 고린도 교인들은 도덕이나 인륜에 구애받지 않고 몸이 원하는 것은 무엇이든 행해도 상관없다고 믿었다. 그들은 율법으로부터의 자유를 방종과 방탕으로 남용하고 있었다.

나 바울이 비록 몸은 여러분과 떨어져 있지만 마음은 늘 여러분 곁에 있습니다. 나는 여러분과 함께 있는 것과 마찬가지로 그런 짓을 행한 사람을 이미 심판했습니다. 여러분이 우리 주 예수의 이름으로 모일 때 나도 영으로서 여러분과 함께하고, 또한 우리 주 예수의 권능이 함께하므로 여러분은 그런 사람을 당장 사탄에게 넘겨주도록 하십시오.

그렇게 하는 까닭은, 비록 그 사람의 육신은 멸망하더라도 그 사람의 영은 주님의 날에 구원을 얻게 하기 위함입니다.

패륜적인 근친상간의 죄를 저지른 교인들을 사탄에게 넘겨주라는 말은, 곧 그들을 교회 공동체에서 쫓아내라는 출교(黜敎)의 권징을 행사하라는 말이다. 실제로 후일 바울은 디모데에게 보내는 편지에서, 자신이 후메내오와 알렉산더를 사탄에게 내어주었다고 말하기도 했다(딤전 1:20). 그렇게 출교를 시행해야 하는 까닭은, 그들을 영영 버리거나 파멸시키기 위해서가 아니라 최종적으로는 다시 얻기 위해서다. 비록 출교를 통해 그들의 육신은 포기하더라도, 출교의 충격을 통해 그들이 자신들의 죄를 깨닫고 통회의 심령으로 돌이키면 마지막 주님의 심판 날에 구원을 얻을 수 있을 것이기 때문이다. 이처럼 교회 권징인 출교는 유기(遺棄)나 파멸이 아니라 회개와 구원이 그 목적이 되어야 한다.

교만한 심령으로 자랑하는 행위는 결코 옳지 않습니다. 여러분은 적은 분량의 누룩이 밀가루 반죽을 크게 부풀리는 것을 알지 못합니까. 여러분이 누룩을 넣지 않는 새 반죽이 될 수 있도록 죄악의 묵은 누룩을 제거하십시오. 우리의 유월절 어린양이신 그리스도께서 우리를 위해 희생제물이 되셨으므로 사실 우리는 누룩 없는 사람들입니다. 그러므로 우리가 절기를 지키되, 사악함과 해로움의 묵은 누룩이 들어간 빵으로 하지 말고 누룩이 들어가지 않은 성실함과 진실함의 빵으로 지키도록 합시다.

성경에서 '누룩'은 종종 죄악, 타락, 부패 등을 상징하는 말로 사용되었다. 그래서 '묵은 누룩'은 그런 죄악 된 행위들이 오래되어 습관처럼 굳어진 것을 비유한다. 본래 누룩의 특성은 작은 것을 크게 부풀어

적은 누룩이 온 덩어리에 퍼지는 것을 알지 못하느냐

오르게 하는 강한 발효성을 지녔다. 그래서 적은 죄의 누룩이더라도 순식간에 교회 공동체 전체에 속히 퍼지고 만다. 교회가 작은 죄라도 방심하지 말고 강한 경계심을 갖고 속히 끊어내야 하는 이유가 여기에 있다.

나 바울은 앞서 여러분에게 써 보낸 편지에서 성적으로 문란한 사람들과 어울리지 말라고 신신당부한 적이 있습니다. 하지만 그 말은, 이 세상의 부도덕한 사람들이나 탐욕을 부리는 사람들이나 우상을 숭배하는 사람들 모두와 아예 상종조차 하지 말라는 뜻은 아닙니다. 세상의 불신자들과 상종하지 않으려면, 여러분은 아마도 이 세상 밖으로 나가야 할 것입니다.

바울은 본 서신인 '고린도전서'에 앞서 고란도 교인들의 음행에 관해 강력하게 경고하는 또 다른 서신을 써 보낸 적이 있었다. 하지만 무슨 이유로 그 서신은 잃은바 되어 오늘날 우리에게 전해지지 않았다. 한편, 당시 인구 60-70만 명 정도 되는 크고 부유한 상업도시요 무역도시인 고린도에는 성적으로 타락한 자들과 여러 신전에서 각양 우상을 숭배하는 자들이 너무 많아서, 그들과 아예 상종하지 않고는 사회생활을 영위할 수 없을 정도였다.

이제 내가 성적으로 문란한 사람들과 어울리지 말라고 쓴 것은, 스스로

> 신자라고 자처하면서도 성적으로 문란한 자나 탐욕을 부리는 자나 우상을 숭배하는 자나 남을 헐뜯는 자나 술꾼이나 사기꾼 등과는 어울리지 말고, 그런 자들과는 음식도 함께 먹지 말라는 말입니다. 교회 밖에 있는 불신자들을 판단하는 것은 내가 할 일이 아닙니다. 하지만 교회 안에 있는 교인들에 대해서는 여러분이 제대로 판단해야 마땅합니다. 교회 밖에 있는 불신자들을 판단하는 일은 하나님께 맡겨두십시오. 그러나 교회 안에 있는 여러분 가운데서 악하고 못된 짓을 저지르는 교인들은 전체 교회를 위해 단호하게 교회 밖으로 쫓아내십시오.

'어울리다' 또는 '음식을 함께 먹는다'는 말은 아주 가깝게 교제를 나눈다는 의미다. 바울이 이를 금한 것은, 그렇게 죄에 빠진 악한 교인들과 가깝게 교제를 나누다 보면 자신도 모르게 물들어 그 사람처럼 변할 것이기 때문이다. 그래서 바울은, 일반 교인들에게는 그런 악한 교인들과 가깝게 교제하지 말 것을 당부했고, 교회에 대해서는 출교의 권징을 행사하여 그런 악한 교인들을 교회에서 쫓아낼 것을 명령했다.

보다 구체적으로 말하면, 용납할 수 없는 큰 죄를 짓고도 회개하지 않고 여전히 그런 죄악 가운데 거하는 교인들에 대해선, 예수님의 가이드라인에 따라(마 18:15-19) 몇 단계 과정을 거쳐 회개를 거듭 권고해야 한다. 그래도 끝내 돌이키지 않는다면, 그의 회개와 회복을 바라는 심정으로 최후 수단을 사용하여 그를 교회에서 내쫓아야 한다.

오늘날 대다수의 교회 지도자들이 갈등과 시비, 불유쾌함 등을 피하기 위해 '출교'라는 교회의 권징을 제때에 제대로 사용하지 않는 것은 주님과 바울의 가르침에 어긋난다.

6
교인들 간의 고소

여러분 사이에 다툼 생길 때
사소한 분쟁까지 고소합니까
세상을 심판해야 할 여러분이
세상의 재판관에게 맡깁니까

당시 제3차 전도여행(주후 53-58년경) 중에 있던 바울은 에베소에서 이 서신(고린도전서)을 급히 썼다. 그 까닭은, 고린도 교회를 대표해서 자신에게 나아온 파송단(스데바나, 브드나도, 아가이고 등)의 여러 질문들에 대해 올바른 성경적 답변을 제시하기 위해서였다. 그래서 바울은 앞서 교회 내의 분쟁과 분파에 관해 언급했고(1-4장), 이어 일부 교인들의 패륜적인 음행에 관해 언급했는데(5장), 이제 여기서는 교인들 간의 소송 문제에 관해 언급한다.

교인들 사이의 소송 문제에 관하여 (6:1-11)

형제들이여, 여러분 사이에 어떤 다툼이 생겼을 때 왜 그 일의 옳고 그름을 성도들 앞에서 가리려 하지 않고 세상 법정에 맡기려고 하십니까. 여러분은 성도들이 도리어 세상을 판단해야 한다는 사실을 알지 못하십니까. 이처럼 세상이 여러분에게 판단을 받아야 마땅할 터인데, 어찌하여 여러분은 여러분 사이에 생긴 사소한 분쟁조차도 판단할 능력이 없단 말입니까. 심지어 여러분은 천사들까지도 우리가 판단하게 될 것임을 알지 못합니까. 그럴진대 하물며 이 세상에 속한 일을 여러분이 어째서 감당할 수 없단 말입니까!

바울이 호소력이 있게 '형제들이여' 하고 부른 것은 영적으로 한 자궁(子宮)에서 나온 혈육이요 동기 사이가 됨을 강조하기 위함이다. 여기서 바울은, 하나님의 자녀 된 성도는 세상을 판단할 뿐만 아니라 천사들까지도 판단할 수 있는 고상한 신분임을 일깨워준다. 특히, 여기 언급된 '천사들'은 하나님을 거슬러 자기 처소를 떠난 타락하고 범죄한 천사들, 곧 사탄과 그의 추종 세력인 귀신들을 가리킨다(벧후 2:4).

이처럼 여러분의 신분이 고상한데도, 여러분 사이에 생긴 세상일의 사소한 분쟁거리를 놓고 어찌하여 교회가 가볍게 여기는 세상 사람들을 여러분의 재판관으로 세울 수 있단 말입니까. 지금 내가 이 말을 하는 것은 여러분을 부끄럽게 하려는 것입니다. 도대체 교회 안에는 신도들 사이의 이런 분쟁을 해결할 만한 지혜로운 사람이 한 사람도 없단 말입니까. 그래서 신자가 같은 신자인 믿음의 형제에 맞서 서로 고소하여, 믿지 않는 세상 사람들의 법정 앞에서 시시비비를 가린단 말입니까!

바울의 이 말은, 바울 시대의 사회적 환경이 충분히 고려된 언급이다. 주후 1세기의 바울 시대에 신자들의 수효는 무척 적었다. 게다가 로마 법정은 매우 이교도적이어서 기독교에 대해 냉소적이고 비판적이었다. 이런 상황에서 한 치의 양보나 배려 없는 신자들끼리의 치열한 법정 다툼은 그들의 비웃음거리가 되었고, 결국 교회에 상처를 입히고 복음 전파에 해를 끼칠 뿐이었다. 그래서 피차 세상 법정에 고소하는 일을 극도로 삼가야 했는데, 이처럼 자신의 유익보다 교회의 건덕과 주님의

형제가 형제와 더불어 세상 법정에 고발하지 말라

영광을 먼저 생각하는 바울의 차원 높은 권고는 시대를 초월하여 오늘날의 신자들에게도 여전히 유효함을 명심해야 한다.

형제들이여, 주님을 믿는 여러분 신자들끼리 서로 고소하는 일 자체가 여러분에게는 이미 패배인 줄을 왜 모르십니까. 그러므로 형제에게 억울한 일을 당하거든 손해 보는 셈 치고 그냥 달게 받아들이십시오. 차라리 알고도 속아주는 게 더 낫습니다. 그런데 그러기는커녕 여러분은 스스로 불의를 행하면서 남의 것을 속여 빼앗으려 합니다. 그것도 교우들에게 그렇게 행하고 있습니다. 교인이라고 자처하면서도 그런 못된 짓을 행하는 자들은 하나님의 나라를 상속받지 못한다는 것을 여러분은 알지 못합니까! 그런 악한 자들은 천국에 들어갈 수 없다는 말입니다!

스스로 착각하지 마시길 바랍니다. 내가 밝히 말하지만 성적으로 문란한 자들, 우상 숭배자들, 간음하는 자들, 남창 노릇을 하는 자들, 동성연애를 하는 자들, 도둑질하는 자들, 탐욕을 부리는 자들, 술꾼들, 남을 헐뜯는 자들, 그리고 다른 사람을 속여 사기를 치는 자들은 결코 하나님의 나라를 상속받을 수 없습니다. 그런데 여러분의 교회 가운데에도 이런 사람들이 더러 섞여있는 것을 볼 수 있습니다. 그러나 여러분 대다수는 우리 주 예수 그리스도의 이름으로, 그리고 우리 하나님의 성령으로 죄 씻음을 받아 거룩하게 되었고 의롭게 되었습니다.

간음, 남창, 동성연애 등 성범죄가 주로 언급되었다. 왜냐하면 이 같은 성적인 타락과 범죄가 당시 고린도에 만연되어 있었기 때문이다. 고린도 사람들이 섬긴 사랑의 여신 '아프로디테' 신전에는 무려 1천여 명에 달하는 창기들이 소속되어 있어, 제사 의식 중에 공공연히 음란행위가 행해졌다. 그래서 고린도 교인들은 항시 이 같은 성범죄의 유혹 가운데 놓여 있었고, 실제로도 교인들 사이에 이 같은 성범죄를 저지르는 자들이 상당수 있었다. 앞서 고린도에서 전도사역을 펼칠 때 바울은 그런 사실을 충분히 인지하고 있었다.

성적 문란함에 대한 경고 (6:12-20)

여러분 가운데 더러는 말하길 "나에게는 모든 것이 다 허용되어 있다."라고 합니다. 하지만 모든 것이 다 유익한 것은 아닙니다. 나에게도 역시 모든 것이 다 허용되어 있습니다. 하지만 나는 아무것에도 얽매이지 않을 것입니다. 여러분 가운데 더러는 말하길 "음식은 배를 채우기 위해 있고, 배는 음식으로 채워지기 위해 있다."라고 합니다. 하지만 하나님께서는 음식도 배도 둘 다 모두 없애버리실 것입니다.

바울은 당시 죄 짓는 교인들이 자신들을 변호할 때 사용했던 말을 그대로 인용했다. 그들은 말하길 "율법에서 벗어난 나에게는 모든 것을 마음대로 행할 수 있는 자유가 있다!" 또는 "음식을 먹음으로써 배를 채우는 것이 육체적 본능이듯이, 성적 욕구를 채우는 것도 육체적 본능을 따르는 자연스러운 것이다"라고 주장했다.

이에 바울은 비록 그리스도인들이 율법에서 벗어나 복음 안에서 많은 자유를 누릴 수 있을지라도, 그런 자유를 사용하는 데 있어서 결코 방종해선 안 되고 자신과 교회와 주님께 정말로 덕이 되고 영광이 되며 유익한 것이 무엇인지를 신중하게 생각하여 행동해야 한다고 가르친 것이다.

> 명심하십시오. 우리 몸은 성적인 문란함을 위해 있는 것이 결코 아니라 주님의 영광을 나타내기 위해서 있는 것이며, 또한 주님은 우리 몸을 위해 계십니다. 하나님께서 우리 주 예수를 죽은 자들 가운데서 살리셨으니, 그분의 권능으로 우리 역시 장차 죽은 자들 가운데서 살리실 것입니다.

예수께서 우리 몸을 위해 십자가 죽음으로써 자신의 존귀한 몸을 내어주셨듯이, 우리 신자들 역시 자신의 몸을 주님의 영광을 위해 사용해야 한다는 의미다.

> 그러므로 여러분은 여러분의 몸이 그리스도의 지체라는 것을 알지 못합니까? 그러할진대 그리스도의 지체인 여러분이 창녀와 몸을 섞음으로써 창녀의 지체가 되게 해서야 되겠습니까. 절대로 그럴 수 없습니다! 창녀와 몸을 섞으면, 그 사람은 창녀와 한 몸이 되어버린다는 것을 왜 알지 못한단 말입니까. 성경에 보면 "두 사람이 결합하여 한 몸이 될 것이다"(창 2:24)라는 말씀이 있습니다. 그러나 여러분이 자기 자신을 주님께 바침으로써 주님과 합한다면, 여러분은 주님과 한 영이 됩니다.

성도 개개인은 교회를 구성하고, 교회는 그리스도의 지체이며, 그리스도는 교회의 머리다(엡 1:23; 골 1:18). 따라서 성도의 몸은 그리스도를 머리로 하고 있는 그분의 지체라고 할 수 있다. 그런데 부부가 결합하여 한 몸을 이루는 것이 혼인의 원리이듯(창 2:24), 창녀와 결합한 성도는 결국 자기 몸을 창기와 하나 되게 하는 죄를 짓는 것이다. 그러므로 성도는 자신의 몸을 거룩하게 하여, 곧 창기와 철저하게 분리하여 주님께 바침으로써 주님과 결합해야 하는데, 이는 성령을 받아 영적으로 주님과 하나가 됨을 의미한다. 주님과 하나가 되는 삶은 생활 속에서 주님을 늘 마음 중심에 모시고 살아가는 삶을 말한다(갈 2:20).

> 그러므로 여러분, 성적으로 방탕해서는 결코 안 됩니다! 세상의 다른 모든 죄는 몸 밖에서 저질러지는 것이지만, 성적인 음행의 죄는 자기 몸에게 죄를 짓는 것입니다. 여러분의 몸은 성령의 집입니다. 다시 말하면, 여러분 안에는 하나님께로부터 주어진 성령이 상주하고 계시는바 곧 성령의 집인 것입니다. 따라서 여러분의 몸은 여러분 자신의 것이 아닙니다. 하나님께서 죗값을 치르고 여러분을 사셨기 때문입니다. 그러므로 여러분, 여러분은 모쪼록 여러분의 몸을 아무렇게나 함부로 사용하지 말고 삼가 하나님께 영광을 돌리는 일에 사용하도록 하십시오.

여기서 바울은 '음행(淫行)'의 독특한 성격을 규정하고 있다. 다른 죄들은 외적인 대상에 대하여 짓는 죄이지만, 음행은 자신의 몸에 대한 범죄로서 그것은 스스로를 해치는 자해(自害) 행위라는 것이다. 나아가 그 몸은 그리스도의 지체 된 몸이며, 또한 성령님이 항상 거하고 계시는바 하나님의 성전 된 몸이기에 더더욱 훼손되어서는 안 되는 소중하고 거룩한 몸인 것이다. 이런 점에서, 다른 죄들도 피해야 하지만 특히 음행은 신자들이 더욱 삼가고 피해야 할 죄다.

7

혼인과 독신 생활

여러분이 헤어지고 싶지 않다면
믿음 없는 아내와 그대로 살고
믿지 않는 이가 떠난다면
믿음 위해 헤어져 사십시오

바울은 지금 에게해(海) 너머에 있는 고린도에서 500km가량 떨어져 있는 아시아도(道)의 에베소에 있지만, 고린도 교회의 소식에 관해 충분히 듣고 있었다. 고린도 교회의 신자인 글로에 집안 소속인 한 하인에게서 소식을 전해 들은 데다, 고린도 교회가 파송단의 손에 들려 바울에게 보낸 서신에서 교회의 작금 사정을 자세히 알리면서 이런저런 문제들에 관해 바울에게 문의했기 때문이다. 그래서 바울은 교회의 문의에 대한 답변 형식으로 이 편지를 쓴 것이다. 여기서는 '결혼 및 이혼, 그리고 부부생활'과 관련된 여러 문제들에 관해 말한다.

결혼, 이혼, 독신생활에 관하여 (7:1-16)

이제 여러분이 편지에 써 보낸 질문에 대해 말하도록 하겠습니다. 남자는 여자를 가까이하지 않는 편이 더 낫습니다. 그러나 그리하면 자칫 성적으로 문란해질 염려가 있기 때문에, 남자는 저마다 결혼하여 자기 아내를 두고, 여자 또한 결혼하여 저마다 자기 남편을 두도록 하십시오. 그래서 남편은 아내에게 배우자로서의 의무를 다하고, 마찬가지로 아내도 남편에게 배우자로서의 의무를 다하도록 하십시오.

여기서 '가까이한다'는 말은 결혼을 통한 부부생활을 뜻한다. 당시 고린도 교회에는 두 가지 잘못된 결혼관이 존재하고 있었다. 하나는 철저한 성적인 금욕이었고, 다른 하나는 성적인 방종이었다. 바울은, 성적인 방종을 단호하게 경계하면서 금욕에 대해서도 문제점을 지적하며 건전한 결혼 및 부부생활을 권고하였다. 결혼 제도는, 일차적으로는 하나님께서 인류 번영을 위해 친히 제정하신 신성한 창조 원리다. 그리고 부차적으로는 남녀의 성적 타락을 방지하여 성결한 가정의 삶을 유지토록 하기 위한 것이다. 결혼에 관한 바울의 답변은 이어진다.

결혼을 하게 되면, 아내의 몸은 더 이상 아내만의 것이 아니라 남편에게 속합니다. 마찬가지로, 남편의 몸 또한 더 이상 남편의 것만이 아니라 아내에게 속합니다. 그러므로 결혼한 부부는 원칙적으로 서로의 몸을 멀리해선 안 됩니다. 다만 기도에 전념하기 위해 얼마 동안 떨어져 지내기로 부부 간에 서로 합의한 경우에는 예외가 될 수 있습니다. 그렇더라도 그 뒤엔 즉시로 다시 합해야 합니다. 그렇게 해야 하는 까닭은, 여러분이 홀로 있음으로써 절제하지 못하는 틈을 타서 사탄이 여러분을 유혹할까 염려되기 때문입니다.

바울은 결혼한 부부들이 지켜야 할 생활원리를 알려주었다. 당시에는 스토아 학파의 철학적 사상과 기독교의 종말사상에 영향을 받아 금욕주의가 만연하여, 결혼을 해도 분방을 통해 부부관계를 멀리하는 것이 바람직한 일로 여겨졌다. 그래서 바울은 합방이 부부 사이의 마땅한 의무라고 말하면서, 예외적인 경우까지 일러준 것이다.

지금 나는 여러분이 반드시 결혼해야 한다고 명령하고 있는 것이 아닙니다. 결혼하지 않는 편이 낫지만, 만일 결혼하고 싶거든 얼마든지 결혼해도 좋다는 뜻일 뿐입니다. 사실, 나는 누구나 나처럼 결혼하지 않고 지내기를 원합니다. 그러나 각 사람은 저마다 하나님께로부터 받은 은사가 달라서, 이 사람은 이런 은사를 받았고, 저 사람은 저런 은사를 받았습니다.

바울이 자신처럼 독신으로 지내는 것이 좋다고 권한 분명한 까닭이 있다. 당시 기독교에는 종말 사상이 팽배해 있었다. 예수님은 공생애 사역 때 당시의 세대들 가운데 하늘나라가 임하는 것을 볼 자들이 있다고 말씀하셨는데(마 16:28), 예수님 승천 이후 25년가량이 흐른 당시에 초대교회는 그 말씀을 문자 그대로 이해하여 머잖아 예수님의 재림이 임할 것이라고 굳게 믿고 있었다. 그러하므로 이방인 전도의 사명과 은사를 받은 바울의 입장에서는 결혼에 따르는 복잡한 문제를 안고 있는 것보다는 독신생활이 훨씬 바람직했던 것이다.

그러므로 나는 결혼하지 않은 미혼의 남녀들과 남편을 잃은 과부들에게 말합니다. 여러분도 나처럼 결혼하지 않은 상태로, 또는 재혼하지 않은 상태로 지낼 수 있으면, 그냥 그대로 지내도록 하십시오. 하지만 성적으로 절제할 수 없거든 얼마든지 결혼하도록 하십시오. 마음속에서 정욕이 불타는 것보다야 결혼하는 편이 더 낫습니다.

성욕은 인간의 본능이다. 마음속 정욕을 절제하는 은사를 받지 못했다면 누구든지 자칫 음행의 죄를 짓기 십상이다.

결혼하신 분들에게 말합니다. (이것은 나의 말이 아니라, 주님의 명령입니다.) 아내는 남편과 헤어져선 안 됩니다. 그러나 만일 남편과 헤어졌다면, 재혼하지 말고 그대로 혼자 지내든지, 아니면 남편과 화해하고 다시 남편에게 돌아가도록 하십시오. 그리고 남편도 아내를 버려서는 안 됩니다.

부부가 모두 신자인 경우에 해당되는 주님의 말씀이다. 이런 경우, 신자 된 부부는 절대로 쉽게 이혼해서는 안 되고, 만일 이혼했더라도 되도록 다시 합치는 노력을 해야 한다. 왜냐하면 주 안에서 혼인한 부부는 서로 사랑 가운데 하나로 연합함으로써 더는 개별적인 존재가 아니라 온전한 한 몸이기 때문이다(창 2:24).

그 외의 분들, 곧 아내나 남편 한쪽이 불신자인 부부에게 말합니다. (이것은 주님이 하신 말씀이 아니라, 나의 권면입니다.) 만일 어떤 믿음의 형제가 믿지 않는 아내와 살고 있는데, 그 아내가 남편과 계속 함께 살기를 원한다면 그녀와 헤어져서는 안 됩니다. 또 어떤 믿음의 자매가 믿지 않는 남편과 살고 있는데, 그 남편이 아내와 계속 함께 살기를 원한다면 그와 헤어져서는 안 됩니다. 그 이유인즉슨, 믿지 않는 남편이 자신의 믿는 아내를 통해 거룩한 교회의 일원이 될 수 있고, 또한 믿지 않는 아내가 자신의 믿는 남편을 통해 거룩한 교회의 일원이 될 수도 있기 때문입니다. 그렇지 않다면, 여러분의 자녀는 부정하게 됩니다. 하지만 이제 여러분의 자녀들은 거룩합니다.

바울은 아내나 남편의 불신이 이혼의 사유가 될 수 없음을 말한다(하지만 바울은 불신자 쪽에서 먼저 이혼을 원할 경우엔 이를 허용했다). 당시 고린도 교인들의 주된 관심은 신자와 불신자 사이에서 태어난 자녀가 과연 '합법적'인가 하는 문제였다. 만일 그런 결혼이 하나님께 인정받지 못한다면, 그들의 자녀들 역시 불법의 자녀가 될 것이기 때문이었다. 이에 대하여 바울은, 그런 결혼도 진짜임을 인정했다.

그러나 만일 믿지 않는 배우자가 헤어지기를 먼저 원한다면, 그 말에 응해도 됩니다. 믿는 형제나 믿는 자매가 그런 일에 얽매일 필요는 없습니다. 하나님께서는 자신의 자녀들이 평화롭게 살아가기를 원하십니다. 하지만 신중하십시오. 믿는 아내들이여, 당신이 당신의 남편을 이끌어 구원에 이르게 할는지 어떻게 알겠습니까? 믿는 남편들이여, 당신이 당신의 아내를 이끌어 구원에 이르게 할는지 어떻게 알겠습니까?

불신 남편이나 아내가 (특히 신앙생활을 이유로) 먼저 이혼을 원할 때 그 말에 응해도 된다. 달리 말하면, 이는 불신 남편이나 불신 아내의 뜻에 따라 자신의 신앙을 포기하고 결혼관계를 계속 유지해선 안 된다는 사실을 보여준다. 그렇지만 이보다 최선의 일은 불신 남편이나 아내에게 적극적으로 전도하여 아내 혹은 남편을 구원의 자리로 인도하는 것이다.

누구든지 부르심을 받은 그대로 행하라 (7:17-24)

형제들이여, 각 사람은 주님께서 나눠주신 은사대로 자기 분수에 따라, 또한 하나님께서 부르신 대로 자기 처지에 따라 합당하게 살아가야 합니다. 이것이 모든 교회를 위해 내가 세운 원칙입니다. 주님께 부르심을 받기 전에 이미 유대교의 할례를 받은 사람은 그 일로 염려할 필요가 전혀 없습니다. 또한 할례를 받지 않은 사람은 이제 와서 새삼 할례를 받을 필요가 없습니다. 할례를 받았느냐, 혹은 할례를 받지 않았느냐 하는 것은 아무런 문제가 되지 않습니다. 정작 중요한 것은 하나님의 계명을 잘 지키는 것입니다.

성경은 몸에 행하는 육신의 할례에 가치를 두지 않는다. 그것은 하나의 징표일 뿐이고, 대신 심령에 행하는 마음의 할례를 중시한다. '마음의 할례'란 새로운 마음으로 거룩한 언약의 백성으로 거듭 태어나는 것을 말한다(신 30:6).

여러분은 각자 하나님께 부르심을 받았을 때의 그 처지에 따라 그대로 살아가십시오. 여러분이 종의 신분으로 있었을 때에 부르심을 받았습니까? 그것 때문에 조금도 마음 쓰지 마십시오. 그렇지만 혹 자유인의 신분이 될 기회가 있거든 주저하지 말고 힘써 자유인이 되십시오. 비록 종의 신분일지라도 주님 안에서 부르심을 받았다면 그 사람은 주님께 속한 자유인입니다. 마찬가지로 자유인의 신분으로서 주님의 부르심을 받았다면 그 사람은 그리스도의 종인 것입니다. 여러분 모두는 하나님께서 합당한 값을 치르고 사신 고귀한 몸이므로 부디 세상 사람들의 종이 되지 마십시오. 형제들이여, 이처럼 여러분은 하나님께 부르심을 받았던 그 처지에 그대로 머물면서 모쪼록 하나님께 대하여 책임을 다하도록 하십시오.

당시 고린도 교회에는 노예(종) 출신의 신자들이 많았고, 또한 자유인 신분의 신자들도 있었다. 이에 바울은 그리스도 안에서는 노예 혹은 자유인이라는 세상의 사회적 신분은 아무런 의미가 없으며, 모든 신자들은 그리스도 안에서 자유 함을 얻은 자유자들인 동시에 또한 (세상 사람들의 종이 아니라) 오직 그리스도의 종 된 자들이라고 가르쳤다.

이처럼 바울은 우리가 처한 환경이나 신분보다 그 환경이나 신분에 대한 우리의 마음가짐에 더욱 관심을 가졌다. 그리스도인이 주님 안에서 영적 만족을 얻는 데는 환경이나 신분의 변화가 반드시 필요한 것이 아니고, 오히려 환경이나 신분을 자신에게 맞출 수 있기 때문이다. 하지만 환경이나 신분을 개선시킬 수 있는 기회가 있다면, 그것을 잘 활용해야 할 것도 가르쳤다.

독신생활의 유익에 관하여 (7:25-35)

이제 결혼하지 않은 처녀들에 관해 말하겠습니다. 여기에 대해선

너희는 각각 부르심을 받은 그대로 하나님과 함께 거하라

주님께 특별히 받은 말씀이 없습니다. 그러나 나 바울은 주님의 자비하심에 힘입어 믿을 만한 사람으로 평판이 나 있으니 그 문제에 대해 내 생각을 여러분께 말씀드리고자 합니다. 앞으로 조만간 닥치게 될 큰 재난 때문에, 나는 처녀들이 결혼하지 않은 현재의 상태로 지내는 것이 좋다고 생각합니다.

믿는 자들에게 박해가 닥칠 것이라는 예수 그리스도의 가르침대로(마 24:9; 요 15:19), 바울은 신자들에게 세상의 박해와 환난이 현실적으로 증가하게 될 것임을 알았다. 그래서 결혼생활보다는 독신생활을 권했다. 사실이 그렇다. 주님의 재림 때까지, 신자들은 세상에서 그들의 믿음 때문에 환난을 겪을 것이다. 왜냐하면 신자들이 영영 속한 곳은 하나님의 나라이지만 지금 살고 있는 곳은 불신 세상이기 때문이다.

결혼해서 아내가 있는 사람은 아내와 헤어지려고 하지 마십시오.

만일 결혼을 하지 않은 상태라면, 굳이 아내를 맞으려고 애쓰지 마십시오. 하지만 결혼한다고 해서 죄가 되는 것은 결코 아닙니다. 마찬가지로 처녀가 결혼한다고 해도 죄가 되는 것은 아닙니다. 하지만 결혼하여 가정을 꾸린 사람들은 살아갈 걱정이 많기 마련인데, 그런 이유에서 가급적이면 결혼을 하지 않는 것이 좋다는 내 의견을 제시하고 있는 것입니다.

실제로 그렇다. 독신자는 자신 이외에 생계를 책임질 딸린 식구들도 없고, 무엇보다 자신의 모든 시간을 주님을 위해 전적으로 바칠 수 있다. 하지만 결혼한 사람들은 딸린 식구들의 생계를 책임져야 하고 또 결혼생활을 유지하는 데 많은 시간을 바쳐야 한다.

형제들이여, 내가 말하고 싶은 요지는 이것입니다. 주께서 다시 오실 때가 얼마 남지 않았으니 이제부터 아내가 있는 사람은 아내가 없는 사람처럼 살아가고, 슬픔에 잠겨 있는 사람은 슬프지 않은 사람처럼 살아가며, 행복에 겨운 사람은 행복하지 않은 사람처럼 살아가고, 물건을 사들인 사람은 그 물건이 없는 사람처럼 살아가며, 세상 것들을 사용하는 사람은 그것들을 다 사용하지 못하는 사람처럼 살아가도록 하십시오. 지금 우리가 눈으로 보는 이 세상 모습은 조만간 모조리 지나가 버릴 것이기 때문입니다.

바울이 본 서신을 쓰고 있는 때는 재림의 약속을 남기신 예수님이 승천하신 지 25년가량이 흐른 시점이다. 한 세대(대략 30년)가 가기 전에 하늘나라가 임할 것이라는 예수님의 약속(마 16:28)을 문사 그대로 믿었던 당시의 신자들은 주님의 재림이 머잖아 임할 것이라는 종말론적인 신앙을 갖고 있었다. 바울의 권면은 그런 시대 배경에서 주어졌다.

나는 여러분이 걱정하지 말고 살아가기를 바랍니다. 결혼하지 않은 남자는 어떻게 하면 주님을 기쁘시게 할 것인가를 생각하면서 오로지 주님의 일을 걱정하며 살 수 있습니다. 하지만 결혼한 남자는 부득이 세상일에 얽매이게 되고, 또한 어떻게 하면 자기 아내를 기쁘게 할 것인가를 생각하면서 그쪽에 마음을 쓰게 됩니다. 따라서 그 사람의 마음은 나누어지게 마련입니다.

마찬가지로 결혼하지 않은 여자는 몸과 마음을 주님께 오롯이 바치면서 주님의 일을 걱정하며 살 수 있습니다. 하지만 결혼한 여자는 부득이 세상일에 얽매이게 되고, 또한 어떻게 하면 남편을 기쁘게 할 것인가를 생각하면서 그쪽에 마음을 쓰게 됩니다. 지금 내가 이런 말을 하는 것은 여러분의 유익을 위해서일 뿐이고 여러분을 제한하려는 것이 결코 아닙니다. 나는 여러분이 여기저기에 마음을 빼앗기지 않고, 오직 주님을 섬기는 일에 온 마음을 쏟을 수 있도록 도와드리고 싶습니다.

바울은, 결혼하려는 자들에게 부담을 주려고 이처럼 말한 게 아니다. 단지 실제적인 경향을 말했을 뿐이다. 결혼생활에는 많은 시간과 염려와 노력이 수반된다. 사정이 그러하기에, 기혼자들보다는 아무래도 결혼으로 인해 파생되는 여러 문제들에 조금도 신경 쓸 일이 없는 독신자들이 전적인 마음으로 주님께 헌신하기에 유리한 것이 사실이다.

결혼과 재혼에 관한 권면 (7:36-40)

그렇지만 만일 누가 자기의 처녀 딸을 시집보내는 것이 온당하다고 생각한다면, 더구나 그 처녀 딸이 혼기를 놓쳐서 한시라도 빨리 시집을 보내야겠다고 생각한다면, 원하는 대로 그렇게 하십시오. 그것이 죄가 되는 일이 아니므로 얼마든지 결혼시켜도 됩니다. 그러나 꼭 결혼시킬 부득이한 이유가 없고, 또한 자기 딸을 자기 뜻대로 할 권리가 있어서 자신의 자유로운 결정으로 마음을 굳히고 자기의 처녀 딸을 시집보내지 않고 그대로 두기로 했다면, 그것 또한 잘하는 일입니다. 그러므로 자기의 처녀 딸을 시집보내는 사람도 잘하는 것이지만, 시집을 보내지 않는 사람은 더욱 잘하는 것입니다.

세상의 가열 찬 박해와 주님의 임박한 재림이라는 관점에 근거하여, 바울은 결혼생활도 얼마든지 가하지만, 그보다는 독신생활이 더욱 좋다는 견해를 피력한 것이다. 이런 견지에서 재혼에 관해서도 마찬가지로 권면하고 있다. 재혼도 좋지만 독신이 더 좋다는 것이다.

아내는 남편이 살아 있는 동안에는 어디까지나 남편에게 매인 몸입니다. 하지만 남편이 죽으면 그 매임에서 풀려나므로 다시 결혼해도 좋습니다. 그러나 반드시 주님께 속한 사람과 결혼해야 합니다. 그러나 내 생각으로는, 가능하다면 재혼하지 않고 그냥 홀로 지내는 편이 더 행복할 것 같습니다. 나 또한 하나님의 영을 받은 사람이므로 제 말이 그르지는 않을 것입니다.

이처럼 결혼보다는 독신을 더욱 장려하는 바울의 가르침은 바울 시대의 특수한 환경 하에서 이해될 수 있다. 당시에는 그리스도인에 대한 세상의 가열되는 핍박, 그리스도의 임박한 재림을 기대하는 종말론적 분위기, 그리고 교회와 신자들이 맡은 선교의 막중함 등이 크게 부각되던 시기였다. 이러한 시기에, 바울은 결혼보다 더 시급하고 중대한 사명이 신자들에게 놓여 있음을 일깨워주려 했던 것이다.

8
우상에게 바쳐진 제물

음식은 그냥 음식일 뿐이지만
우상에게 바쳐진 음식 먹으며
양심에 거리낌 느껴진다면
차라리 먹지 않는 게 좋습니다

바울 당시 고린도는 번창하고 부유한 상업도시이며 무역도시였다. 그에 따라 사람들은 자유분방했고 성적으로 문란했다. 그런 풍조는 교회 안으로 파고들어 고린도 교회는 많은 문제를 안고 있었다. 바울은 여러 경로를 통해 그런 문제점들을 속속들이 전해 들었고 무척 가슴 아파하고 있었다.

그러던 차에 고린도 교회에서 보낸 파송단이 바울에게 이르러 교회가 당면하고 있는 여러 문제점들에 관해 조언과 해결책을 구하자, 바울은 본 서신을 통해 성심성의껏 답변하고 있는 것이다. 앞서 바울은 교회 내의 분파와 분쟁에 관해(1-4장), 음행에 관해(5장), 교인들 간의 소송에 관해(6장), 결혼과 독신에 관해(7장) 하나님의 말씀에 근거하여, 때로는 자신의 신앙적 판단에 근거하여 적절하게 답변해 왔다.

이제 8장부터 10장까지는 우상에게 바쳐진 제물을 먹는 문제에 관하여 답변하기 시작한다. 이 문제를 놓고 긴 지면을 할애하여 답변하고 있는 것은 그만큼 당시 고린도 교회에서 이 문제가 심각한 걸림돌로 작용하고 있었기 때문이다. 당시의 고린도는 우상과 우상의 신전을 보지 않고는 한 발자국도 옮기지 못할 정도로 온통 우상의 천지였다. 예를 들면 고대 이집트의 이시스나 세라피스를 섬기는 신전, 에베소의 대표적인 우상인 아데미를 섬기는 신전, 가나안의 수리아-페니키아 지방의 아스다롯 신전, 소아시아 브루기아 지방의 우상인 마그나 마터를 섬기는 신전 등이다.

이런 우상의 신전들 중에서도 유명한 것들로는, 고린도 광장 남쪽에 있는 풍요와 결혼의 여신 데메트를 섬기는 신전, 고린도 해협 북동쪽에 있는 바다의 신 포세이돈을 섬기는 신전, 고린도 광장 북서쪽에 있는 음악과 의료의 신 아폴로를 섬기는 신전, 그리고 고린도 광장 남쪽의 아크로고린도 언덕 위에 세워진 사랑과 미의 여신 아프로디테를 섬기는 신전을 꼽을 수 있다.

문제는, 이런 신전들에서 우상을 섬길 때 사용한 음식물이 일반 시장으로 흘러나와 시중에서 공공연하게 판매가 되고 있다는 점이었다. 따라서 고린도 교회의 신자들은 시장에서 파는 음식물이 우상의 제물인지 아닌지 잘 분간할 수 없었고, 그래서 시장에서 구입한 음식물을 먹고 양심의 가책을 받거나 거리낌을 갖는 자들이 많았다. 우상의 제물을 먹었을지도 모른다는 생각 때문에 성령의 전(殿)으로서 거룩해야 할 자신의 몸이 더럽혀졌을지도 모른다고 여겨, 여러 모로 신앙생활에 제약을 받았다. 그래서 바울은 펜을 들어 고린도 교회에 서신을 써 보냄으로써 이 문제에 관해 자세한 답변을 주기로 한 것이다.

"자, 여러분! 내가 그 문제에 대해 편지를 써 드릴 테니, 고린도 교회의 성도들로 하여금 두루두루 읽게 하고 그대로 따르도록 하세요."

"감사합니다. 잘 전달하여 사도님의 가르침대로 따르게 하겠습니다."

스데바나, 브드나도, 아가이고 등으로 구성된 고린도 교회의 파송단은 감사를 표하며 바울의 편지를 크게 기대했다. 바울은 시간이 허락하는 대로 편지를 쓴다.

우상에게 바쳐진 제사 음식을 먹는 문제에 관하여 (8:1-13)

형제들이여, 이제 나는 우상에게 바쳐진 제물에 대해 말하겠습니다. 그 문제에 대해 우리 각자에게는 저마다 지식이 있지만, 지식은 사람을 교만하게 만듭니다. 하지만 사랑은 덕을 세웁니다. 뭔가를 안다고 생각하고 우쭐대는 사람은 마땅히 알아야 할 것을 알지 못하는 사람입니다. 그러나 사랑으로 하나님을 사랑하는 사람은 하나님께서 그 사람을 알아주십니다.

우상에게 바쳐진 제사 음식과 관련하여 바울은 대전제를 세운다. 그것은 '지식'의 문제가 아니라 '사랑'의 문제라는 것이다. 지식은 사람을 교만하게 만드는 반면, 사랑은 이웃과 교회에 덕을 세우기 때문이다.

자, 그러면 우상에게 바쳐진 음식물을 먹는 문제에 대해 생각해 봅시다. 우리 모두가 잘 알다시피, 세상의 모든 우상들은 도대체가 아무것도 아니고 참된 신은 오직 하나님 한 분뿐입니다. 비록 하늘과 땅에 여러 신들이 있다고 믿는 사람들이 많지만, 우리 믿는 자들에게는 오직 우리의 아버지 되시는 하나님 한 분만이 계실 뿐입니다. 그분께서 만물을 창조하셨고, 우리는 오직 그분의 영광을 위해 살아갑니다. 또한 우리에게는 한 분이신 주 예수 그리스도가 계시는데, 온 세상의 모든 것들이 그분으로 말미암아 존재하고 우리도 그분으로 인해 살아갑니다.

당시 고린도에는 우상숭배가 성행했고, 그 결과 신전의 우상에게 바쳐진 제사 음식이 시민들에게 분배되거나 시장에서 판매되었다. 고린도 교회는 이처럼 우상에게 바쳐진 제사 음식을 놓고, 그것을 거리낌 없이 먹는 자들과 배척하는 자들 사이에 심각한 다툼과 갈등이 있었다.

아데미 우상—우상은 아무것도 아니다

그러나 모든 형제들이 이 같은 지식을 전부 갖고 있는 것은 아닙니다. 어떤 형제들은 예전에 우상을 숭배하던 습관에 젖어 있어서 그런 음식을 먹을 때는 그것이 정말로 우상에게 바쳐진 것인 줄 생각하고, 그것을 먹을 때 양심에 걸려서 자기들이 더럽혀졌다고 생각합니다. 그러나 여러분, 음식은 결코 우리를 하나님 앞에 내세워주지 못합니다. 우리가 어떤 음식을 먹지 않는다고 해서 해로울 것도 없고, 그것을 먹는다고 해서 이로울 것도 없습니다.

바울의 강조점은 이것이다. 우상에게 바쳐진 음식물에 대하여 그 음식물을 먹느냐, 먹지 않느냐는 하등 중요한 문제가 아니라는 것이다. 그렇다면 정작 무엇이 문제일까?

사실이 그러하기 때문에, 여러분은 어떤 음식이든 가리지 않고 자유롭게 먹을 자유가 있습니다. 그렇지만 행여 여러분의 그런 자유가 믿음이 약하여 그런 자유를 충분히 누릴 수 없는 형제들에게는 걸림돌로 작용할 수도 있으니 삼가 조심해야 합니다. 지식을 갖고서 자유를 누리고 있는 여러분이 우상의 신당에 앉아 우상에게 바쳐진 음식을 먹는 것을 믿음이 약한 형제가 보게 된다면, 그 사람은 용기가 생겨 스스로에게는 양심의 거리낌을 느끼면서도 우상에게 바쳐진 음식을 따라 먹게 되지 않겠습니까. 그렇게 되면, 여러분의 지식과 자유가 결국 믿음 약한 형제를 망하게 한 셈입니다.

바울의 가르침은 명확했다. 세상의 모든 우상은 헛된 것이고, 세상의 모든 음식물은 깨끗하기에 먹어도 된다는 것이다. 따라서 어떤 음식물을 먹느냐, 먹지 않느냐가 문제가 아니다. 가르침의 핵심은 사랑과 배려와 절제였다. 즉, 뭐든지 먹을 수 있는 믿음 강한 자가 그렇지 못한 믿음 약한 자를 배려해서 사랑의 마음으로 자신의 음식 섭취를 절제하는 미덕을 보여야 한다는 것이다.

여러분, 우리 주 그리스도께서는 믿음 약한 그 형제를 위해서도 죽으셨습니다. 만일 그런 형제를 배려하지 않고 자기 기준으로 행동함으로써 여러분이 믿음 약한 형제에게 죄를 지어 그 형제에게 상처를 주게 된다면, 여러분은 결국 그 형제를 위해 죽으신 그리스도께 죄를 짓는 셈이 됩니다. 그러므로 나 바울은 여러분께 확언합니다. 만일 내가 먹는 음식이 믿음 약한 내 형제를 죄에 빠지게 한다면, 내가 먹는 음식으로 인해 그 형제가 실족하지 않도록 하기 위해 나는 일평생 고기를 먹지 않을 것입니다.

차원 높은 바울의 신앙을 엿볼 수 있다. 비록 음식물을 가리는 약한 신앙 양심을 지녔을지라도, 그 교인도 분명 그리스도께서 피 흘려 사신 교회의 일원이었다. 그러므로 만일 그 사람이 아무 음식이나 먹는 형제의 행동을 보고 시험에 빠져 실족하게 되면, 그것은 결국 주님의 몸 된 교회가 손상당하는 일이기 때문에 그리스도께 죄를 짓는 셈이 된다.

9

사도의 권리와 의무

썩은 월계관 위해서도 뛰지만
나는 헛되이 달리지 않습니다
내가 내 몸을 쳐서 절제시킴은
내가 받을 상 때문입니다

앞에서 바울은 우상에게 바쳐진 제물을 먹는 문제와 관련하여 원칙론을 제시했다. 먹는다고 이로울 것도 없고, 먹지 않는다고 해로울 것도 없다. 모든 우상은 헛것이기에 우상에게 바쳐진 제물은 그저 음식일 뿐이므로 얼마든지 먹어도 된다는 것이다. 말하자면 음식물 자체가 문제가 아니라, 그 음식물을 대하는 마음가짐과 그런 행동을 바라보고 영향을 받는 형제의 시선과 상태가 중요하다는 것이다.

그런 맥락에서, 이제 바울은 믿음의 형제와 교회의 건덕을 위해 자신이 어떻게 자신의 자유와 권리를 스스로 제한했는지에 관하여 간증적인 고백을 한다. 자, 귀 기울여 사도의 간증 고백을 들어보자.

사도의 권리와 의무 (9:1-27)

여러분, 감히 묻겠습니다. 내가 자유인이 아닙니까? 내가 사도가 아니란 말입니까? 내가 우리 주 예수 그리스도를 보지 못했단 말입니까?

내가 주님 안에서 열심히 사역한 결과로 얻은 열매가 바로 여러분이 아닙니까? 비록 다른 사람들에게는 내가 사도로 여겨지지 않을지 몰라도, 고린도 교회의 여러분에게만큼은 내가 분명히 사도입니다! 여러분이야말로 주님 안에서 나의 사도 직분을 보증하는 인장이기 때문입니다.

회심하기 전, 바울은 대제사장의 체포 공문을 갖고 신자들을 붙잡기 위해 다마스쿠스로 향하여 가던 도중에 환한 빛 가운데서 부활하신 주님을 직접 만나 뵙고 '이방인을 위한 복음 전도자'라는 사명을 부여받았다(주후 34년경, 행 9:1-9). 이로 인해 바울은 예수님의 열두 제자(사도) 외에 특별히 '사도'의 직분을 얻게 되었다. 특별한 경우다.

형제들이여, 나의 사도 직분을 의심하고 비판하는 사람들에 대하여 나는 이렇게 나 자신을 변호하고자 합니다. 우리에게는 먹고 마실 권리가 없습니까? 만일 나에게 믿음을 가진 아내가 있다면, 나도 다른 사도들이나 다른 주님의 형제들이나 게바(베드로)처럼 아내를 데리고 다닐 수도 있는 게 아닙니까? 어찌 나와 바나바에게만 생계를 위해 직접 일하지 않고도 먹을 권리가 없다는 말입니까? 한번 생각해 보십시오. 자기 비용을 써 가면서 군대생활을 하는 사람이 어디에 있습니까? 포도원을 가꾼 농부가 그 누군들 자기 포도원의 포도를 따먹지 않겠습니까? 양이나 염소를 기르는 목자가 그 누군들 그 젖을 먹을 권리가 없단 말입니까?

바울은 마치 어머니가 자녀를 낳듯 고린도 교회를 비롯하여 수많은 교회를 개척했다. 따라서 농부나 목자가 자신들이 일구고 기른 밭이나 짐승에게서 그 열매나 젖을 얻는 것이 당연하듯, 교회에 대하여 영적 농부이며 목자 된 바울 역시 생계유지를 위해 합당한 지원을 받을 권리가 있다. 그것은 교회에 대하여 사도가 누릴 마땅한 권리이고, 또한 사도에 대하여 교회가 감당해야 할 마땅한 의무였다.

내가 세상 사람들의 관점에 따라서만 이렇게 말하고 있다고 생각하십니까? 절대로 그렇지 않습니다. 율법에도 똑같은 말을 하고 있지 않습니까? 모세의 율법에 보면 "타작마당에서 곡식을 밟아 떠는 소의 입에 망을 씌우지 말라" (신 25:4) 하고, 기록되어 있습니다. 하나님의 이 말씀이 어찌 단순히 소만 생각하고 하신 말씀이겠습니까? 이 말은 우리 사역자 모두를 두고 하신 말씀일 것입니다. 그렇습니다. 이는 분명히 우리를 위해 기록된 말씀입니다. 밭을 갈거나 곡물을 타작하는 사람이 장차 자기 몫을 얻을 것이라는 소망을 가지고 일하는 것은 너무나 당연합니다.

곡식을 밟아 떠는 소의 입에 망을 씌우지 말라

율법조항을 다룬 신명기 25장 4절을 보면, 타작마당에서 곡식을 밟아 떠는 소의 입에 망을 씌우지 말라는 가르침이 있다. 이는 소가 일을 하는 동안에 소의 입에 망을 씌우지 않음으로써 힘들게 일한 대가로 배불리 먹을 수 있게 배려해 주기 위함이었다. 바울의 해석대로, 이 같은 보수(報酬)의 원리는 소뿐만 아니라 사람에게도 적용되고, 특별히 주님의 일을 하는 사역자들에게도 적용된다.

이와 똑같습니다. 우리가 여러분에게 신령한 복음의 씨를 뿌렸다면, 여러분에게서 물질적인 것을 얼마 지원받는다고 해서 그것이 지나친 일이겠습니까? 다른 사역자들도 여러분에게 물질적인 지원을 해달라고 권리를 내세우는데, 여러분을 직접 낳은 우리에게야 더욱 그럴 권리가 있지 않겠습니까? 그러나 우리는 한 번도 여러분에게 그런 권리를 주장하지 않았습니다. 도리어 우리는 행여 그런 주장이 그리스도의 복음 전도에 지장을 줄까 봐 어떤 것이든 하나도 요구하지 않고 줄곧 참고 견뎌왔습니다.

바울이 뿌리고 심은 신령한 복음은 하늘에 속한 거룩한 것으로 사람에게 구원과 영생을 가져다주는 실로 가치 있고 소중한 것이다. 그런 고귀하고 불멸의 가치와 비교할 때, 세상의 물질은 아주 하찮은 것이다. 따라서 신령한 복음을 뿌리고 심은 주님의 사역자들이 자신들의 생계를 위해 교인들에게 얼마간 물질을 거둔다고 해도 결코 무리한 일이 아니다. 그러한데도 바울은 그것조차도 행여 복음 전파에 지장을 초래할까 봐 그 권리를 사용하지 않고 줄곧 '자비량 선교'를 행했던 것이다. 오직 교회와 주님만을 생각하는 바울의 고매한 신앙과 고상한 품격을 엿볼 수 있다.

여러분, 자고로 성전에서 일하는 사람은 성전에서 나오는 음식을 먹고, 세단에서 일하는 사람은 세단의 세물을 나누어 먹는다는 사실을, 여러분은 진정 알지 못합니까? 이와 마찬가지로 우리 주님께서도 복음을 전하는 사역자들에게 복음을 전하는 일로 생계를 유지해야 한다고 말씀하셨습니다.

그랬다. 일찍이 예수님은 복음 전파를 위해 제자들을 마을로 파송하시면서 "일꾼이 자기의 먹을 것을 제공받는 것이 마땅하다"고 말씀하셨다(마 10:10).

그러나 형제들이여, 나 바울은 그런 권리를 여러분에게 일체 행사한 적이 없습니다. 또 내가 지금 이런 글을 쓰고 있는 것도 나를 위해 그렇게 해달라는 뜻이 결코 아닙니다. 정말입니다. 차라리 죽을지언정 그런 문제로 인해 조금이라도 오해받기 싫습니다. 그러므로 누구라도 그런 나의 긍지와 자부심을 헛되게 하지 못할 것입니다. 그리고 복음을 전하는 것이 내게는 하등 자랑거리가 될 수 없습니다. 나는 복음에 빚진 자로서 어쩔 수 없이 복음을 꼭 전해야만 하기 때문입니다. 만일 내가 복음 전하는 일을 그만둔다면 내게 재앙이 미칠 것입니다.

사도로서 바울은 복음을 위해 일한 대가를 받아야 마땅했지만, 그런 자신의 사도권을 일체 사용하지 않았다. 그 까닭은, 모든 비난과 오해를 피하고 싶었기 때문이다. 만일 바울이 그런 사도권을 사용하면, 그의 사도권을 의심하고 부정하는 복음의 대적자들은 바울이 결국 돈을 위해 일한다고 맹렬하게 비난하면서 폄훼하고 공격할 터였다.

그래서 바울은 복음 전파에 아무런 장애가 없도록 하기 위해, 의식주에 관한 자신의 사도권을 기꺼이 포기함으로써 아예 비난과 오해의 소지를 원천적으로 없앤 것이다. 바울은 바쁜 전도사역 중에 틈나는 대로 손수 천막 만드는 일을 부지런히 함으로써 스스로 생계를 해결했다(행 18:2-3). 바울의 간증 고백은 이어진다.

만일 내가 전하지 않아도 되는데 스스로 원해서 복음을 전한다면 나에게는 보상이 주어질 것입니다. 하지만 복음을 전하는 일 말고는 나에게 다른 선택의 여지가 없습니다. 나는 단지 하나님께서 내게 맡기신 직무를 다하는 것뿐입니다. 그렇다면 이런 상황에서 내가 받을 보상이 무엇이겠습니까? 그것은 아무런 대가 없이 복음을 전한다는 것, 또 설교를 하면서 전도자로서 나의 마땅한 권리를 주장하지 않는다는 것, 바로 그것이 내가 받는 보상이 아니고 무엇이겠습니까!

바울은 물질보다 긍지와 자부심을, 사도의 권리보다 전도자의 의무와 사명을 선택했다. 그런 바울의 자부심과 사명감은 누구도 훼손시킬 수 없었다.

여러분, 나는 누구에게도 얽매이지 않은 자유로운 몸이지만, 내 스스로 모든 사람의 종이 되었습니다. 그리한 것은, 되도록 많은 사람들을 얻기 위해서입니다. 나는 유대인들과 같이 있을 때는 유대인처럼 행동합니다. 그건 유대인들을 얻기 위해서입니다. 율법을 따르는 사람들에게는 내 자신이 율법에 얽매인 처지가 아닐지라도 스스로 율법에 따릅니다. 그래야 율법을 따르는 사람들을 얻을 수 있기 때문입니다. 반면, 율법 없이 사는 이방 사람들과 함께 있을 때는 율법 없이 사는 이방 사람처럼 행동합니다. 비록 내가 하나님의 율법을 떠난 이방 사람이 아니고 또 그리스도의 율법 아래 놓여 있는 사람이지만, 그렇게 율법 없는 이방 사람처럼 행동하는 것은 율법 없이 사는 이방 사람들을 얻기 위해서입니다.

그 대상이 누구든지, 불신자를 그리스도에게로 인도하기 위한 바울의 정성과 노력은 진실로 눈물겹다. 그리스도 안에서 신자의 정체성은 어떤 외부적 요인이나 문화적 환경에 뿌리내리고 있지 않다. 따라서 복음 전파의 기회를 얻을 수 있다면, 우리는 신앙의 본질을 훼손시키는 일 없이 바울처럼 다양한 형태로 삶의 모습을 변모시킬 수 있다. 하지만 이런 경우에 유의해야 할 것이 있다. 어떠한 경우에도 말씀의 가르침에서 벗어난다거나 신앙 양심에 어긋나는 형태가 되어서는 안 된다는 것이다.

그런 마음가짐으로, 나 바울은 연약한 사람들과 함께 있을 때는 연약한 사람들을 얻기 위해 나도 연약한 사람이 됩니다. 어떤 사람이든, 내가 그들과 같은 입장에 서려고 애쓰는 것은 어떻게든지 몇 사람이라도 구원의 길로 이끌고 싶은 바람 때문입니다. 그렇습니다. 오직 나는 복음 전도를 위해 이 모든 일을 스스로 하고 있습니다. 그것은, 복음이 가져다주는 참된 복에 내가 기꺼이 참여하기 위해서입니다.

사랑하는 고린도 교회의 형제들이여, 경기장에서 모든 사람이 다 같이 달리기에 나서지만, 일등상을 받는 사람은 한 사람뿐입니다. 그러니 여러분도 경주에 이겨 상을 받을 수 있도록 힘껏 달리십시오. 자세히 살펴보면, 경기에 나서는 사람은 모두가 열심히 연습하고 또 모든 일에 절제합니다. 보십시오, 그들은 썩어 없어질 세상의 월계관을 얻기 위해서라도 그렇게 땀 흘리고 애쓰지만, 우리 믿는 자들이 땀 흘리고 애쓰는 것은 결코 썩지 않을 하늘의 월계관을 얻기 위해서입니다.

고대 그리스 판아테네 경기의 달리기

바울은 고린도 교인들의 이해를 돕기 위해 '달음질 경기'를 비유로 들었다. 주후 1세기 당시에 가장 유명한 그리스의 경기는 올림픽 경기였다. 다음으로 유명한 것은 '이스미안' 경기였다. 이 경기는 2년마다 고린도시(市) 외곽에서 개최되었는데, 경기의 승자에게는 월계수 잎 등으로 엮어 만든 화관, 곧 월계관이 주어졌다. 하지만 이런 화관은 이내 잎이 시들고 나중엔 썩었다.

바울은 이 같은 달음질 경기에 빗대어, 신자들에게는 영원히 썩지 않는 하늘의 월계관, 곧 구원과 생명의 면류관이 준비되었으므로 더욱 분발하여 복음전도의 사역에 매진할 것을 장려했다. "죽도록 충성하라! 그리하면 내가 너에게 생명의 면류관을 주겠노라!"(계 2:10).

그러므로 나는 골인지점 없이 달리는 사람처럼 그렇게 방향 없이 헛되게 달리지 않고, 허공에다 주먹질을 하는 권투선수처럼 그렇게 대상 없이 헛되게 싸우고 있는 것이 아닙니다. 하늘 월계관을 얻기 위해 나는 항상 땀 흘려 내 몸을 만들고 수시로 쳐서 모든 일에 절제시킵니다. 그 까닭은, 다른 사람들에게 복음을 전하는 내가 만에 하나라도 정작 나 자신은 상 받을 자격을 박탈당하면 안 되기 때문입니다.

바울은 계속해서 경기에 빗대어 말하고 있다. 누군가가 경기에서 승리했다고 할지라도 만일 그가 경기 규칙을 어겼다면, 그의 상급(월계관)은 박탈되었다. 바울도 그렇게 될까 봐 두려워한 것이다. 여기서 박탈될까 봐 바울이 두려워한 그 상급은 구원이나 영생을 뜻하지 않고, 신실한 사역자들에 대하여 하나님이 (보너스로) 주시기로 약속하신 '하늘 상급(면류관)'을 가리킨다.

이에 대하여, 후일 죽음을 앞둔 사도 바울은 이렇게 고백한다. "나 바울은 부어드리는 제물처럼 내 몸을 피 흘려 주님께 바쳐질 때가 이미 이르렀고, 그리하여 이 세상을 떠날 때가 다가왔습니다. 지금껏 나는 선한 싸움을 다 싸웠고, 달려갈 길을 다 끝냈으며, 나의 믿음을 굳게 지켰습니다. 그러므로 이제는 의의 월계관이 나를 기다리고 있습니다. 그날에, 의로운 재판장이신 주님께서는 그 승리의 월계관을 나에게 씌워주실 것인데, 나에게뿐만 아니라 주님의 재림을 간절히 기다려온 모든 믿는 자들에게도 역시 그리하실 것입니다"(딤후 4:6-8).

10

오직 하나님의 영광

우상 숭배를 멀리하십시오
우상 제물은 귀신에게 바친 것
주의 식탁에 참여한 여러분이
어찌 귀신의 식탁에 참여합니까

앞선 8장부터 9장까지 바울은 우상에게 바쳐진 음식물을 먹어도 되느냐에 관한 고린도 교인들의 질문에 대해 답변하는 형식으로 편지를 썼다. 이제 본장(10장)에서 그 문제에 대해 최종 결론을 내린다.

이스라엘의 역사와 우상숭배 (10:1-22)

사랑하는 형제들이여, 지난날 우리 조상들이 겪은 일을 잊지 마십시오. 이집트의 종살이에서 해방된 후 우리 조상들은 구름 기둥의 인도를 받았고 바다 가운데를 건너갔습니다. 이렇게 우리 조상들은 모두 구름 아래와 바다 속에서 세례를 받고 모세에게 속하게 되었습니다. 조상들은 모두 똑같이 광야에 있을 때 하늘에서 내려온 신령한 음식인 '만나'를 먹었고, 똑같이 바위에서 솟아난 신령한 물을 마셨습니다. 이처럼 우리 조상들은 자신들과 함께했던 신령한 바위에서 솟구쳐 나오는 물을 마셨는데, 그 바위는 바로 '그리스도'였습니다.

신령한 반석으로부터 신령한 음료를 마셨으니, 그 반석은 그리스도

바울은, 출애굽 때 이스라엘 백성이 바다(홍해)를 건넌 사건을 회고하면서, 그것이 그들에게 '세례'라고 묘사했다. 왜냐하면 구름 기둥의 보호 하에 바닷물을 통과함으로써 이스라엘 백성은 모세를 통한 하나님의 능력을 체험하였고, 자신들이 하나님의 백성이라는 사실을 확신했기 때문이다. 분명 이것은 신약시대에 '물세례'가 갖는 기능과 같은 것으로, 진실로 바다(물) 속을 건넌 홍해 사건은 구약시대에 이스라엘 백성에게 베풀어진 물세례와 같았던 것이다.

바울은 또한 광야에서 이스라엘 백성에게 물을 공급한 바위를 '그리스도'에 비유했다. 과연 신약시대에 이 땅에 오신 그리스도 예수님은 메마르고 거친 광야 길을 걷고 있는 모든 인생들에게 영원히 목마르지 않는 물을 계속 공급해 주는, 즉 끊임없이 영생의 물을 솟구쳐 내는 바위이시다(요 4:14).

이처럼 하나님은 광야에서 신령한 만나와 물을 공급해주었지만, 우리 조상들은 계속해서 하나님을 시험하고 거역함으로써 하나님을 크게 화나게 만들었고, 그 결과로 마침내 하나님께서는 그들을 광야에서 모조리 쓸어버리셨습니다. 이런 본보기를 통해 오늘날 우리는 조상들처럼 하나님을 거슬러 악한 일을 행해서는 안 된다는 경고를 받았습니다.

더욱이 조상들 중 어떤 이들은 우상을 숭배하기도 했습니다. 부디 여러분은 우상 숭배자가 되지 마십시오. 성경을 보면, 조상들이 우상을 섬길 때 "그들이 앉아서 먹고 마시며 일어나서 춤을 추었다."(출 32:6)라고 기록되어 있습니다.

시내산 정상에서 모세가 하나님께 십계명을 받고 있던 그토록 거룩한 순간에, 산 아래에 있던 이스라엘 백성은 배은망덕하게도 이집트의 금송아지 우상을 만들어 놓고 그 앞에서 먹고 마시고 춤추면서 우상을 숭배하고 있었다(출 32:1-6).

또 우리 조상들 가운데 어떤 이들은 음란한 짓을 행하다가 하루에 2만 3천 명이나 죽고 말았습니다. 그러므로 부디 우리는 음행하지 맙시다. 그리고 주님을 시험해서도 안 됩니다. 조상들 가운데 어떤 이들은 주님을 시험하다가 불뱀에 물려 죽었습니다. 또한 주님을 향해 원망하거나 불평해서도 안 됩니다. 조상들 가운데 어떤 이들은 원망하고 불평하다가 하나님께서 보낸 천사들에게 멸망당하고 말았습니다.

바울은 계속해서 조상들의 불순종 사건 중 세 가지를 예로 들었다. 하루에 2만 3천 명이 죽은 사건은 '바알브올 사건'을 가리키고(민 25:1-9), 주님을 시험한 사건은 '불뱀과 놋뱀 사건'(민 21:4-9)을, 그리고 원망하고 불평하다가 멸망당한 사건은 '고라와 250인의 반역 사건'(민 16장)을 가리킨다.

여러분, 우리 조상들에게 일어났던 이런 불미스러운 사건들은 이후의 모든 사람에게 본보기가 되었습니다. 그런 일이 기록된 것은 마지막 때를 살아가는 우리에게 경고를 주기 위해서입니다. 그러므로 서 있다고 생각하는 사람은 넘어지지 않도록 삼가 조심해야 합니다. 오늘날 여러분에게 주어진 시련은 모든 신자들이 다 겪는 시련입니다. 하나님께서는 진실로 신실하셔서 여러분이 감당할 수 없는 그런 시련은 주지 않으십니다. 만일 여러분이 시련을 겪고 있다면, 하나님께서는 여러분이 능히 감당할 수 있도록 그 시련을 벗어날 길도 함께 마련해주십니다.

바울은 성도가 시련(시험, test)을 이길 수 있는 근거를 하나님의 신실하심(미쁘심)에서 찾고 있다. 그렇다. 신실하신 하나님은 자신의 자녀 된 성도들을 진실로 사랑하시기 때문에 때때로 더욱 강해지고 성숙해지도록 시련을 주시되, 실족하여 망하도록 감당하지 못할 시련은 절대로 주시지 않는다. 이런 믿음으로 성도는 모든 시련을 능히 감당할 수 있다.

그러므로 사랑하는 형제들이여, 부디 우상숭배를 멀리하십시오. 여러분은 지각 있는 분들이니, 여러분 스스로 내가 하는 말을 잘 분별하도록 하십시오. 우리가 감사기도를 드리면서 마시는 축복의 잔은 그리스도의 피를 함께 나누어 마시는 것이 아닙니까. 또한 빵을 떼어 나누어 먹는 것은 그리스도의 몸을 함께 나누어 먹는 것이 아닙니까. 빵은 한 덩이이기 때문에 우리가 아무리 여럿이라도 우리는 한 몸입니다. 그것은 우리 모두 한 덩이의 빵을 다 같이 나누어 먹기 때문입니다.

성찬식은 예수님이 친히 제정하신 기독교 의식으로(눅 22:14-20), 성찬식 때 신자들이 함께 나누어 마시는 포도주 잔은 '그리스도의 피'를 상징하고, 함께 떼어 먹는 한 덩이의 빵은 '그리스도의 몸'을 상징한다. 그렇게 함으로써 성찬식에 참여하는 모든 신자들은 그리스도와 하나로 연합되고, 또한 신자들 역시 서로 간에 그리스도 안에서 하나라는 사실을 신앙 고백하는 것이다.

자, 이스라엘 백성을 한번 생각해 보십시오. 그들은 희생제물을 함께 나누어 먹음으로써 하나가 되어 다 같이 하나님의 제단 예배에 참여하지 않습니까. 내가 왜 이런 말을 하고 있는 줄 아십니까? 우상이나 또는 우상에게 바쳐진 제물이 뭐 대단한 것이라도 된다는 의미에서 이런 말을 하겠습니까. 아닙니다! 이교도들의 우상 제물은 귀신에게 바치는 것이지 하나님께 바치는 것이 아닙니다.

우상은 실제로 존재하는 것이 아니기 때문에 우상에게 바친 제물을 먹는 것은 문제가 되지 않는다. 그러나 우상에게 제물을 바치는 제사의식은 문제가 된다. 그것은 하나님을 거슬러 대적하는 악한 영인 귀신과 사귀고 어울리는 일이기 때문이다. 바울은 이 점을 지적한다.

나는 여러분이 귀신들과 사귀는 사람이 되기를 절대로 바라지 않습니다. 여러분은 주님의 잔과 귀신들의 잔을 동시에 마실 수는 없는 일입니다. 주님의 식탁과 귀신들의 식탁에 동시에 참여할 수는 없는 일입니다. 어쩌자고 그렇게 합니까. 주님의 질투심을 자극하기라도 할 셈입니까. 우리가 주님보다 더 강하다는 말입니까.

성찬식에 참여하여 포도주와 빵을 나누어 먹는 것은 주님과 교제하는 일이다. 이와 반대로, 이교도의 제사의식에 참여하여 우상에게 바쳐진 제물을 함께 나누어 먹는 것은 귀신과 교제하는 일이다. 따라서 참된 신자라면 동시에 두 식탁에 참여할 수 없다. 바울은 지금 우상에게 바쳐진 제물 그 자체에 대해 말하고 있는 것이 아니고, 우상에게 제물을 바치는 제사 의식에 관해 말하고 있다. 참 신자라면, 귀신과 교제하는 그런 이교도의 제사 의식에는 절대로 참여해선 안 된다는 사실을 강조하고 있는 것이다.

그리스도인의 자유 (10:23-33)

이제 제사 음식과 관련해서 그리스도인의 자유에 관해 말씀드리겠습니다. 믿는 자들에겐 모든 것이 다 허용되어 있습니다. 그렇다고 해서 모든 것이 다 유익한 것은 아닙니다. 정말로 모든 것이 다 허용되어 있지만, 모든 것이 다 덕을 세우는 것은 아닙니다. 그러므로 신자들은 누구든지 자신의 유익만을 추구해서는 안 되며 다른 형제들의 유익을 우선적으로 추구해야 합니다.

바울은 성숙한 그리스도인이 취해야 할 신앙 삶의 대원칙을 제시했다. 모든 것에 자유할지라도, 성숙한 그리스도인은 자신의 자유나 유익을 추구하기보다는 다른 믿음의 형제들의 유익을 우선적으로 고려해야 한다는 것이다. 바울의 글은 이어진다.

만일 여러분이 시장에서 파는 고기를 구입했다면 양심에 거리낌이 생기지 않도록 어느 것이든 그 출처를 묻지 말고 그냥 자유롭게 먹도록 하십시오. 땅과 땅에 가득 차 있는 모든 것들이 다 주님의 것이기 때문입니다. 만일 믿지 않는 어떤 사람이 여러분을 초대했고 또 여러분의 마음이 내켜 그 초대에 응했다면, 여러분 앞에 차려진 음식은 무엇이든 양심에 거리낌이 생기지 않도록 그 출처를 따지지 말고 자유롭게 그냥 먹도록 하십시오.

시장에서 파는 것은 양심을 위하여 묻지 말고 먹으라

우상은 실존하지 않는 헛되고 거짓된 것이며, 또한 모든 음식은 다 주님께 속한 것이기 때문에, 원칙적으로 성도는 모든 음식에 대하여 이것저것 따지지 말고 자유롭게 다 먹을 수 있다는 말이다.

> 그러나 만일 어떤 사람이 "이것은 제사 음식으로 바쳐졌던 것입니다." 라고 말해주거든, 그 사람과 그 사람의 양심을 위해 그 음식을 먹지 마십시오. 여기서 내가 말하고 있는 양심은, 여러분의 양심이 아니라 다른 사람의 양심입니다. 그러면 여러분은 반문하기를 "왜 내 자유가 다른 사람의 양심에 의해 침해를 받아야 합니까? 내가 하나님께 감사드리는 마음으로 식사에 참여하는데, 내가 감사하는 그 음식 때문에 왜 비난을 받아야 합니까?"라고, 할 수도 있습니다.

그렇다면 이런 생각이 든다. 우리는 상황에 따라 달리 행동할 수도 있는가? 그렇다. 이처럼 우리의 신앙 삶에는 상황에 따라 하든 하지 않든 죄가 안 되는 것들이 있다. 그것은 성경의 원칙이나 기독교 교리에 관한 문제가 아니라 단순히 배려와 절제, 양보와 미덕에 관한 문제이기 때문이다.

이를 기독교 용어로는 '아디아포라'(Adiaphora)라고 하는데, 이 말은 '대수롭지 않은'이란 뜻의 헬라어 '아디아포론'의 복수 형태로, 하나님께서 '행하라'고 명령하신 것도 아니고, '행하지 말라'고 금지하시지도 않은 행동들을 가리키는 말이다. 따라서 그것은 행해도 그만, 행하지 않아도 죄가 되지 않는 대수롭지 않은 문제들로서, 본질적으로 선악과 직결되지 않을 뿐만 아니라 구원의 문제와는 더욱더 관련된 것이 아닌 것들이다. 그렇기 때문에 '아디아포라'에 속하는 문제들은 성도 각자의 경건한 묵상에 의한 개인적인 판단과 양심의 자유에 맡겨야 할 것이다.

바울 시대에 (우상에게 바쳐진) 제사 음식을 먹는 문제가 이런 경우에 해당된다. 그런 음식을 대했을 때, 어떤 경우에는 자기의 양심에 따라 하나님께 감사하고 아무 거리낌 없이 먹을 수 있다. 하지만 상황에 따라 그 일이 다른 형제의 양심에 혹시라도 상처를 줄 수 있다면, 그 형제를 배려해서 스스로의 자유를 절제할 수도 있는 것이다. 그리하여 이제 바울은 제사 음식과 관련해서 최종 결론을 맺는다.

> 그러므로 사랑하는 형제 여러분! 여러분이 무엇을 먹고 마시든 또 무슨 일을 하든, 모든 것을 오직 하나님의 영광을 위해서 하십시오. 유대인이든, 헬라인이든, 하나님의 교회이든, 어느 누구도 여러분의 행동으로 인해 걸려 넘어지는 일이 없게 하십시오. 나 바울을 보십시오. 나는 어떻게든지 모든 사람을 기쁘게 하려고 애씁니다. 또한 나는 내 자신의 유익을 추구하지 아니하고 많은 사람들의 유익을 힘써 추구합니다. 왜입니까? 그것은 어떻게 해서든지 한 사람이라도 더 구원의 길로 이끌기 위해서입니다.

우상에게 바쳐진 제사 음식을 먹는 문제와 관련해서 바울이 내린 최종 결론은 이러하다. 믿는 자가 (먹든지 먹지 않든지, 마시든지 마시지 않든지) 어떤 행동을 취하든, 그것은 결과적으로 '오직 하나님께 영광'이 되어야 한다는 것이다. 나아가 자신의 자유, 기쁨, 유익보다는 다른 믿음의 형제들의 양심과 기쁨과 유익을 충분히 고려해야 한다는 것이다. 그렇게 해야 하는 이유는 분명하다. 그런 자신의 절제와 배려를 통해 한 사람이라도 더 구원의 길로 인도할 수 있을 것이기 때문이다.

11
여자의 머리 너울과 성찬식

애찬 때 다투어 먹으면 안 됩니다
누구는 배고프고 누구는 배부르며
누구는 취해 있어 주의 몸과 피
모욕하는 죄를 범해서는 안 됩니다

바울이 고린도 교회를 개척하여 세운 때는 제2차 전도여행 기간 중으로 주후 51년경이다. 이후 고린도를 떠난 바울이 제3차 전도여행 중 에베소에서 사역하고 있을 때(주후 56년 말엽), 글로에 집안 소속의 하인과 고린도 교회에서 보낸 파송단을 통해 교회의 작금 상황에 관하여 구체적인 소식을 전해 들었다. 그 소식은 여러 모양으로 심히 염려스럽고 개탄스러운 것들뿐이었다. 온갖 문제들로 교회가 다툼과 갈등 가운데서 심한 몸살을 앓고 있었다. 그러니까 바울이 고린도 교회를 떠나 있었던 5년 사이에 상황이 크게 나빠져 온갖 문제점들이 활화산의 용암처럼 분출되고 있었던 것이다.

이에 바울은 고린도 교회가 당면한 문제점들을 하나하나 파악해가면서 작심하고 본 서신을 통해 성경적 가르침과 사도적 지침을 주고 있다. 앞서 바울은 분파와 분쟁(1-4장), 교회 내 음행(5장), 교인들 간의 소송(6장), 결혼과 독신생활(7장), 우상에게 바친 제물을 먹는 문제(8-10장) 등에 관하여 이미 글을 썼다. 바울은 이어서, 공중 예배 때 여자가 머리에 수건을 쓰는 문제와 올바른 성찬식에 관하여 성경적 가르침을 주기 위해 펜을 들었다(11장).

공중 예배 때 여자가 머리에 수건을 쓰는 문제에 관해 (11:1-16)

형제들이여, 내가 그리스도 예수를 본받는 자 된 것처럼, 여러분도 나를 본받는 자들이 되십시오. 내가 이전에 가르친 교훈들을 여러분이 마음에 새겨두고 그대로 행하고 있다니, 얼마나 기쁜지 모르겠습니다. 여러분은 칭찬받아 마땅합니다. 이제 내가 여러분에게 깨우쳐 드릴 것이 한 가지 있습니다. 여자의 머리는 남자이고, 모든 남자의 머리는 그리스도이시며, 그리스도의 머리는 하나님이시라는 사실입니다.

아니, 여자의 머리가 남자라니? 남녀 간의 성평등 시대에 살고 있는 오늘날, 바울의 이 말은 의아하고 놀랍다. 어떤 이들은 여기 '머리'의 개념을 계급 구조상의 지배나 우위를 뜻하는 말로 이해하여, 남자가 여자를 다스려야 한다고 생각하지만 그건 아니다.

여기 '머리'를 '출처'의 개념으로 이해하여, 하와(첫 여자)의 출처로서 아담(첫 남자)을 언급하고 있는 말로 보는 게 좋다. 요컨대 남녀 간의 상호관계는 상하 및 우열의 관계가 아니라 출처 및 순서의 관계인 것이다. 때로 오해를 불러일으키기도 하지만, 남녀 간의 성(性)은 상호의 존적이며 평등한 관계라는 것이 성경 전체의 일반적 가르침이다.

남자가 기도하거나 예언을 할 때 머리에 무엇을 쓰면, 그것은 자기 머리 되시는 그리스도를 욕되게 하는 일입니다. 그러나 이와 반대로 여자가 머리에 아무것도 쓰지 않은 채 기도하거나 예언을 하면, 그것은 자기 머리인 남자를 욕되게 하는 일입니다. 그것은 머리털을 다 밀어버린 것과 마찬가지이기 때문입니다. 그러므로 여자가 머리에 아무것도 쓰기 싫거든 차라리 머리털을 다 깎아 버리십시오. 그러나 머리털을 다 깎는 것이 수치스럽거든 무엇으로든지 머리를 가리도록 하십시오.

바울 시대의 그리스 풍습과 유대 문화에서, 짧은 머리를 하거나 머리를 가리지 않는 여자는 성적으로 문란하여 제멋대로 행동하는 속된 여자라는 것을 의미했다. 이런 배경에서, 교회의 여성들에게 무엇으로든지 머리를 가리도록 권고한 이유는 다음과 같다.

첫째, 복음에 의해 율법에서 벗어나 자유롭게 된 고린도 여인들이 경솔하게 머리 가리개를 벗어버리지 못하도록 규제함으로써 무엇보다 '교회의 영광'을 보호하려 했다. 둘째, 머리 가리개를 통해 본래 창조 때 세워진 하나님과 남자와 여자 사이의 신성한 '창조질서'에 관해 교훈하고자 했다. 이런 목적을 가지고 바울은 계속해서 권고한다.

그러나 여자와 달리 남자는 머리를 가리면 안 됩니다. 남자는 하나님의 형상이고 하나님의 영광이기 때문입니다. 하지만 여자는 남자의 영광입니다. 왜냐하면 남자가 여자에게서 나온 것이 아니라 여자가 남자에게서 나왔기 때문입니다. 또 남자가 여자를 위해 창조된 것이 아니라 여자가 남자를 위해 창조되었기 때문입니다. 이런 이유에서, 여자는 예배 때에 천사들이 지켜보고 있으므로 권위 아래 있다는 표시로 수건으로 자신의 머리를 가려야 하는 것입니다.

'여자는 남자의 영광이고, 남자는 하나님의 영광'이라는 바울의 말은 창조의 원리와 순서에 기초한 것이다. 천지창조 때 하나님은 남자인 아담을 먼저 창조하셨고, 이어 아담의 갈비뼈를 뽑아 여자인 하와를 지으셨다(창 2:21-23). 이런 사실에 기초하여, 여자는 머리에 수건을 써야 하고, 남자는 쓰지 말아야 한다고 말한 것이다. 그러므로 여기서

'수건'은 일차적으로 질서와 순서를 의미하고, 더 나아가 정절과 순결과 권위에 대한 순종을 의미한다. 따라서 우열이나 차별이 절대 아니다. 바울의 편지를 계속 읽어보자.

여러분, 주님 안에서는 남자 없이 여자가 있을 수 없고 또 여자 없이 남자가 있을 수 없습니다. 여자가 남자에게서 나왔듯이, 남자 역시 여자에게서 태어나기 때문입니다. 그러나 모든 것은 다 하나님에게서 났습니다.

남자와 여자는 상호의존적인 관계임을 보여준다. 나아가 하나님의 신성한 창조질서 가운데 이루어진 남녀 관계의 궁극적 목적은 남자와 여자를 모두 창조하신 하나님께 영광이 되어야 함을 보여준다.

자, 여러분 스스로 판단해 보십시오. 여자가 머리에 아무것도 쓰지 않고 하나님께 기도를 드리는 것이 마땅한 일이겠습니까? 여러분의 본성이 가르쳐주지 않습니까? 남자가 긴 머리를 하는 것은 그에게 수치가 되지만, 여자가 긴 머리를 하는 것은 그녀에게 영광이 되지 않습니까? 긴 머리는 여자에게 가리는 역할을 해주기 때문입니다. 이 문제를 두고 나와 의견을 달리하는 사람이 있더라도, 나는 더 이상 설명하지 않겠습니다. 어쨌든 여자가 머리에 아무것도 쓰지 않고 기도하거나 예언하는 관습은 우리에게는 없고 하나님의 교회에도 없기

여자가 머리를 가리는 것이 자기에게 영광이 되니라

때문입니다.

남자에게 긴 머리는 수치스러운 것이고, 여자에게 긴 머리는 자랑스러운 것! 이런 바울의 가르침은 하나님의 창조질서, 사람의 자연적이고 본능적인 미적 감각, 그리고 당대의 풍습과 문화 등에 기인한 것이다. 특히 여기서 여자의 긴 머리는 머리에 수건 쓰는 것을 대신하는 것으로 간주되었다. 요컨대 바울은, 창조질서와 당대의 풍습에 따라 여자가 머리에 수건을 쓰는 행위는 자신의 정절과 순결, 그리고 권위에 대한 복종을 나타내는 것으로, 그런 겸손한 자세와 마음가짐을 통해 자신을 스스로 성별함으로써 교회에는 덕이 되고 남자(남편)와 하나님께는 영광이 된다고 말한 것이다.

주님의 성만찬에 대한 바울의 교훈 (11:17-34)

여러분, 이제 나는 주님의 성만찬에 관해 말하려고 합니다. 하지만 내가 지금 다루려고 하는 이 문제에 대해서는 여러분을 칭찬할 수 없습니다. 그것은 여러분의 성만찬 모임이 유익하지 않을뿐더러 도리어 해롭게 느껴지기 때문입니다. 그 까닭은, 무엇보다도 여러분이 교회에서 모일 때 분열과 다툼이 있다고 들리는데, 나는 이것이 어느 정도는 사실이라고 믿습니다.

바울은 실상을 다 알고도 무척 부드럽게 말하고 있지만, 당시 교인들끼리 분파를 짓고 서로 물고 뜯고 다투는 고린도 교회의 분열상은 아주 심각했다(고전 1:10-12).

물론, 여러분 가운데 누가 하나님 보시기에 합당한 사람이냐를 가리려면 어쩔 수 없이 분파도 생길 것입니다. 하지만 여러분이 그렇게 갈라져 싸우고 있으니, 여러분이 함께 모여 식사를 나눈다고 해도 그것은 주님의 만찬 곧 성찬식이라고 할 수 없습니다. 또 먹을 때에 여러분이 가져온 음식을 모두 함께 나누어 먹지 않고 각자 자기 것을 먼저 먹어버림으로써 어떤 사람은 배가 고프게 되고, 어떤 사람은 너무 많이 마셔 술에 취해버립니다.

고린도 교회에서, 주님의 만찬 곧 성만찬은 '애찬(愛餐)'으로 알려진 공동식사와 더불어 행해졌다(유 1:12). 교인들은 각자 집에서 먹을 것을 싸가지고 교회에 모여 함께 식사를 하면서 친목과 교제를 나누었다(행 2:46). 그런데 이때 부자들은 많이 가져왔고, 가난한 자들은 적게 가져왔다. 하지만 극빈자들은 가져올 형편이 못 되었고, 더군다나 자유가 없는 종들은 식사시간마저 때맞춰 도착하지 못하곤 했다.

이런 상황에서 부자들은 가난한 자들과 어울려 공동식사를 하지 않고, 자기 음식으로 자신만 먼저 먹고 마심으로써 자기 배만 채웠다. 그래서 애찬을 통한 성도간의 친목과 교제가 없었고, 이로 인해 교회 안에는 차별과 파당이 생겼다. 사정이 이러했기에, 바울은 애찬이 배고픔을 채우기 위한 것이 아니라 성도들이 함께 어울려 친목과 교제를 나누기 위한 것이라고 힘주어 가르친다.

여러분에게 마음 놓고 먹고 마실 집이 없습니까? 아니면 하나님의 교회를 하찮게 여겨, 자기 음식을 가져올 수 없는 가난한 사람들을 창피스럽게 만들 작정입니까? 지금 내가 여러분에게 어떤 말을 해야 하겠습니까? 이 일에 대해 여러분을 칭찬해야 합니까? 결코 그럴 수 없습니다!

사랑하는 형제 여러분, 내가 여러분께 전한 것은 주님께 받은 것입니다. 주 예수께서 배반당하셔서 잡히시던 날 밤, 주께서는 빵을 손에 드시고 아버지 하나님께 감사기도를 드리신 후에 그 빵을 떼어 제자들에게

성만찬의 제정: 너희가 떡을 떼고 잔을 마실 때마다 나를 기념하여라

나누어주시며 말씀하시기를 "이것은 너희를 위한 내 몸이다. 그러므로 이처럼 행하여 나를 기념토록 하여라." 하셨습니다. 또 식사 후에 포도주 잔을 손에 들고 감사기도를 드리신 다음에 제자들에게 말씀하시기를 "이 잔은 내 피로 세우는 새 언약이다. 그러므로 너희는 이처럼 행하여 마실 때마다 나를 기념토록 하여라." 하셨습니다. 그러므로 여러분이 성찬식에서 빵을 떼어 먹고 포도주 잔을 나누어 마실 때마다, 주께서 우리를 위해 죽으신 그 십자가의 의미를 주님이 다시 오시는 그때까지 계속 선포하는 것입니다.

바울은 성만찬의 기원이 우리 주 예수님의 마지막 유월절 식사임을 분명히 알려준다. 그때 그 자리에서 향후 계속해서 성만찬을 시행함으로써 나를 기념하라고 명하신 주님의 명령에 따라(눅 22:19-20) 초기 예루살렘 교회의 신자들은 매일 함께 모여 식사를 했고(행 2:46), 그런 식사 자리에서 종종 성만찬이 행해졌다. 하지만 예루살렘 밖의 신자들은 대체로 일주일에 한 번씩 만나 성만찬을 시행했다(행 20:7; 고전 16:2).

이처럼 초대교회의 신자들이 매일 혹은 일주일에 한 번씩 다 함께 모여 성만찬을 가졌다면, 분명 그것은 신자들의 교회생활에서 무척 중요한 부분을 차지하고 있었던 것이 분명하다.

이런 초대교회의 전통과 주님의 명령에 부응하여 오늘날 우리 교회도 성만찬을 가져야 하는데, 얼마나 자주 갖느냐는 횟수보다는 형편이 허락하는 대로 반드시 가져야 한다는 것과 또한 회개하는 순결한 심령으로 성만찬에 참여해야 한다는 것을 명심해야 한다.

> 명심할 것은, 누구든지 합당치 않은 태도로 주님의 빵을 먹거나 주님의 잔을 마시는 사람이 있다면, 그 사람은 주님의 몸과 피를 모욕하는 죄를 범하는 것입니다. 그러므로 성찬식에서 주님의 빵을 먹거나 주님의 잔을 마시기 전에 먼저 자기 자신을 주의 깊게 돌아보고 살펴야 합니다. 만일 누군가가 그 빵과 잔이 주님의 몸임을 분별하지 못한 채 함부로 먹고 마신다면, 그 사람은 자기 자신에게 임할 심판을 먹고 마시는 셈입니다.

성만찬에 임할 때 '합당치 않은 태도'란 성만찬이 지니는 참된 의미를 알지 못하고, 일반 식사와 같이 가볍게 여기면서 아무렇게 먹고 마시는 것을 말한다. 특히 고린도 교회의 경우에는 다른 분파의 신자들이나 가난한 신자들을 배제하면서 자신들끼리만 먹고 마시는 행위를 함으로써 성만찬의 뜻을 전혀 살리지 못하고 있었다.

> 듣자니, 여러분 가운데 허약한 사람과 병든 사람, 그리고 죽은 사람들도 많다고 하는데, 그것은 바로 이처럼 성만찬을 함부로 대하는 태도 때문일 수도 있습니다. 그러나 우리가 스스로를 주의 깊게 살펴 분별력을 가지고 성만찬에 임한다면 우리는 심판받지 않을 것입니다. 지금껏 우리가 주님께 심판을 받은 것은, 주께서 우리를 이 세상 사람들과 함께 정죄받지 않게 하시려고 우리를 단련시킨 것입니다.

바울은, 지금껏 고린도 교인들이 성만찬을 잘못 시행함으로 인해 영육 간에 허약하게 되거나 병들거나 심지어 죽게 되는 등 주님께 여러모로 심판을 받은 이유를 설명한다. 그것은 궁극적으로 고린도 교인들을 제대로 깨우치고 단련시켜 후일에 정죄 받아 멸망하지 않도록 하기 위한 주님의 또 다른 사랑의 표현이라는 것이다. 이제 바울은 성만찬과 관련하여 매우 실제적인 충고를 주고 있다.

> 그러므로 나의 형제들이여, 여러분이 주님의 성만찬을 하기 위해 모일 때에는 서로서로 다른 형제를 기다려 주십시오. 만일 배가 고프거든, 집에서 미리 식사를 하고 오십시오. 그래서 여러분이 다 함께 모여 주님의 성만찬을 시행하는 일로 인해 주님께 심판받는 일이 없도록 하십시오. 성만찬과 관련하여 그 밖의 다른 문제들은 내가 직접 가서 여러분께 일러드리도록 하겠습니다.

성찬식을 거행하는 이유와 의미는 우리 죄인들을 구속하시기 위해 살이 찢기시고 피를 흘리신 십자가 죽음을 기념하는 것이다(눅 22:19-20). 빵과 포도주로 배를 채우기 위함이 절대로 아니다! 따라서 믿음의 형제들이 다 함께 모여 성찬식을 행해야 하고, 또한 적은 빵과 포도주로 경건하게, 회개하는 심령으로 임해야 한다. 그러므로 성찬식에 임하기 전, 혹 배가 고플 것 같으면 집에서 미리 식사를 하고 임해야 한다고 충고한 것이다.

12

성령의 은사

몸은 하나여도 지체는 참 많습니다
손도 몸의 지체, 발도 지체
귀도 눈도 모두 지체입니다
이 연약해 보이는 지체가 소중합니다

바울 당시, 고린도 교회는 여러모로 참 문제가 많은 교회였다. 지금껏 바울이 다룬 고린도 교회의 여러 문제점들(분파, 음행, 교인들 간의 소송, 결혼과 독신, 우상에게 바친 제물, 공중 예배 때 여자가 머리에 수건을 쓰는 것, 성찬식 등) 이외에 또 하나의 아주 심각한 문제가 있었는데, 그것은 '성령의 은사'와 관련된 것이었다.

방언, 예언, 치유, 설교 등 각자 이런저런 다양한 은사를 받은 고린도 교인들은 자신이 받은 은사를 자랑하고 뽐내면서 교회 내에서 중구난방으로 무분별하게 사용하고 있었다. 질서와 평화와 일치성과 통일성이 전혀 없었다. 그래서 바울은 이 문제를 놓고 긴 지면을 할애하여 매우 진지하게 편지를 쓴다(12-14장).

성령의 다양한 은사들과 그런 은사들의 목적 (12:1-11)

사랑하는 형제들이여, 나는 여러분이 성령의 신령한 은사에 대해서 모르는 것을 원치 않습니다. 아시다시피 여러분은 신자가 되기 전, 곧 이방 사람으로 있었을 때는 말 못 하는 헛된 우상들에게 이리저리 끌려 다녔습니다. 그러므로 나는 여러분에게 이 사실을 알려드립니다. 하나님의 영 곧 성령으로 말하는 사람은 누구도 예수님을 저주하지 않습니다. 또한 성령으로 말미암지 않고는 누구도 "예수님은 주님이시다"라고 말할 수 없습니다.

예수님을 주저하지 않고 찬양하며, 또한 그분을 '나의 주님'이라고 고백하는 것 자체가 하나님의 영이신 성령을 받은 증거가 됨을 보여준다. 성령으로 말미암지 않고는 주님을 찬양할 수 없고, 진실로 그분을 자신의 주님으로 받아들일 수 없기 때문이다.

하나님의 영이신 성령은 우리 믿는 자들에게 은사를 주시는데, 은사는 여러 종류가 있지만 모두 동일한 성령에게서 비롯된 것입니다. 하나님을 섬기는 직분은 다양하지만, 모두 동일한 주님을 모시는 일입니다. 다양한 종류의 사역이 있지만, 사람들을 통해 그 모든 사역을 이루시는 분은 동일한 하나님이십니다. 각 사람에게 나타나는 성령의 은사들은 모두 공동의 유익을 위해서 주어지는 것입니다.

바울은 명확한 은사관(恩賜觀)을 가졌다. 각 성도에게 주어지는 은사는 다양하지만, 모든 은사는 교회 공동체의 유익을 위해 동일한 성령에게서 주어진 것으로, 궁극적으로 동일한 한 분 하나님을 섬기는 데 그 목적이 있다는 것이다. 따라서 바울의 관심은 그 은사가 어떤 종류의 것이냐에 있지 않았고, 그 은사를 (교회의 건덕과 하나님의 영광을 위해) 어떻게 선하게 사용했느냐에 있었다.

여러분, 은사는 다양합니다. 어떤 사람에게는 성령을 통해 지혜의 말씀이 주어지고, 어떤 사람에게는 동일한 성령을 통해 지식의 말씀이 주어집니다. 또 어떤 사람에게는 동일한 성령에 의해 믿음의 은사가 주어지고, 어떤 사람에게는 병 고치는 은사가 주어집니다. 또 어떤 사람에게는 기적을 행하는 은사가, 어떤 사람에게는 예언을 베푸는 은사가, 어떤 사람에게는 영을 분별하는 은사가 각각 주어집니다. 그리고 어떤 사람에게는 여러 방언을 할 수 있는 은사가 주어지고, 또 어떤 사람에게는 그런 방언을 해석하는 은사가 주어집니다. 이 모든 은사들은 한 분이신 동일한 성령에게서 비롯되는데, 진실로 성령께서는 자신이 원하시는 대로 각 사람에게 적합한 은사를 나누어 주십니다.

은사(恩賜, gifts)는 성령께로부터 비롯되는 것이기 때문에 '신령한' 은사라고 불린다. 바울은 영적인 은사와 자연적인 재능을 구분하는 데 별 관심이 없었다. 치유, 예언, 방언, 기적, 영(靈) 분별, 방언 통역 같은 초자연적인 은사든지, 지혜, 지식, 믿음, 가르침, 봉사 같은 '타고난' 혹은 '훈련된' 자연적인 재능이든지(롬 12:7-8), 바울은 모두 성령께로부터 비롯된 귀한 은사로 보았다.

바울의 주된 관심은 주어진 각각의 은사를 어떻게 활용하느냐에 있었다. 바울은 모든 은사가 개인적인 유익을 위해서가 아니라 교회를 일으켜 세우고 믿음의 형제들에게 유익이 되며 하나님께 영광 돌리는 데에 적절하게 사용되어야 한다고 가르쳤다. 따라서 주어진 은사를 뽐내며 그 은사로 인해 도리어 시기와 분쟁을 일으킨 고린도 교회는 바울의 준엄한 책망을 면치 못했다.

한 몸과 그 몸의 여러 지체들 (12:12-31)

이제 바울은 성령께로부터 신령한 은사를 받은 성도들 간의 상호 유기적인 관계, 그리고 그리스도와 각 지체 된 성도들 간의 긴밀한 관계를 알아듣기 쉽도록 '사람의 신체'에 비유함으로써 은사의 다양성과 통일성 및 일치성을 일깨워 준다.

너희는 다 한 성령으로 세례를 받았느니라

여러분도 아시다시피 우리 몸은 하나이지만 여러 지체들로 이루어져 있습니다. 또 여러 지체로 이루어져 있지만 한 몸을 이룹니다. 그리스도의 몸도 이와 마찬가지입니다. 유대인이든 헬라인이든, 종이든 자유인이든, 우리 모두는 한 성령으로 세례를 받아 한 몸을 이루었고, 그래서 모두가 한 성령을 마시게 되었습니다.

바울은, 성령으로 세례 받은 것을 가리켜 '(성령을) 마셨다'라고 표현했다. 일찍이 예수님도 성령을 받아들이는 것을 가리켜 '생수를 마신다'라고 표현하셨다(요 7:37-39).

보십시오, 몸은 하나의 지체로 이루어진 것이 아니라 많은 지체로 이루어져 있습니다. 만일 발이 말하길 "나는 손이 아니므로 몸에게 속하지 않았다"고 한다고 해서, 발이 몸의 지체가 아닐 수 있습니까? 또 귀가 말하길 "나는 눈이 아니므로 몸에게 속하지 않았다"고 한다고 해서, 귀가 몸의 지체가 아닐 수 있습니까? 만일 온몸이 다 눈이라고 생각해 보십시오. 그러면 어떻게 들을 수 있겠습니까? 또 만일 온몸이 귀로만 되어 있다면, 어떻게 냄새를 맡을 수 있겠습니까?

우리 하나님께서는 자신이 원하신 기쁘신 뜻대로 우리 몸에 여러 지체를 마련하시고, 서로 유기적으로 연결되어 하나가 되게 해주셨습니다. 만일 온몸이 한 지체로만 되어 있다면, 어떻게 그것을 몸이라고 할 수 있겠습니까. 그래서 몸에는 여러 지체가 있고, 또 그것들이 모두 합해져서 하나의 몸을 이룹니다. 그러므로 눈이 손더러 말하길 "너는 쓸모없어"라고 할 수 없고, 또 머리가 발더러 말하길 "너는 필요 없어"라고 할 수도 없습니다.

몸(신체)의 각 지체에 관한 바울의 비유는 정말이지 귀에 쏙쏙 들어온다. 지금 바울은 '몸의 지체 비유'를 통해 성도들이 교회 안에서 어떻게 서로 유기적인 관계를 맺고 있는지를 알아듣기 쉽게 설명해 준다. 그렇다. 그리스도의 몸 된 교회 역시 사람의 몸처럼 여러 지체들로 구성되어 있지만, 각 지체들은 따로 존재하는 것이 아니라 상호 유기적인 관계 속에서 아주 밀접하게 연결되어 있는 것이다.

이뿐만 아닙니다. 어찌 보면 우리 몸의 지체 중에서 연약해 보이는 지체가 사실은 가장 없어서는 안 될 소중하고 긴요한 부분입니다. 생각해 보십시오. 우리는 하찮게 여겨지는 지체를 더 소중히 여기고, 남에게 보이기 흉한 지체를 더욱 조심스럽게 보호합니다. 그러나 남에게 보여도 괜찮은 지체에 대해서는 특별한 주의를 기울일 필요가 없습니다. 이와 같이 우리 하나님께서는 별로 중요하지 않게 생각되는 지체들을 더욱 귀중하게 다루도록 우리 몸을 만들어 주셨습니다. 이렇게 하신 까닭은 몸 안에서 서로 간에 분열이 생기지 않도록 각 지체들이 서로를 똑같이 걱정해 주면서 살아가도록 하기 위해서입니다. 그러기에 우리 몸의 한 지체가 고통을 당하면, 다른 모든 지체들이 함께 고통을 당합니다. 반대로 한 지체가 영광을 받으면, 다른 모든 지체들도 함께 기뻐합니다.

바울은 교회 구성원을 사람 몸의 지체에 비유했다. 사람 몸의 지체 중에서 눈이나 머리에 비해 하찮게 보이는 손이나 발 같은 지체들, 특히 우리 눈에 보이지 않는 몸속의 내장기관 같은 부분들은 실제 생활에서 더욱 요긴하게 쓰이는 경우가 많다.

교회도 그렇다. 가르치고 예언하며 치유하는 자들같이 공적으로 인정받는 지체가 중요한 것은 새삼 거론할 필요가 없지만, 교회를 관리하고 교회에서 봉사하고 청소하는 지체가 실제로는 더 요긴하다. 그런 지체들이 없다면 교회는 쉽게 더러워지고, 그로 인해 모든 교회 구성원들이 큰 불편을 느낄 것이기 때문이다. 그러므로 바울은 더 강한 지체들이 더 약한 지체들을 무시하거나 하찮게 보지 말 것을 강력하게 가르쳤다.

여러분은 그리스도의 몸입니다. 또한 여러분 각자는 그분 그리스도 몸의 지체들입니다. 하나님께서는 그리스도의 몸 된 교회 안에 여러 직분을 두셨는데, 그 첫째가 사도들입니다. 둘째는 선지자들이고, 셋째는 교사들이며, 다음은 기적을 행하는 사람들입니다. 그 다음이 병 고치는 은사를 받은 사람들, 남을 돕는 사람들, 관리 및 행정을 맡은 사람들, 그리고 여러 가지 방언을 말하는 사람들입니다.

바울은 초대교회에서 가장 중요한 교회의 세 직분을 소개했다. 그것은 사도, 선지자, 교사다. 그런데 여기서 사도나 선지자는 초대교회라는 특수한 상황에서 주어진 특별한 직분이다. 성경이 완성되고 교회가 터를 잡은 오늘날에는 그런 특별한 직분이 더는 필요하지 않게 되었다. 하지만 성령의 은사로서 '사도적' 지도력이나 '선지자적' 가르침은 오늘날에도 여전히 우리와 함께하고 있다고 볼 수 있다.

그러하므로 여러분 모두가 다 사도이겠습니까? 모두가 다 선지자이겠습니까? 모두가 다 교사이겠습니까? 모두가 다 기적을 행하는 사람이겠습니까? 모두가 다 병 고치는 은사를 받은 사람이겠습니까? 모두가 다 방언을 말하는 사람이겠습니까? 모두가 다 방언을 해석하는 은사를 받은 사람이겠습니까? 아뇨, 그렇지 않습니다. 여러분은 각자 다른 은사를 받았습니다. 하지만 여러분은 더욱 큰 은사를 받을 수 있도록 열심히 구하십시오. 이제 내가 이러한 모든 은사들보다 더욱 나은 은사를 여러분에게 알려드리겠습니다.

바울은 성령께서 선물로 주신 은사들 중에서도 보다 큰 은사가 있음을 말한다. 그런 큰 은사들이란 아마도 사도들이나 교사들처럼 '지도하고 가르치는 은사'나 선지자들처럼 '예언하는 은사'를 가리키는 듯하다(고전 14:1). 이런 은사들은 다른 은사들에 비해 교회를 세우고 성도를 양육하는 데 더욱 필요한 은사이기 때문이다. 그런데 당시 고린도 교회는 낮은 은사인 방언을 크게 자랑하면서 그것으로써 갈등과 분열을 일으켰다.

13
그중에 제일은 사랑이라

모든 방언과 천사의 언어도
예언의 은사와 큰 믿음도
심지어 내 몸을 내어주는 헌신도
사랑 없으면 헛것입니다

앞서 12장의 말미에서 바울은 고린도 교회의 성도들을 향해 성령께서 주시는 신령한 은사를 사모하되, 더욱 큰 은사를 사모하라고 권면했다. 그러면서 가장 큰 은사를 보여줄 것이라고 말했는데, 그것은 바로 '사랑'(헬, 아가페)이었다.

이제 바울은 크게 한번 숨을 고른 뒤, 흔히들 '사랑 장(章)', '사랑의 찬가', '사랑의 시편' 등으로 불리는, 바울 신학의 결정체이며 최고봉이라 할 수 있는 주옥같은 13장의 서신을 찬찬히 쓰기 시작한다.

가장 큰 은사, 사랑! (13:1-13)

내가 사람의 모든 방언을 유창하게 말하고, 심지어 하늘 천사들의 언어로 심히 아름답게 말한다고 할지라도, 내게 사랑이 없으면 그런 나의 모든 말은 단지 울리는 징 소리나 요란한 꽹과리 소리에 지나지 않습니다.

주님과 교회와 성도와 이웃에 대한 사랑(헬, 아가페) 없이 행하는 모든 은사와 모든 말들은 아무런 의미와 가치가 없고, 다만 사람의 고막을 피곤하게 만드는 시끄러운 소음에 불과하다는 말이다. 바울은 계속해서 사랑 없는 모든 은사의 무용론(無用論)을 펼친다.

> 또한 내가 예언의 은사를 받아 모든 비밀들과 모든 지식들을 다 통달할지라도, 나아가 산을 능히 옮길 만한 큰 믿음을 지녔다고 할지라도, 내게 사랑이 없다면 그런 은사들이 내게 아무것도 아니며 아무 의미도 없습니다. 또한 내가 나의 모든 소유를 가난한 이들에게 전부 나누어주고, 심지어 내 몸까지 불사르도록 기꺼이 내어준다고 할지라도, 내게 사랑이 없다면 나는 아무것도 얻을 것이 없습니다.

사랑 없는 은사는 아무런 쓸모나 유익이 없다. 사랑은 모든 은사들 가운데 최고의 은사일 뿐만 아니라, 모든 은사들의 열매요 목적이다(갈 5:22). 주님께 영광 돌리고 교회를 세워주며 성도를 연합하고 이웃에게 덕이 되게 하는 것은 사랑이다. 성령께서 주시는 모든 은사는 그런 사랑의 목적을 이뤄주는 도구다. 결코 은사 자체가 목적이 아니다. 그리하여 사랑은 모든 은사들이 주님의 영광을 가리거나 교회를 분열시키지 않도록, 또한 개인의 유익을 위해 사용하지 않도록 적절하게 통제하고 완벽하게 주관한다. 그러므로 사랑과 더불어, 사랑 안에서, 성령의 모든 은사들은 비로소 그 가치와 의미를 지닌다.

> 자, 그러면 가장 신령한 은사인 사랑은 무엇입니까? 어떤 내용을 지니고 있는 것입니까? 사랑은 오래 참고, 온유합니다. 사랑은 시기하지 않고, 자랑하지 않으며, 교만하지 않습니다. 사랑은 무례하게 굴지 않고, 자기의 이익을 추구하지 않으며, 성내지 않고, 마음속에 악한 생각을 품지 않습니다. 사랑은 불의를 기뻐하지 않으며, 언제나 진리와 함께

기뻐합니다. 사랑은 모든 것을 참고, 모든 것을 믿으며, 모든 것을 바라며, 모든 것을 견딥니다.

바울은 사랑의 성격에 관하여 적극적으로 행해야 하는 것들 7가지와 소극적으로 행하지 말아야 하는 것들 8가지로 규정했다. 먼저 7가지 적극적으로 행해야 하는 것들은 ① 오래 참음 ② 온유함(친절함) ③ 진리(참되고 옳은 것들)를 기뻐함 ④ 모든 것을 참음 ⑤ 모든 것을 믿음 ⑥ 모든 것을 바람 ⑦ 모든 것을 견딤.

다음으로, 8가지 소극적으로 행하지 말아야 할 것들은 ① 시기하지 않음 ② 자랑하지(뽐내지) 않음 ③ 교만하지 않음 ④ 무례하게 굴지 않음 ⑤ 자기 이익을 추구하지 않음 ⑥ 성내지 않음 ⑦ 마음속에 악한 생각을 품지 않음 ⑧ 불의를 기뻐하지 않음.

그러므로 바울의 말에 따라 사랑을 정의하자면, 행해야 할 7가지 행위들은 적극적으로 행하고, 행하지 말아야 할 8가지 행위들은 소극적으로 행하지 않는 것, 그것이 바로 사랑이다. 바울은 계속해서 사랑의 특성에 관해 언급한다.

사랑은 결코 없어지지 않습니다. 하지만 언젠가 예언은 사라지고, 방언도 그치고, 지식도 없어집니다. 지금 우리는 부분적으로 알고 또 부분적으로 예언합니다. 그러나 모든 것이 온전해질 때가 오면, 부분적이고 불완전한 것들은 전부 사라질 것입니다. 내가 어렸을 적에는 말하는 것이나 생각하는 것이나 판단하는 것이 모두 어린아이같이 어렸지만, 성장하여 어른이 된 후로는 어렸을 때의 것들을 다 버렸습니다.

바울은 현재 고린도 교회의 성도들이 받은 모든 은사들은 부분적인 것들이고 불완전한 것들이라고 규정한다. 그것들은 마치 어린아이였을 때의 말, 생각, 판단처럼 미숙하고 유치한 것들이라고 비유한다. 따라서

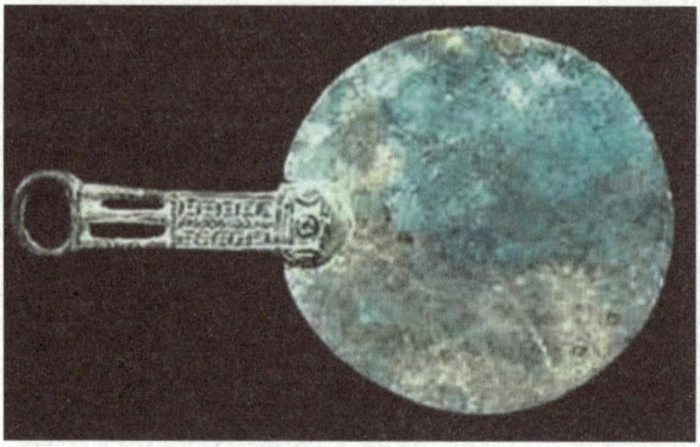
"지금은 거울로 보는 것같이 희미하나"(당시의 청동거울)

장차 모든 것들이 완전하게 될 때, 곧 참되고 온전한 진리이신 그리스도께서 재림하실 때, 그처럼 미숙하고 부분적이고 불완전한 희미한 것들(예언, 방언, 지식 등)은 아침 햇살에 사라지는 새벽안개처럼 일시에 모두 사라지게 된다.

> 지금은 우리가 거울로 자기 모습을 들여다보는 것같이 희미하게 보지만, 장차 그날이 오면 얼굴과 얼굴을 맞대고서 분명히 볼 것입니다. 지금은 내가 부분적으로 알지만, 장차 그날이 오면 하나님께서 나를 아신 것같이 내가 온전히 알게 될 것입니다. 그러므로 믿음, 소망, 사랑! 이 세 가지는 언제까지나 남아있을 것이지만, 그중에서도 으뜸은 사랑입니다.

모든 은사는 믿음과 소망과 사랑으로 행사되어야 비로소 그 가치와 의미를 지니는데, 그중에서도 특히 셋 중 으뜸인 '사랑'으로 행사되어야 함을 강조한 말이다. 믿음, 소망, 사랑 가운데 사랑이 으뜸(제일)인 이유는, 사랑이 믿음이나 소망보다 영속적이고 하나님의 본질이라는 점에서 그러하다. 요컨대, 사랑은 믿음과 소망의 근거요 목표인 것이다.

한편, 바울 당시엔 거울로 보는 것이 희미했다. 오늘날 유리판 뒤에 수은의 아말감을 부착하여 만든 선명한 거울과는 달리, 그 당시의 거울은 청동이나 은(銀) 등의 금속을 광내어 만들었는데, 이 같은 금속제 거울은 아무리 좋은 것일지라도 그 영상이 희미했고 불명료했다.

14
방언과 예언

예언과 방언은 유익해야 합니다
교회 전체에 덕을 끼쳐야 합니다
방언은 통역자와 함께해야 하며
예언도 질서 있게 행해야 합니다

"듣자니…, 지금 고린도 교인들은 방언을 최고의 은사로 생각하고, 모두가 방언의 은사를 사모하고 추구한다지요? 흐음, 이해는 충분히 갑니다. 방언의 은사가 보통 사람들로서는 알아들을 수 없는 신령한 언어이기에 사람들의 호기심을 크게 자극하는 것이겠죠. 그래서… 방언의 은사를 받은 사람들이 그 사실을 자랑스럽게 여겨 때와 장소를 가리지 않고 아무 데서나 무분별하게 사용하고 있다고 들었습니다."

"그렇습니다. 그래서 작금 고린도 교회가 아주 어지럽고 도대체 질서가 없습니다. 그러므로 사도님이 잘 지도해 주시기 바랍니다."

"잘 알겠소! 내가 편지를 써 드리리다. 조금만 기다려 주세요."

당시 고린도 교회는 분파, 음행, 법정 소송, 독신생활, 우상 제물, 성만찬, 성령의 은사 등 여러 문제들로 몸살을 앓고 있었지만, 그중에서도 특히 심각한 문제는 '방언' 문제였다. 방언을 하늘의 신령한 언어로 여겨, 모든 은사들 중 최고의 은사라고 생각한 고린도 교인들은 그 은사를 뽐내고 자랑하면서 교회 안팎에서 마구잡이식으로 무분별하게 사용하고 있었다. 그 결과, 방언의 은사가 주님께 영광이 되고 교회에 덕을 끼치기는커녕 교인들 간에 시기와 분란과 소외와 무질서만 초래하고 있었다. 이에 바울은 고린도 교회 방문단을 잠시 물린 뒤, 그 문제를 집중적으로 다루기 위해 시간을 내어 펜을 든다.

방언과 예언에 대하여 (14:1-25)

고린도 교회의 형제들이여, 여러분은 무엇보다 사랑을 추구하십시오. 또한 성령의 신령한 은사를 열심히 구하되, 특별히 예언의 은사를 간절히 구하십시오. 방언의 은사를 받은 자가 방언으로 말하는 것은 사람에게 말하는 것이 아니라 하나님께 말하는 것입니다. 그러니 아무도 그가 하는 말을 알아듣지 못합니다. 그것은, 그 사람이 자신의 영으로 비밀을 말하는 것이기 때문입니다. 그러나 예언하는 사람은 사람들에게 말하는 것입니다. 그는 다른 사람들을 격려해 주고 위로해 주며 힘을 불어넣어 주는 말을 합니다. 그래서 방언하는 사람은 자신에게만 덕을 끼치지만, 예언하는 사람은 교회에 덕을 끼칩니다.

무엇보다 교회를 바로 세우는 일을 중요하게 생각한 바울은 예언의 은사를 높이 평가했다. 예언은 교회에 덕을 세우고 성도를 권면하며 위로하는 메시지이기 때문이다. 또한 방언과 달리 예언은 알아들을 수 있는 말로 행해졌기에 더욱 가치 있었다.

성경에서 말하는 예언은 단순히 미래의 사건을 미리 말하는 행위가 아니다. 예언은 하나님의 말씀을 '선포하는' 행위다. 그런 선포를 통해 주님의 백성을 가르치고 깨우치며 권면했다. 이런 점에서, 예언은 앞일을 '미리 말하는(fore-telling)' 행위가 아니라 하나님의 말씀을 '앞으로(밖으로) 끄집어내어 말하는(forth-telling)' 행위였다.

나는 여러분 모두가 방언하는 은사를 받기를 원하지만, 사실 그보다는 예언하는 은사를 받기를 더욱더 원합니다. 그 까닭은, 예언하는 은사가 방언하는 은사보다 더 유익하기 때문입니다. 생각해 보십시오. 만일 방언하는 사람이 해석의 은사를 받지 못하면, 그의 방언은 교회에 아무런 덕을 끼치지 못할 것이 아닙니까.

방언으로 말한다는 것은 알려지지 않은 신령한 하늘 언어로 말할 수 있는 영적 은사를 가리킨다. 따라서 다른 사람이 알아들으려면 해석이 필요했다. 해석 없는 방언은 어디까지나 개인적인 영역에 그칠 뿐, 공동의 유익에 아무런 도움이 되지 못했다. 그래서 바울은 누구보다도 방언을 잘 말할 수 있었지만(고전 14:18), 그는 모든 사람이 쉽게 알아들을 수 있는 예언을 더욱 가치 있게 평가했다.

형제들이여, 만일 내가 여러분에게 나아가서 방언으로만 말함으로써 여러분에게 계시나 지식이나 예언이나 가르침의 말을 주지 못한다면, 내가 여러분에게 무슨 유익이 되겠습니까. 피리나 하프같이 생명 없는 악기가 소리를 낼 때에도 각기 그 음이 서로 구분되지 않으면, 어떤 곡조가 연주되는지 우리가 어떻게 알 수 있겠습니까. 또 군대의 나팔수가 분명하게 나팔을 불지 않으면 누가

나팔소리가 분명치 못하면 누가 전투를 준비하리요

전투 준비를 하겠습니까. 여러분도 이와 마찬가지입니다. 여러분이 말을 할 때, 다른 사람들이 알아들을 수 없는 언어로 말을 하면 여러분은 허공에 대고 말을 하는 셈입니다.

바울은 방언과 관련해서 무엇보다도 '말뜻의 전달'이 중요하다는 사실을 강조한다. 누가 방언으로 아무리 은혜롭고 신령한 말을 한다고 해도, 상대방이 그 말을 알아듣지 못한다면 허공에다 소리치는 것과 하등 다를 바 없기 때문이다.

세상에는 수많은 종류의 언어가 있지만 뜻이 없는 말은 하나도 없습니다. 만일 어떤 사람이 하는 말의 뜻을 내가 모르고 내가 하는 말의 뜻을 그 사람이 모른다면, 나와 그 사람은 서로에 대해 피차 외국인이나 마찬가지입니다. 여러분도 이와 같습니다. 지금 여러분은 성령의 은사를 갈구하고 있는 사람들이니, 삼가 참으로 교회에 덕이 되고 다른 믿음의 형제들에게 도움이 될 만한 좋은 은사들을 구하도록 하십시오.

그러므로 혹 방언의 은사를 받은 사람은 자신이 방언으로 말한 것을 해석할 수 있기를 기도해야 합니다. 만일 내가 방언으로 기도하면, 내 영은 주님께 기도할지라도 내 마음은 아무 열매도 거둘 것이 없습니다. 그러면 어떻게 해야 하겠습니까? 나는 영으로 기도를 드리면서도, 또한 마음으로도 기도를 드리겠습니다. 영으로 찬양을 하면서도, 또한 마음으로도 찬양을 하겠습니다.

방언(헬, 글롯사)은 알려지지 않은 언어로 말할 수 있는 영적 은사를 가리킨다. 따라서 그 뜻을 알지 못하고 방언으로 기도하면 비록 그 사람의 영은 주님께 대해 기도할지라도 그 사람의 마음에는 아무런 열매를 맺지 못한다. 그래서 방언의 통역 없이 사람에 대해 방언으로 말하는 것은 아무런 의미와 소용이 없다. 그래서 바울은 방언의 은사를 가진 사람들에게 훈계하기를, 교회에서는 모든 사람들이 알아들을 수 있도록 일상의 말을 쓰는 것이 더욱 효과적이라고 했다(고전 14:19).

> 만일 여러분이 방언을 통해 영으로만 하나님을 찬양한다면, 여러분이 주님께 감사를 드려도 여러분이 하는 말을 알아듣지 못하는 사람들은 어떻게 여러분의 감사에 "아멘!"이라고 화답할 수 있겠습니까. 방언으로 말하는 여러분 자신은 충분히 감사를 드리겠지만, 다른 사람에게는 아무 도움이 되지 않을 것입니다. 사실, 나는 어느 누구보다도 더 많이 방언을 하는 것에 대해 하나님께 감사를 드립니다. 그러나 교회 안에서 나는 알아들을 수 없는 방언으로 수만 마디의 말을 하느니, 다른 사람들을 가르치기 위해 깨우친 마음으로 그들이 알아들을 수 있는 다섯 마디 일상의 말을 하기를 원합니다.

바울은 고린도 교인들과는 달리 성령의 은사로서 방언의 가치를 낮게 평가했지만, 그 자신은 누구보다도 방언을 더 잘했고 더 많이 했다. 바울은 이런 사실을 당당하게 밝혔는데, 그것은 자랑하거나 뽐내기 위해서가 결코 아니었다. 사도로서 바울은 자신이 고린도 교인들보다 한층 높은 영적 경지에 있음을 알게 함으로써 자신의 훈계에 한층 권위를 더하고자 했다. 그런 목적으로 바울은 계속 편지를 쓴다.

> 사랑하는 형제들이여, 그러므로 어린아이 같은 생각은 이제 그치십시오. 악을 대하는 데에서라면 어린아이처럼 순수하게 처신하시고, 생각하는 데에는 어른답게 성숙하게 처신하십시오. 율법에도 기록되어 있기를 "내가 이스라엘 백성에게 낯선 언어와 이상한 방언으로 말할지라도 그들이 내 말을 들으려 하지 않을 것이다"라고 했습니다.

바울이 인용한 성경은 이사야 28장 11-12절 부분이다. 그 말은, 선지자들이 전한 주님의 말씀을 이스라엘 백성이 듣지 않았으므로 주님께서는 이방의 아시리아 사람들로 하여금 낯선 언어와 이상한 방언으로 그 백성을 가르치게 할 터인데, 그렇게 해도 그 백성이 알아듣지 못할 것이라는 의미다. 통역 없는 방언의 쓸모없음, 곧 알아듣지 못하는 방언의 무가치함을 강조하기 위해 인용한 말씀이다.

> 그러므로 방언은 믿는 자들을 위한 표징이 아니라 믿지 않는 자들을 위한 표징입니다. 하지만 예언은 믿지 않는 자들을 위한 표징이 아니라 믿는 자들을 위한 표징입니다.

바울의 말대로, 예언이 믿는 자들을 위한 표징이라면 방언은 믿지 않는 자들을 위한 표징이다. 왜냐하면 방언은 오직 믿는 자들에게만 주어지는 은사이므로, 그것은 믿지 않는 자들에게 그들의 불신에 대한 일종의 심판이 되기 때문이다. 하지만 교회는 믿는 자들의 모임이므로, 교회 안에서 방언은 더는 그 효용 가치를 상실하게 된다. 오히려 믿는 자들에게는 하나님의 말씀으로 깨우치고 책망하여 믿음의 신보와 성숙을 이루게 하는 예언이 훨씬 가치 있는 것이다. 이런 이유로 바울은 교회 내의 예배에서는 알아들을 수 없는 방언 대신에 알아들을 수 있는 예언을 사용하라고 가르쳤다.

> 생각해 보십시오. 만일 교회의 온 교인들이 함께 모여 알아듣지 못하는 방언으로 말하고 있으면, 그것을 이해하지 못하는 불신자들이나 새로 들어온 신자들은 여러분을 미쳤다고 생각하지 않겠습니까. 그러나 만일 여러분이 모두 예언을 한다면, 아직 믿지 않는 사람들이나 새로운 신자들도 그 예언의 말을 듣고 자기가 죄인이라는 사실을 깨닫게 될 것입니다. 그래서 말씀 한 마디 한 마디가 양심에 찔려 마음속에 품은 생각들을 다 털어놓은 뒤에 하나님께 엎드려 경배하며 신앙 고백하기를 "오, 하나님

께서 여러분 가운데 계시는 것이 분명합니다!"라고 하지 않겠습니까.

바울은 무엇보다도 통역 없는 방언이 불신자들의 전도나 초보 신자들의 신앙 성숙에 방해가 된다는 점을 지적함으로써 방언 사용의 절제를 강조하는 한편, 불신자들과 초보 신자들을 회개의 자리로 이끄는 예언 은사의 추구를 적극 장려했다.

교회 안에서의 질서와 화평에 대하여 (14:26-40)

형제들이여, 그러면 우리가 교회에서 어떻게 해야 하겠습니까? 여러분이 함께 모일 때, 어떤 사람은 찬미하고 어떤 사람은 가르칩니다. 어떤 사람은 계시 받은 것을 말하기도 하고, 어떤 사람은 방언하기도 하며 또한 방언을 해석하기도 합니다. 이때 명심할 것은, 이 모든 것들이 교회 전체의 유익을 위해 행해져야 한다는 사실입니다.

시종일관 바울의 관심은 은사 그 자체가 아니었다. 누가, 어떤 은사를, 어떻게 받았느냐는 하등 중요하지 않았다. 중요한 것은, 누가 어떤 은사를 받았든 그 은사를 교회 전체의 유익을 위해 제대로 잘 사용하였느냐 하는 것이었다. 그래서 바울은 교회(교인들) 전체의 유익을 위해 방언과 예언 사용의 실제적인 가이드를 제시한다.

여러분 가운데 누가 방언으로 말할 때에는 중구난방으로 아무나 말하지 말고 두 사람 혹은 많아야 세 사람이 말하되, 한 번에 한 사람씩 차례대로 말하고 반드시 누군가가 그 방언을 해석해야 합니다. 만일 해석하는 사람이 그 자리에 없을 때는 교회에서는 소리 내어 말하지 말고 잠잠히 있다가 나중에 자신과 하나님께만 조용히 말하십시오.

방언으로 말하려거든 차례를 따라 행하라

또한 예언하는 사람들 역시 중구난방으로 아무나 말하지 말고 둘이나 셋이서 말하되, 다른 사람들은 그 뜻을 신중하게 분별해야 합니다. 만일 앉아 있는 다른 사람에게 계시가 내리면, 앞서 말하던 사람은 입을 다물고 잠잠해야 합니다. 그러면 예언의 은사를 받은 사람들 모두가 차례로 다 말할 수 있고, 그래야 모든 사람이 배우고 격려를 받을 수 있습니다. 이처럼 예언하는 사람들은 자기 자신의 심령을 다스려 절제할 수 있어야 합니다. 진실로 하나님께서는 무질서의 하나님이 아니시고 화평의 하나님이십니다.

방언과 예언의 은사에 대해 말하면서 바울은 '질서와 화평'을 강조했다. 교회의 공중 예배를 드리면서 신자들이 받은바 은사를 활용할 때 모든 것이 적절하고 질서 있게 행해져야 한다고 가르쳤다. 그렇게 할 때 비로소 교회의 덕과 교인들의 믿음이 올바로 세워지기 때문이다. 무엇보다도 예배를 받으시는 하나님은 '질서와 화평의 하나님'으로서, 그렇게 화평한 분위기 가운데 적절하고 질서 있게 예배가 드려지기를 원하시기 때문이다.

또한 성도들이 모이는 모든 교회의 공중 예배에서 그렇게 하고 있듯이

> 여자들은 교회에서 입을 다물고 조용히 계십시오. 여자들에게는 말하는 것이 허용되어 있지 않으므로 율법에 기록된 대로 여자는 잠자코 복종해야 합니다. 만일 묻고 싶은 것이 있거든 집에서 남편에게 물으십시오. 여자가 교회에서 무얼 알지 못한 채 함부로 말하는 것은 자신에게 부끄럽고 적절하지 못한 일입니다.

오늘날의 시대에 바울이 이렇게 말했다면 심각한 젠더(gender, 생물학적인 성에 대비되는 사회적인 성을 이르는 말로 사회적, 문화적인 성차별) 문제를 야기했을 것이다. 하지만 주후 1세기의 바울 시대는 지금으로부터 대략 2천여 년 전이다. 당시 자유분방한 헬레니즘의 영향을 받은 고린도의 여성들은 무분별하게 거침없이 행동했고, 그런 경향이 고린도 교회의 여신도들 사이에도 존재했다. 하지만 시대 상황이나 여성 특유의 성향에 따라 당시의 여성들은 교육 수준이 비교적 낮았고 호기심과 수다가 많았다.

그 결과, 교회의 여성들이 배우고자 하는 열망은 있어도 교회 공동체의 유익이나 하나님의 경륜에 부합되지 않게 불필요한 호기심에 사로잡혀 공중 예배 시에 지혜롭게 질문하는 것이 아니라 쓸모없는 잡다한 질문들로 시간을 끌어서 분위기를 무질서하고 어수선하게 만드는 경향이 있었다.

그래서 바울은 그런 잡다한 질문들은 공중 예배를 파한 후에 집에 가서 남편에게 물으라고 했는데, 이처럼 교회 지도자에게 물으라고 하지 않고 남편에게 물으라고 권고한 것은 그만큼 여성들의 질문들이 상식선에서 충분히 판단할 수 있는 시시콜콜한 것들이었기 때문일 것이다. 무엇보다 바로 앞의 구절에서 바울은 교회의 공중 예배 시에 질서와 화평을 강조했다(고전 14:33). 그런 차원에서 바울은 "아내는 남편에게 순복하라"는 율법에 근거해서(창 3:16) 교회 공중 예배에서 여성들의 발언을 절제시켰던 것이다.

형제들이여, 여러분의 은사를 뽐내거나 자랑삼아 내세우지 마십시오. 하나님의 말씀이 여러분에게서 나왔습니까? 여러분에게만 하나님의 말씀이 내리기라도 한 것입니까? 누구든지 자신이 선지자라거나 혹은 성령의 신령한 은사를 받았다고 생각하는 사람은, 내가 여러분에게 써 보낸 이 글이 주님의 명령이라는 것을 알아야 합니다. 누구든지 이 사실을 인정하지 않는다면, 그 사람 자신도 인정받지 못할 것입니다. 그러므로 나의 형제들이여, 성령의 신령한 은사를 사모하되, 특히 예언의 은사를 간절히 구하십시오. 그리고 방언으로 말하는 것도 금하지 마십시오. 다만 명심해야 할 것은, 모든 것을 적절하게 하고 또 질서 있게 하십시오.

당시 고린도 교인들은 저마다 성령의 은사를 풍성하게 받았다. 그래서 그들은 우월의식에 사로잡혀 자신들의 은사를 내세우며 뽐내고 있었다. 바울은 이런 점을 책망하면서 무엇보다 교회에 덕을 세우는 예언의 은사를 사모하고 추구하라고 권면했다. 물론, 방언으로 말하는 것도 금하지는 않았는데, 방언이나 예언 등 누구든지 받은 은사를 활용함에 있어 꼭 명심해야 할 것은 적절한 절제와 질서, 그리고 화평과 건덕임을 재차 강조했다.

15

부활에 관한 교훈

첫 사람 아담은 흙으로 지었지만
두 번째 아담은 하늘에서 왔습니다
마지막 나팔 소리가 울리면
썩지 않을 몸으로 부활할 것입니다

주전 27년경에 아우구스투스 황제에 의해 그리스의 마케도니아주에서 분리되어 로마제국 내 아가야주의 수도가 된 고린도, 중부 그리스와 펠로폰네소스 반도를 연결하는 지협에 위치한 주요 무역도시이며 상업도시인 고린도는 오랫동안 헬레니즘 영향을 강하게 받았다. 헬라 철학은 만물 가운데 사람의 영혼이 가장 고상하며 영원불멸하다고 가르쳤다. 반면에 사람의 육체는 죄가 머무는 저급한 장소로, 죽으면 썩어 없어진다고 가르쳤다.

헬라 사상에 물든 자들은 육체의 부활은 결코 있을 수 없다고 믿었고, 이런 사상은 고린도 교회에도 상당한 영향을 끼쳤다. 그래서 고린도 교회의 교인들 가운데서는 죽은 자의 (육체적) 부활에 관해 의문을 갖는 자들이 상당수 있었다(고전 15:12). 이에 바울은 서신을 마무리함에 즈음하여 안타깝고 다급한 심정으로 긴 지면을 할애하여 기독교의 부활 사상에 관하여 구체적, 체계적, 논리적으로 설명해 주고 있다.

진실로 성경의 부활 교리는 기독교 신앙의 뿌리이며 꽃이라고 할 수 있다. 죄악과 고통 많은 이 땅에서 살아가고 있는 성도들에게는, 영육 간에 사탄의 세력과 사망(죽음)의 권세를 통쾌하게 깨뜨리는 부활 사상이야말로 모든 인내와 분투의 근거가 되며 모든 승리와 영광을 바라는 참 소망의 이유가 된다.

정녕 영육의 부활이 없다면, 우리 믿는 자들의 모든 인내와 분투와 소망과 신앙은 한낱 신기루에 불과하고 모두 헛될 뿐이다. 단언하건대, 예수 그리스도 안에서 잠자는(죽은) 자들은 그리스도 재림의 그날에 부활의 기쁨을 필연코 경험하게 될 것이다. 그리하여 바울은 숨을 한 번 고른 뒤 조용히 펜을 들어 흔히 '부활 장(章)'으로 알려진 그 유명한 고린도전서 15장을 찬찬히 써 내려가기 시작한다.

예수 그리스도의 부활에 관하여 (15:1-11)

오, 형제들이여, 내가 전에 여러분에게 전해준 복음을 다시 되새겨 드리려고 합니다. 여러분은 그 복음을 내게서 전해 받았고 지금 그 복음의 터 위에 서 있습니다. 내가 여러분에게 전한 말씀을 여러분이 헛되이 믿지 않고 굳게 잡고 있다면, 여러분은 그 복음에 의해 구원을 받을 것입니다.

여기서 바울이 언급하고 있는바, 그가 일전에 고린도 교회에 전해준 복음은 '죽은 자의 부활'에 관한 말씀을 가리킨다. 바울은 제2차 전도여행과 제3차 전도여행 때 고린도를 방문했는데, 그때 그는 자신의 전도사역에서 '부활 교리'를 주요 근간으로 삼았다.

나 바울은 내가 주님께 전해 받은 가장 중요한 것들을 여러분에게 그대로 전했습니다. 그것은 곧 예수 그리스도께서는 성경에 기록된 대로 우리의 죄 때문에 십자가에 못 박혀 죽으셨다는 것과 그 뒤에 무덤에 묻히셨다는 것과 성경에 기록된 대로 죽은 지 사흘 만에 다시 살아나셨다는 것입니다. 그리고 부활하신 그리스도께서 우선 베드로에게 나타나시고, 그 후에 열두 제자에게 나타나셨다고 하는 것입니다. 또한 그 후에 그리스도께서는 500명이 넘는 형제들에게도 나타나셨는데, 그들 가운데 일부는 죽었지만 대부분은 아직도 살아 있습니다. 뿐만 아니라 그 후에 그리스도께서는 주님의 동생인 야고보에게 나타나시고, 그 다음에 다른 모든 사도들에게 나타나셨습니다. 그리고 맨 마지막으로, 달도 채우지 못하고 태어난 사람 같은 한참 부족한 나에게까지도 나타나셨습니다.

무덤에서 부활하신 예수님은 곧바로 승천하지 않으시고 부활의 신령한 몸으로 지상에 40일 동안 그대로 머무시면서 많은 이들에게 자신의 부활을 확신시켜 주셨다. 성경의 기록들을 종합해 보면, 부활하신 예수님이 자기 부활의 몸을 나타내 보인 사람들은 그 시간 순서대로 이러하다. ① 맨 먼저 무덤에서 막달라 마리아 ② 다른 신실한 여인들(살로메, 요안나, 그리고 익명의 여인들) ③ 베드로 ④ 엠마오 도상에서 두 제자 ⑤ 마가의 다락방에서 도마를 제외한 열 제자 ⑥ 마가의 다락방에서 도마를 포함한 열한 제자 ⑦ 갈릴리 바닷가에서 고기를 잡고 있던 일곱 제자 ⑧ 갈릴리의 어느 산에서 열한 제자 ⑨ 예루살렘에서 500여 명의 신자들 ⑩ 예수님의 동생 야고보 ⑪ 감람산에서 승천할 때 열한 제자 ⑫ 승천하신 후, 다마스쿠스 도상에서 사울(바울).

형제 여러분, 나는 모든 사도들 가운데 가장 보잘것없는 사람입니다. 회심하기 이전에 나는 하나님의 교회를 혹독하게 핍박했던 사람으로서 사실 '사도'라고 불릴 자격조차도 없는 부족한 몸입니다. 그러므로 오늘날 나 바울이 나 된 것은 오직 하나님의 은혜로 말미암은 것입니다. 내게

부활하신 후 제자들에게 나타나신 예수님

베푸신 주님의 은혜가 헛되지 않아 나는 누구보다도 더욱 열심을 내어 일했습니다. 그렇지만 내가 그토록 열심히 일한 것은 내가 잘나서가 아니라 오직 나와 함께하신 하나님의 은혜로 말미암은 것입니다. 그리하여 오늘날 나나 다른 사도들이나 이렇게 복음을 힘껏 전하고 있으며, 또한 여러분은 지금 보듯이 그 복음을 믿고 받아들였습니다.

바울은 자신이 그토록 복음 전파에 온 열의를 바쳐 충성을 다한 것은, 한때 복음의 핍박자이고 대적자였던 자신을 사도로 삼아주신 하나님의 은혜 때문이라고 신앙고백하고 있다. 정녕 하나님의 은혜야말로 사막의 오아시스처럼 지치고 힘든 인간 세상에서 죄인이 만날 수 있는 '마지막 최고의 단어'이다.

죽은 자의 부활에 관하여 (15:12-34)

그런데 여러분, 나 바울이 여러분에게 밝히 전하기를, 그리스도께서 죽은 자들 가운데서 다시 살아나셨다고 했는데도, 어찌하여 여러분 가운데 더러는 죽은 사람의 부활이 없다고 말하는 것입니까? 죽은 사람의 부활이 없다면, 그리스도께서도 다시 살리심을 받지 못한 채 아직도 죽은 상태로 무덤에 그대로 계셔야 할 것입니다. 만일 그리스도께서 다시 살리심을 받지 못한 채 아직도 죽은 자들 가운데 그대로 머물러 계신다면, 우리가 전한 복음은 아무 쓸모 없는 헛된 것이며 여러분의 믿음 또한 헛됩니다.

그리스도의 부활이 극히 중요한 이유는, 그 부활이야말로 모든 믿는 자들의 부활을 확실하게 보증해 주는 증표로서, 모든 부활의 첫 열매이기 때문이다. 첫 열매 없이는 두 번째 이하 모든 다른 열매는 기대조차 할 수 없기 때문이다. 바울의 편지는 이어진다.

더 나아가, 우리 모두는 하나님의 거짓 증인으로 드러나게 될 것입니다. 하나님께서 그리스도를 다시 살리지 못하셨는데도 우리가 다시 살리셨다고 지금껏 증언해 왔기 때문입니다. 만일 죽은 자가 다시 살아나는 일이 없다면, 그리스도께서도 다시 살리심을 받지 못하고 아직 죽은 상태로 계셔야 합니다. 만일 그리스도께서 다시 살리심을 받지 못하셨다면, 여러분의 믿음도 몽땅 헛된 것이고, 여러분은 여전히 죄 가운데에 있게 됩니다. 그렇게 되면, 이미 세상을 떠난 그리스도인들도 다 멸절해 버렸을 것입니다. 만일 그리스도 안에서 바라는 우리의 소망이 단지 이 세상의 삶만을 위한 것이라면, 우리는 다른 모든 세상 사람들보다 가장 어리석고 불쌍한 사람들일 것입니다.

기독교 신앙에서 예수 그리스도의 부활은 극히 중요하다. 아니, 거의 절대적이다. 그리스도의 부활이 없다면, 그리스도의 십자가 죽음과 부활의 교리 위에 세워진 기독교가 거짓된 것으로 판명되고, 그리스도의 부활을 전하는 자들도 모두 거짓 증인들이 되며, 믿는 자들이 가진 부활의 소망 역시 완전히 헛된 것이 되기 때문이다. 그러므로 그리스도의 부활은 기독교 신앙의 핵심이다. 그래서 바울은 아주 힘 있는 필치로 그리스도의 부활을 강조한다.

그러나 절대로 그렇지 않습니다! 그리스도께서는 분명 십자가에 못 박혀 죽으셨다가 사흘 만에 무덤에서 다시 살아나셨습니다. 그리하여 모든 죽은 사람에 대하여 부활의 첫 열매가 되셨습니다. 죽음이 한 사람으로 말미암아 이 세상에 들어왔듯이, 이제 죽은 자의 부활도 다른 한 사람으로 말미암아 이 세상에 들어옵니다. 곧 인류의 시조인 한 사람 아담 안에서 모든 사람이 죽은 것같이, 이제 다른 한 사람 예수 그리스도 안에서 모든 사람이 살게 될 것입니다.

죽음과 부활에 있어 '대표 원리'가 적용되었다. 아담은 첫 번째로 지음 받은 첫 사람으로 온 인류의 대표자였다. 따라서 그의 타락은 온 인류의 타락과 마찬가지여서 온 인류에게 '죽음'을 가져다주었다. 반면, 그리스도는 모든 믿은 자들의 대표로서 그분의 부활은 모든 부활의 '첫 열매'가 되어 모든 믿는 자들에게 부활의 확실한 보증이 되었다. 부활에 관한 바울의 서신은 계속 이어진다.

죽은 자들의 부활은 각자 순서에 따라 차례대로 이루어질 것입니다. 가장 먼저는, 모든 죽은 자들의 첫 열매이신 그리스도이고, 그 다음은 그리스도께서 이 땅에 다시 오실 때 그분께 속한 사람들입니다. 그 후에 세상 종말이 임할 것인데, 그때에 그리스도께서는 지상의 모든 권력과 권세와 권능을 다 멸하신 후에 그 나라를 아버지 하나님께 바치실 것입니다. 그러면 하나님께서 모든 원수를 그리스도의 발아래 완전히 굴복시킬 때까지 그리스도께서는 왕이 되어 그 나라를 다스릴 것입니다.

그리하여 맨 마지막으로 굴복시킬 최종 원수는 '죽음'입니다.

세상 종말의 때에 예수 그리스도께서 멸하실 모든 권력과 권세와 권능은 공중 권세를 잡은 사탄의 지배 아래 있는 죄악 된 세상의 모든 세력을 가리킨다. 곧 어둠의 세상 통치자들과 하늘의 악한 영들(귀신들)과 불신앙적인 세상 권세들을 가리킨다(엡 6:12). 재림주로 오실 그리스도께서 이런 악한 세상의 세력들을 전부 멸하신 뒤 최종적으로는 사탄의 가장 강력한 무기인 죽음(사망)마저 깨뜨려서 발아래 굴복시키실 것이다.

성경에 보면 "하나님께서 모든 것을 그리스도의 발아래 굴복시켰다"(시 8:6)라고 기록되어 있습니다. 그런데 여기에서, 하나님께서 굴복시키신 모든 것에는 그 모든 것을 굴복시키신 하나님 자신은 포함되지 않은 것이 분명합니다. 그리하여 하나님께서 모든 것을 그리스도의 발 앞에 굴복시킨 그때에는, 하나님의 아들이신 그리스도께서도 모든 것을 자기 발아래 굴복시키신 하나님께 굴복하실 것입니다. 그래서 하나님께서는 정녕 '모든 것의 주님'이 되실 것입니다.

세상 마지막 날에 성자 그리스도께서 성부 하나님께 굴복하신다는 말은 무슨 뜻인가? 이 말은 성부에 대한 성자의 종속(從屬)을 의미하지 않는다. 여기서 바울은, 그리스도의 구속사역이 어떻게 최종 완성되는지를 보여주고 있을 뿐이다. 즉, 만물을 완전히 자기 발아래 복종시키신 그리스도께서 자기에게 복종한 만물을 하나님께 양도하고, 자신도 하나님께 스스로 복종하는 것으로 구속사역의 대미를 장식하게 된다.

따라서 성부 하나님께 대한 성자 예수님의 복종은 역할과 관계 속에서의 복종일 뿐, 존재와 본질에 있어서의 복종이 아닌 것이다. 존재론적인 본질상, 성부와 성자는 동등한 하나이며(빌 2:6), 동시에 상호 종속되지 않는 각각의 독립된 위(位)를 가지셨다. 바울은 계속해서 부활의 확실성을 강조한다.

> 만일 죽은 자의 부활이 없다면, 어찌하여 사람들이 죽은 사람을 대신하여 세례를 받는 것입니까? 죽은 사람이 다시 살아나는 일이 결코 있을 수 없다면 무엇 때문에 그런 일을 행하는 것입니까? 그리고 우리는 또 어찌하여 시시각각으로 닥쳐오는 생명의 위협을 무릅쓰고 복음을 전하고 있는 것입니까?

당시 고린도 교회 신자들은 세례를 받지 않고 죽은 동료 신자들의 부활과 구원에 대하여 크게 염려했다. 그래서 그들은 죽은 자들을 위하여 대신 세례를 받기도 했다. 바울은 이런 초대교회 관습을 예증 삼아 자신의 부활 논리를 설득력 있게 전개시켰다. 만일 죽음 이후에 부활이 없다면, 그처럼 대신해서 세례를 받는 관습이나 목숨 걸고 복음을 전하는 일들이 아무런 의미가 없다는 사실을 강조했다.

> 형제들이여, 감히 단언하건대 나는 날마다 죽습니다! 이 사실은, 우리 주 그리스도 예수 안에서 여러분을 나의 자랑이요 영광으로 여기는 그만큼 확실하게 말씀드릴 수 있습니다. 만일 내가 나의 이 한 목숨을 부지하려고 에베소에서 야수들과 싸웠다면 그것이 도대체 내게 무슨 가치가 있겠습니까?

바울이 에베소에서 정말로 맹수와 싸웠다는 말이 아니다. 바울 자신에게 온갖 해(害)를 가하려고 무섭게 덤빈 복음의 대적자들과 목숨 걸고 힘겹게 싸운 사실을 에베소 아레나(arena, 원형 경기장)에서 벌어졌던 맹수와 검투사의 싸움에 비유한 것이다.

> 만일 죽은 사람이 다시 살아나는 부활이 없다면, 차라리 "내일이면

죽을 터이니 살아 있을 때 마음껏 먹고 마시자"라고 주장하는 사람들의 말이 옳을 것입니다. 하지만 그게 아닙니다! 여러분, 속지 마십시오! "나쁜 친구를 사귀면 품행이 나빠집니다." 그러니 정신을 똑바로 차리시고, 죄를 짓지 마십시오! 여러분 가운데는 아직도 하나님을 제대로 모르는 사람들이 있으므로, 내가 그런 사람들을 부끄럽게 하려고 이런 말을 하는 것입니다.

부활의 신령한 몸에 관하여 (15:35-58)

부활을 두고, 어떤 사람들은 이렇게 물을 것입니다. "죽은 사람이 어떻게 다시 살아날 수 있단 말인가? 도대체 어떤 몸을 갖고 다시 살아난다는 거야?" 어리석은 사람이여, 이게 얼마나 어리석은 질문인 줄 아십니까? 그대가 땅에 씨앗을 뿌릴 때 그 씨앗이 죽지 않으면 싹이 돋아나지 않습니다. 그대가 씨앗을 뿌릴 때는 장차 이루어질 형체(形體)를 심는 것이 아니라, 단지 밀이라든가 다른 여러 종류의 곡식 씨앗을 심는 것뿐입니다. 그렇지만 하나님께서는 자신이 원하시는 대로 나중에 그 씨앗에 합당한 형체를 주십니다. 그래서 씨앗의 종류에 따라 각기 다른 고유한 형체를 이루게 됩니다.

'씨앗'의 부활 현상을 통해 우리 몸의 부활을 쉽게 설명하고 있다. 씨앗을 땅에 뿌린 뒤 그 씨앗이 썩어 나중에 그 형체(생김새)를 이루는 자연현상을 눈여겨본다면, 사람의 육체도 죽어서 흙 속에 묻혀 썩었다가 다시 신령한 부활의 몸으로 살아날 수 있다는 것은 전혀 이상한 일이 아니다. 이런 사실에 기초하여, 바울은 계속해서 부활의 몸에 관해 이야기한다.

여러분, 육체라고 해서 모든 육체가 다 같은 것이 아닙니다. 사람에게는 사람의 육체가 있고, 동물들도 저마다 다른 육체가 있으며, 새들과 물고기들도 저마다 다른 육체를 지니고 있습니다. 또 하늘에 속한 형체들도 있고 땅에 속한 형체들도 있습니다. 그래서 하늘에 속한 형체들의 영광이 다르고, 땅에 속한 형체들의 영광이 서로 다릅니다. 태양에는 태양의 영광이 있고, 달과 별에도 각기 다른 영광이 있습니다. 그리고 별들 하나하나에도 저마다 다른 영광이 있습니다.

'하늘에 속한 형체들'은 하늘에 떠 있는 해, 달, 별 등을 가리키고, '땅에 속한 형체들'은 사람, 짐승, 새, 물고기처럼 땅을 터전으로 삼고 있는 것들을 가리킨다. 또한 '영광'은 하나님께서 각각의 형체들에게 부여하신 각각의 고유한 존재 의미와 가치를 가리킨다.

죽은 사람들의 부활도 이와 똑같습니다. 비록 썩어질 몸이 땅에 묻히지만, 장차 썩지 않는 몸으로 다시 살아납니다. 비록 비천한 몸으로 땅에 묻히지만, 장차 영광 가운데 다시 살아납니다. 연약한 몸으로 땅에 묻히지만, 강건한 몸으로 다시 살아납니다. 자연적인 육체의 몸으로 땅에 묻히지만, 영적인 신령한 몸으로 다시 살아납니다. 육적인 몸이 있으면, 영적인 몸도 있습니다.

여러분, 성경에 기록된 대로 "첫 사람 아담은 살아 있는 존재가 되었다"(창 2:7)라고 했지만, 마지막 아담인 그리스도는 생명을 주시는 영이 되셨습니다. 그러나 영적인 몸이 먼저 온 것이 아니라 육적인 몸이 먼저 왔고, 그 후에 영적인 몸이 옵니다. 첫 사람 아담은 땅에서 났으므로 흙에 속한 사람이지만, 둘째 사람 그리스도는 하늘에서 오셨으므로 하늘에 속했습니다. 따라서 흙에 속한 사람들은 흙으로 지어진 첫 사람 아담과 같고, 하늘에 속한 사람들은 하늘에서 오신 둘째 사람 그리스도와 같습니다. 그리하여 지금 우리가 흙에 속한 첫 사람 아담의 형상을 입은 것과 같이, 또한 장차 우리는 하늘에 속한 둘째 사람 그리스도의 형상을 입을 것입니다.

바울은 부활 이전의 몸과 부활 이후의 몸을 땅(흙)에 속한 첫 사람 아담의 몸과 하늘에 속한 둘째 사람 그리스도의 형상을 표본 삼아 대비시켰다.

먼저, 첫 사람 아담의 몸에서 보듯 부활 이전의 몸은 이러했다. ① 썩을 것임 ② 욕되고 약한 것임 ③ 육의 몸임 ④ 흙에 속함. 이에 비해 둘째 사람 그리스도의 형상에서 보듯 부활 이후의 몸은 이러했다. ① 썩지 아니할 것임 ② 영광스럽고 강한 것임 ③ 신령한 영의 몸임 ④ 하늘에 속함.

요컨대 부활 이전의 몸은 흙에 속한 자로서 첫 사람 아담의 형상을 입고 있지만, 장차 부활 이후의 몸 곧 성도의 부활체는 하늘에 속한 둘째 사람인 그리스도의 형상과 같은 신령한 몸을 입게 될 것이다(빌 3:21).

형제들이여, 그러므로 내가 분명히 말합니다. 살과 피로 이루어진 육적인 몸은 하나님의 나라를 상속받을 수 없고, 썩어질 몸으로는 썩지 않을 것들을 상속받을 수 없습니다. 자, 보십시오. 이제 내가 여러분에게 한 가지 비밀을 말씀드릴 테니 잘 들으십시오. 그것은, 우리가 죽지 않고 다 변화될 것이라는 사실입니다. 그러니까 세상 마지막 날, 곧 그리스도 재림의 나팔소리가 울려 퍼질 때 눈 깜박할 사이에 홀연히 그렇게 될 것입니다. 그날에 나팔소리가 울려 퍼지면, 이미 죽은 사람들은 썩지 않을 몸으로 다시 살아나고, 그때 살아 있는 우리 역시 모두 변화될 것입니다. 썩어질 육적인 몸은 영원히 썩지 않을 신령한 몸을 입어야 하고, 죽어질 땅의 몸은 영원히 죽지 않을 하늘의 몸을 입어야 하기 때문입니다.

재림의 나팔소리가 날 때에 죽은 자들이 썩지 아니할 것으로 다시 살아나리라

성도가 영원히 썩지 않을 신령한 몸 곧 부활체를 입을 날은 그리스도의 재림 때가 될 것이라는 말이다. 그때 이미 죽어 무덤에 묻힌 성도들은 무덤을 열어젖히고 신령한 몸으로 다시 살아날 것이고, 그때 땅 위에 살아 있는 성도들은 썩을 육신의 몸을 벗어던지고 영원히 죽지 않을 신령한 몸으로 홀연히 변화될 것이라는 말이다. 바울은 성령의 계시를 통해 이 같은 부활의 비밀을 알 수 있었는데, 그 비밀을 이제 고린도 교회의 성도들에게 알려준 것이다.

오, 정녕 썩어질 이 육신의 몸이 썩지 않을 신령한 몸을 입고, 죽어질 이 땅의 몸이 죽지 않을 하늘의 몸을 입을 그때에, 비로소 성경에 기록된 말씀이 이루어질 것입니다. "보라, 죽음을 삼키고 승리를 얻었도다"(사 25:8). "죽음아, 너의 승리가 어디에 있느냐? 죽음아, 너의 독침이 어디에 있느냐?"(호 13:14). 진실로 죽음의 독침은 죄이고, 죄의 권세는 율법입니다.

바울은 "죽음의 독침은 죄이고, 죄의 권세는 율법이다"라고 규정함으로써 죽음(사망)과 죄와 율법의 관계를 설명해 주었다. 죽음은 죄 때문에 세상에 들어왔고(롬 5:12), 다시 말해 사람이 '죄'라는 독침을 맞아 죽음에 이르게 되었고, 또한 죄는 율법의 권세에 의해 정죄되었기 때문이다(롬 4:15). 다시 말해, 율법이 있음으로써 죄가 비로소 죄로 규정되었고(롬 5:13), 그 죄의 값은 죽음이 된 것이다(롬 6:23).

> 그렇지만 여러분은 하나님께 감사를 드리십시오! 하나님은 우리 주 예수 그리스도를 통하여 죽음과 죄와 율법의 권세를 깨뜨리시고 우리에게 승리를 주십니다. 나의 사랑하는 형제들이여, 그러므로 굳게 서서 흔들리지 말고 항상 주님의 일에 더욱 힘쓰는 자들이 되십시오. 여러분이 아시는 대로, 주님 안에서 행하시는 여러분의 모든 노력과 수고가 결코 헛되지 않습니다.

율법과 죄와 죽음(사망)의 아주 견고하고 무시무시한 카르텔(Kartell)을 깨뜨리시고 우리 믿는 자들에게 구원과 영생을 가져다주시는 분은 오직 하나님이신데, 하나님께서는 예수 그리스도의 십자가를 통해 그런 승리의 역사를 일구신 것이다. 바울은, 이 같은 사실을 굳게 믿고 모쪼록 흔들림 없이 주님의 일에 매진할 것을 권고한다.

16

마지막 부탁과 인사

갈라디아의 교회같이 헌금하여
여러분의 선물과 함께
예루살렘 교회에 보내도록 하십시오
나는 마케도니아에 갔다 오렵니다

지금껏 바울은 고린도 교회의 여러 문제점들에 대해 성경적인 올바른 가르침을 주었고, 이제는 편지를 마무리하기에 앞서 몇 가지 개인적인 당부와 목회자적인 권면, 그리고 마무리 문안인사를 한다.

예루살렘 교회의 가난한 성도들을 위한 헌금 (16:1-4)

이제 예루살렘 교회의 가난한 성도들을 돕기 위해 모으는 헌금에 대해 말씀드리겠습니다. 앞서 내가 갈라디아 지역에 있는 여러 교회들에게도 말한 것과 같이, 여러분도 그대로 따르도록 하십시오. 그러니까 매주 첫날, 여러분은 각자의 수입에서 일부를 구제 헌금용으로 별도로 떼어 모아두십시오. 그렇게 해서 내가 고린도에 간 다음에야 부랴부랴 헌금을 모으느라 급히 애쓰는 일이 없도록 하십시오. 내가 거기에 도착하면, 여러분이 선정한 사람들에게 내가 편지를 써 주어서 그들로 하여금 여러분의 선물인 구제 헌금을 예루살렘으로 보내도록 하겠습니다. 만일 그때에 나도 함께 예루살렘에 가는 것이 바람직하고 합당하다면, 그들과 함께 기꺼이 가도록 하겠습니다.

바울은 다른 지역의 교인들과 마찬가지로 고린도 교인들도 예루살렘 교회의 가난한 성도들을 돕는 구제헌금 활동에 적극 동참해 주길 바랐다. 이처럼 바울이 예루살렘 교회를 위해 구제헌금 할 것을 독려한 이유는 다음과 같다.

우선, 당시 예루살렘 교회는 유대인들의 핍박과 로마인들의 경제적 수탈 등으로 인해 가난한 교인들이 많았다. 더군다나 당시에 큰 흉년까지 겹쳐 여러모로 고통과 어려움 가운데 있었다. 그래서 주님 안에서 한 형제 된 성도로서 구제의 손길을 내미는 것이 마땅하다는 측면에서 독려했다.

바울은 다른 서신들에서 보다 근본적인 이유를 밝혔는데, 이방 교회들은 예루살렘 교회에 대해 영적으로 빚을 졌기 때문이라는 것이었다. 즉, 예루살렘 교회에서부터 복음이 전파되었기에 다른 지역의 교회들은 자신들의 구원에 대해 예루살렘 교회에 복음의 빚을 진 것이다(롬 15:25-27; 고후 8-9장). 그러므로 이방 교회의 구제헌금은 '어머니 교회'인 예루살렘 교회에 대한 감사와 사랑의 표시라는 것이다.

바울의 향후 전도여행 계획 (16:5-12)

형제들이여, 이제 나는 머잖아 에베소를 떠나 우선은 꼭 들를 일이 있어 마케도니아로 갈 것인데, 그곳을 거쳐 여러분이 있는 고린도로 나아갈 생각입니다. 이번에 내가 여러분에게로 가면, 한참 동안은 여러분과 함께 지낼 것입니다. 어쩌면 올해 겨울을 거기서 보낼지도 모르겠습니다. 그런 뒤에 여러분은 내가 가려는 다음 행선지로 나아가도록 나를 도와주시기 바랍니다.

전도여행의 계획상 바울이 고린도에서 겨울을 보내려고 했던 구체적인 시기는 주후 57년 말엽에서 58년 초엽의 3개월 동안이다. 나중에 바울은 실제로 고린도 교회를 방문하여 고린도에서 3개월 동안 체류하게 되었는데(행 20:1-3), 이 시기에 로마 교회에 보내는 편지 곧 '로마서'를 집필하였다.

> 앞서 말했다시피, 이번 고린도 여행은 지나가는 길에 잠깐 들렀다가 가려는 것이 아닙니다. 우리 주님께서 허락하신다면, 고린도에 가서 얼마 동안은 그곳에 계속 머물 생각입니다. 그러나 오순절까지는 내가 에베소에 이대로 머물 것입니다. 이곳 에베소에는 나를 반대하는 사람들도 많지만, 복음을 전하고 가르칠 수 있는 문이 활짝 열려 있기 때문입니다.

당시 바울은 제3차 전도여행(주후 53-58년) 중에 있었는데, 그는 2년이 넘도록 에베소에 체류하면서 그곳의 두란노 서원에서 열심히 복음을 전하고 있었다(행 19:8-10). 그리고 이 기간 중에 바울은 고린도 교회의 여러 좋지 않은 소식들을 접하고는 급하게 본서(고린도전서)를 집필하여 보냈다.

> 나 대신에 앞서 디모데가 그곳 고린도에 도착하거든, 그가 여러분과 함께 머무는 동안 아무 불편함이 없도록 따뜻하게 영접해 주십시오. 나와 마찬가지로 디모데도 주님의 일에 헌신하고 있는 사람입니다. 디모데의 나이가 어리다고 그를 얕보거나 무시해서는 안 됩니다. 그가 여러분과 함께 즐거운 시간을 보내고 평안한 마음으로 내게 돌아올 수 있게 해주십시오. 나는 다른 형제들과 함께 디모데를 애타게 기다릴 것입니다.

바울은 고린도 교회의 문제점들을 바로잡도록 급한 대로 자기 대신에

(에라스도와 함께) 디모데를 먼저 고린도로 보냈다. 이때 디모데와 에라스도는 마케도니아 지역의 여러 교회들을 거쳐 육로로 고린도를 향해 나아간 반면, 바울이 쓴 편지는 해로를 통해 고린도 교회에 전달될 것이기 때문에 디모데보다 훨씬 빨리 도착할 터였다. 그래서 나이가 젊고 병약하며 소심한 성격을 지닌 디모데를 무시하거나 얕잡아보지 말고, 그가 고린도에서 지내는 동안 아무 불편함이 없도록 신경 좀 써달라고 특별히 당부한 것이다.

이제 우리의 형제 아볼로에 대해 말씀드리겠습니다. 나는 그에게 다른 형제들과 함께 여러분을 방문하도록 여러 번 권했습니다. 그러나 지금은 그가 여러분에게로 나아갈 마음이 전혀 없는 것 같습니다. 하지만 적절한 기회가 닿으면 여러분에게로 나아가게 될 것입니다.

당시 알렉산드리아 출신의 유명한 학자이며 설교가인 아볼로는 에베소에서 바울과 함께 사역하고 있었다. 바울은 고린도 교회가 여러 문제들로 몸살을 앓고 있다는 소식을 전해 듣고서, 자신이 당장 나아갈 형편이 못 되므로 아볼로에게 고린도 교회를 한번 방문해 보라고 권한 듯하다. 고린도 교회에는 바울파, 베드로(게바)파, 그리스도파와 더불어 아볼로파가 형성되어 있을 정도로 아볼로는 많은 존경을 받고 있었기 때문이다. 하지만 아볼로는 시간적인 여유도 없었거니와, 고린도 교회의 파쟁(派爭)에 휘말리지 않으려고 고린도 방문을 거듭 사양한 듯하다.

마지막 당부와 문안인사 (16:13-24)

형제 여러분, 모쪼록 깨어 있도록 하십시오. 믿음 위에 굳게 서십시오. 대장부답게 용기를 갖고 담대해지십시오. 무엇보다도 모든 일을 할 때 사랑으로 행하십시오. 오, 형제들이여, 내가 여러분에게 권면합니다.

> 여러분도 잘 알고 있겠지만, 스데바나의 가정은 아가야 지역에서 가장 먼저 믿은 전도의 첫 열매요, 또한 성도들을 섬기는 일에 몸 바쳐 헌신한 가정입니다. 그러므로 여러분은 이런 사람들에게 순종하고, 또 그들과 함께 일하며 수고하는 사람들에게도 순종하십시오.

스데바나와 그의 가족들은 로마제국 내 아가야도(道)에서 바울에게 직접 세례를 받은 첫 번째 성도들이었다(고전 1:16). 특히 스데바나는 고린도 교회의 방문단에 포함되어 교회의 질문 서신을 갖고 에베소에 있던 바울을 방문했고, 이후 바울의 답변 서신(고린도전서)을 갖고 고린도 교회에 전달하였다. 바울은 이런 사실을 언급한다.

> 지금 나는 스데바나와 브드나도와 아가이고가 이곳 에베소를 방문해 주어 얼마나 기쁜지 모릅니다. 그들은 여러분을 만나지 못해 허전했던 내 마음을 채워주었기 때문입니다. 진실로 그들은 내 마음을 시원하고 유쾌하게 해주었습니다. 그런 사실이 여러분에게도 똑같이 격려가 될 줄로 생각합니다. 그러므로 이런 분들은 인정받고 칭찬받아야 마땅합니다.

> 아시아 지방의 여러 교회들이 여러분께 문안인사를 드립니다. 아굴라와 브리스가, 그리고 그들 부부의 집에 모이는 사람들이 모두 주님 안에서 여러분께 문안인사를 드립니다. 또 여기 에베소에 있는 모든 믿음의 형제들이 여러분께 문안인사를 드립니다. 거룩한 입맞춤으로 서로 인사하십시오.

바울의 개인적인 당부와 문안인사는 구체적이다. 바울은 자신의 실제 형편을 알리면서 고린도 교인들에게 특별하고도 상세한 부탁의 말을 썼다. 이처럼 바울이 실제의 세상에서, 실제의 사람들에게, 실제적인 문제들을 구체적으로 기록했다는 것은, 그의 편지가 허구나 가공적인 것이 아니고 참되고 실제적인 것임을 입증해 준다. 이제 바울은 편지를 마무리한다.

나 바울이 친필로 너희에게 문안하노라

사랑하는 형제 여러분, 이제 나 바울은 마지막 인사를 이렇게 내 손으로 직접 쓰고 있습니다. 누구든지 주님을 사랑하지 않는 사람이 있다면 그 사람은 저주를 받을 것입니다. 오, 주여, 오사옵소서! 우리 주 예수 그리스도의 은혜가 여러분과 항상 함께하기를 빕니다. 그리스도 예수 안에서 여러분 모두에게 나의 사랑을 보냅니다. 아멘!

바울은 시력이 무척 안 좋았다. 그래서 그는 편지를 써 보낼 때 대부분 대필자에게 쓰게 하였고, 맨 마지막 부분에 몇 자를 직접 쓴 뒤에 편지를 마무리 지었다. 이처럼 바울이 직접 쓴 글자는 그 편지가 바울의 편지임을 입증하는 인장이나 서명과 같은 역할을 했다.

한편, 편지 말미에 바울은 주님을 사랑하지 않는 사람들에게 저주가 있을 것이라고 선포했는데, 이 말은 일종의 언어유희로 볼 수 있다. 왜냐하면 '저주'에 해당하는 헬라어 '아나데마(anathema)'는 곧이어 나오는 '주여, 오시옵소서'에 해당하는 헬라어 '마라나타(maranatha)'와 즉시 대비되기 때문이다.

그러므로 여기서 바울은 구원과 저주에 대해 진지한 신학이론을 제시한 것이 아니다. 다만 주님을 사랑하고 그분의 재림을 소망하는 자들의 '마라나타'적인 축복과, 이와는 반대로 주님께 거역하고 그분을 사랑하지 않는 자들의 '아나데마'적인 저주를 대비하여 선포함으로써 고린도 교회의 교인들에게 경각심을 일깨워주었을 뿐이다(갈 1:8-9).

"자, 이제 다 되었습니다. 이제 가급적 빠른 시일 내에 이 편지를 고린도 교회에 전달해 주어 모든 교인들로 하여금 두루두루 읽어보게 하세요."

"오, 사도님, 정말 감사합니다. 이 편지를 읽고 교인들이 깨닫고 회개하여, 고린도 교회가 질서와 평정을 되찾아 올바른 말씀의 터전 위에 굳게 섰으면 좋겠습니다."

"그렇게 되려면, 내가 쓴 가르침대로 잘 따라야 할 것입니다. 여러분이 앞장서서 다른 교인들을 잘 이끌어주시기 바랍니다."

"네, 그리하도록 하겠습니다. 그동안 긴 편지를 쓰시느라 무척 힘드셨을 텐데, 오늘은 푹 쉬도록 하십시오."

바울은 자신이 써 보내는 그 편지(고린도전서)가 고린도 교인들을 감화시켜, 교회의 여러 문제들이 은혜롭게 해결되는 시금석과 지침서가 되기를 간절히 바랐고, 그 편지를 소중하게 받아든 고린도 교회의 파송단은 어서 빨리 고린도에 가서 그 편지가 모든 교인들에게 두루 읽히기를 바랐다.

어느덧 해는 저물었고, 바울이 쓴 편지 위로 에베소의 저녁 바람이 싸늘하게 스쳐 지나갔다.

고린도후서

사도의 권위로 권면하고 책망하다

고린도 교회에 편지 보내며
바울은 기쁨의 눈물을 흘리네
무릎 꿇고 엎드려 감사기도 드리네
교회의 회개 소식 듣고 기뻐히네

그 교회에 두 번째 편지 보내네
주의 몸으로 다시 세워진 교회
참된 복음 거역하는 이들도 있고
선한 가르침에 맞서는 이들도 있네

주의 복음 전하는 편지 보내네
끝까지 그리스도의 복음 전하네
그리스도의 피 묻은 구속 사역은
하나님의 진리 지키는 것

감동의 눈물로 쓴 자서전이네
사도 직분으로 편지 보내며
자신의 사도직을 확신하는 바울은
십자가 복음 위해 자신을 변호하네

1

고난 중의 위로

그리스도의 사도인 나 바울은
고린도 교회에 편지 씁니다
마케도니아로 가고 오는 길에
여러분에게 갈 계획을 세웁니다

서막

“오, 디도! 어서, 어서 오시오. 정말 반갑소. 그대를 얼마나 애타게 기다렸는지 모른다오. 그래, 여행 중에 별 탈은 없었소?”

“네, 사도님! 주님의 은혜 가운데 고린도에 무사히 잘 다녀왔습니다. 사도님도 그동안 별고 없으셨는지요?”

“난 괜찮다네. 그나저나 고린도 교회의 상황은 어떻던가? 그들이 내 편지를 읽고 그대로 잘 따르던가? 더는 다른 문제를 일으키지 않던가? 참으로 궁금한 게 한두 가지가 아니라네. 긴 여행에 고단하겠지만 어서 말해 주게나. 자네가 오기를 눈 빠지게 기다렸다네.”

바울은 마침내 자신에게 나아온 디도의 두 손을 꼭 부여잡고 가슴 벅찬 반가움을 연신 표하면서 고린도 교회의 작금 상황에 대한 이런저런 궁금증을 쉴 새 없이 토해냈다.

그럴 만도 했다. 제3차 전도여행(주후 53-58년경, 행 18:23-21:19)

중 에베소에서 막바지 전도사역에 전념하고 있을 때쯤, 바울은 글로에 집안 소속의 한 하인을 통해, 그리고 고린도 교회에서 자신에게 보낸 파송단을 통해 고린도 교회의 현재 상황에 관해 자세히 전해 들었다.

"아, 어쩌다가 고린도 교회가 그런 지경에…."

전해 들은 소식은 충격적이고 절망적이었다. 고린도 교회는 바울이 제2차 전도여행(주후 50-52년경, 행 15:40-18:22) 중에 무려 1년 6개월 동안 머물면서 피땀과 눈물의 기도로 개척한, 마치 산고를 통해 낳은 자식 같은 교회였다. 그런데 그곳을 떠난 지 5년 만에 들려온 그곳 교회의 소식은 바울의 마음을 너무나 심란하게 만들었다.

교인들은 낭파를 지어 서로 나누며 반목하고 있었고, 교회 안에는 패륜적인 음행과 교인들 간의 법정 소송이 자행되고 있었다. 이 외에도 결혼과 독신생활 문제, 우상에게 바친 제사 음식에 관한 문제, 공중 예배 때의 무질서, 성만찬 문제, 방언과 예언 등 성령의 은사를 활용하는 문제, 그리고 죽은 자의 부활에 관한 문제 등으로 교인들 간에 백가쟁명식 분열과 다툼이 끊이지 않고 있다는 소식이었다. 교회가 갈라지고 무너질 판이었다.

그래서 바울이 급히 쓴 편지가 고린도 교회에 보내는 첫 번째 편지, 곧 '고린도전서'다. 주후 56년 봄쯤, 에베소 사역의 막바지 무렵에 썼다. 이 편지를 써서 고린도 교회 파송단의 손에 들려 가장 빠른 해로(海路) 편으로 보낸 뒤, 곧이어 바울은 고린도 교회를 돌보도록 자신이 매우 아끼는 동역자 디모데와 에라스도를 육로 편으로 고린도에 보냈다. 그래도 마음이 놓이질 않아, 바울은 이른바 '눈물의 편지' 또는 '슬픔의 편지'라 불리는(고후 2:3-4; 7:8-12) 또 다른 편지를 쓴 뒤에 신실한 동역자 디도를 부른다.

"디도, 자네가 이 편지를 들고 급히 고린도를 방문해 주게. 그곳 교회에 이 편지를 전달하고 잠시 머물면서 그들의 반응을 살펴본 다음에,

얼른 내게로 돌아와서 그곳 소식을 알려주게나. 내가 요즘 고린도 교회만 생각하면 도통 일이 손에 잡히질 않아서 말이야. 그러니 이 편지를 잘 전달하고, 형편이 허락하는 대로 급히 내게로 돌아와야 하네."

이리하여 디도는 바울이 써준 '눈물의 편지(슬픔의 편지)'를 들고서 에베소를 떠나 고린도 교회로 향했다. 에게해(海)를 가운데 두고 서로 마주보고 있는 아시아주의 에베소와 아가야주의 고린도는 가장 가까운 해로 편이 500km가량이다. 육로로는 그보다 배 이상 멀었다.

"아, 디도에게 무슨 안 좋은 일이 생긴 것은 아닐까? 왜 이리 더딘 거지? 올 때가 벌써 지났는데…."

디도의 귀환은 늦어졌고 바울은 애가 탔다. 하지만 3년 가까이 머물면서 밤낮으로 애쓴 에베소의 전도사역이 마무리되었기에 더는 에베소에 머물 필요가 없어졌다. 그래서 바울은 또 다른 전도사역을 위해 에베소를 떠나 드로아로 향했다. 이곳에서도 바울은 디도의 귀환을 애타게 기다렸지만 끝내 디도를 만나지 못했고, 바울은 전도 일정상 다시금 그곳을 떠나 마케도니아 지방으로 향했다.

이 지방에는 '빌립보'라는 큰 도시가 있었는데, 바울이 제2차 전도여행 때 교회를 개척했던 곳이었다. 이곳 빌립보에서 바울은 주야로 전도사역에 매진하면서 하루하루 애타게 디도의 귀환을 기다렸다. 그렇게 빌립보에서 가슴 졸이며 하루하루 기다리다가 마침내 디도를 만나게 된 것이다. 주후 56년경 여름에 고린도에 보냈던 디도를 3개월가량이 지난 그해 가을에 만난 것이다.

"그래, 지금 고린도 교회의 상황은 어떻소? 내 편지를 읽고 그대로 잘 따르던가요? 분명 많이 좋아졌겠지요? 디도, 어서 말 좀 해보시게."

바울은 디도의 얼굴 표정을 유심히 살피며 다그치듯 묻는다. 그런데 디도의 얼굴 표정이 좋은 것인지, 안 좋은 것인지 무척 복잡하고 야릇하다. 바울의 다그침에 드디어 디도가 입을 연다.

고린도의 위치: 에게해를 사이에 두고 에베소를 마주보고 있다

"사도님, 좋은 소식과 나쁜 소식이 있습니다."

"어, 그, 그래요? 그렇다면… 일단 좋은 소식부터 들어봅시다."

"네, 사도님의 편지를 읽고 고린도 교인들이 돌이켜 회개하고는 교회의 여러 문제를 원만하고 은혜롭게 해결했습니다. 패륜적인 음행을 저지른 자들을 출교시키는 등 스스로 자정 노력을 기울여 지금은 아주 건전한 교회가 되었습니다. 특히 그곳 교인들은 사도님을 몹시 뵙고 싶어 하면서 사도님이 오실 날을 학수고대하고 있습니다."

"아, 그래요? 정말입니까? 정말 다행입니다. 오, 주님, 감사합니다."

디도의 보고를 받고, 사도 바울은 십년 묵은 체증이 가라앉은 듯 진심으로 기뻐하며 주님께 감사를 드렸다. 그동안 밤잠 못 이루며 하루하루 시달렸던 심적 고통과 근심이 씻은 듯 사라졌다. 순간, 무척 기뻐하던 바울이 약간 정색을 하며 디도에게 묻는다.

"그런데… 안 좋은 소식도 있다고요? 그게… 뭔가요?"

불안하고 떨리는 음성으로 바울이 조심스레 묻는다. 디도 역시 한숨을 내쉬며 가라앉은 목소리로 천천히 말한다.

"교회 내의 일부 거짓 교사들과 교인들이 서로 짜고 사도님에 대해 온갖 험담을 하고 중상모략을 하면서 다른 교인들을 선동하고 있습니다. 그들이 떠들고 다니기를, 사도님은 사도 자격이 없는 가짜 사도라는 겁니다. 생전에 주님을 따른 적도 없고, 도리어 믿는 자들을 붙잡아 가두고 핍박이나 하던 자라고 하면서…. 사도님의 가르침은 믿을 수가 없다는 거예요. 주님께 받은 말씀이 아니라 순전히 스스로 지어낸 것이라는 겁니다."

"뭐, 뭐요? 그게 사실이오? 그렇다면 신앙이 연약한 자들은 그들의 선동에 넘어갈 수도 있는 게 아니겠소? 아니, 어찌 그럴 수가!"

"사도님, 그러니 어쩌면 좋지요?"

"안 되겠네. 내가 또 편지를 써 보내야겠네. 교회 사정을 알았으니, 내가 이대로 가만히 두고 볼 순 없지."

그리하여 사도 바울은 또 다시 펜을 들어 편지를 쓰기 시작한다. 고린도교회에 보내는 두 번째 편지, 곧 '고린도후서'를 집필하기 시작한다. 때는 주후 56년 가을쯤이고, 장소는 마케도니아도(道)의 빌립보다.

이 편지는 바울의 기쁨과 분노의 감정이 그대로 녹아 있는 격정의 서신이다. 자신의 앞선 편지를 읽고(고린도전서, 눈물의 편지) 자기 가르침에 잘 따르는 교인들을 향해서는 무한한 기쁨과 감사를 표하면서 사랑스럽고 부드러운 말로 칭찬과 격려, 위로와 권면을 한다.

반면, 자신의 사도 직분에 시비를 걸면서 자기 가르침을 배척하고 자신을 모함하고 험담하는 자들에 대해서는 사도의 권위로서 엄중하고 단호한 말로 크게 꾸짖으며 책망한다. 그러면서 동시에 매우 격정적인 어조로 자신의 사도 직분을 강력하게 변호한다. 따라서 본서는 '바울의 자서전' 또는 '바울의 간증록'이라 불릴 만큼, 영육 간에 겪은 바울의 개인적인 체험과 발자취가 잘 나타나 있어 바울의 생애 연구에 귀중한 자료를 제공해 준다.

고린도후서의 무대

본서에서 바울이 목숨 걸고 자신의 사도 직분을 강력하게 변호하고 있는 까닭은 명확하다. 그것은 자신의 사도권(使徒權)을 자랑하고 내세우기 위함이 결코 아니었다. 자신이 그동안 도처의 교회에서 힘써 전하고 가르친 예수 그리스도의 십자가 복음이 하나님의 계시 말씀에 근거한 참되고 옳은 것이라는 사실을 입증하기 위해서였다. 만일 자신의 사도 직분이 무너지면, 자신이 생명의 위협을 무릅쓰고 전하고 가르친 십자가 복음이 그 정당성과 진정성을 잃어버리기 때문이었다.

마케도니아주의 빌립보, 그곳에서 어느 신실한 성도의 집에 머물고 있던 사도 바울, 디도와의 기쁜 상봉 이후 어느새 밤은 깊었고 주변은 쥐 죽은 듯 고요하다. 먼저 주님께 묵상기도를 드린 후, 성령의 감화 감동을 받은 바울은 성령의 인도하심에 따라 찬찬히 글을 쓰기 시작한다. 고린도 교회에 첫 번째 편지(고린도전서)를 보낸 지 3-4개월가량이 흐른 뒤, 고린도 교회에 보내는 공식적인 두 번째 편지(고린도후서)가 이제 시작된다. 역시 문안인사로 글을 시작한다.

고린도교회를 향한 바울의 문안인사 (1:1-2)

하나님의 뜻으로 말미암아 그리스도 예수의 사도가 된 나 바울은 형제 디모데와 함께 고린도에 있는 하나님의 교회 및 아가야 온 지역에 있는 모든 성도들에게 이 편지를 씁니다. 우리 아버지 하나님과 주 예수 그리스도께서 여러분들에게 날마다 은혜와 평강을 내려주시기를 빕니다.

바울은 편지의 서두에서 사도의 직분과 권위로 이 편지를 쓰고 있다는 걸 분명히 밝혔다. 사도(使徒)는 '보냄 받은 자'란 뜻이다. 초대교회의 특별한 상황에서 복음 전파를 위해 예수님께 직접 선택되어 보냄을 받은 자를 가리킨다. 사도는 아무나 될 수 없었고 자격이 필요했다. ① 생전의 주님을 직접 보고 따른 자로서 ② 부활의 주님을 직접 목격함으로써 예수 그리스도의 증인이 될 수 있는 자라야 했다(행 1:21-22).

그래서 예수님 생전에 예수님을 따른 수많은 제자들 가운데서 예수님이 특별히 뽑아 세우신 열두 제자는 '12사도'로 불렸다. 그러나 그들 중 예수님을 배반한 '가룟 유다'가 사도의 반열에서 탈락되었고, 그를 대신하여 예수님의 승천 이후에 '맛디아'가 그 자리를 채웠다(행 1:26).

바울의 경우는 예외적이고 특별하다. 그는 생전에 주님을 따른 제자는 아니었지만, 다마스쿠스(다메섹) 길 위에서 부활의 주님을 뵙는 체험을 하였고, 그때 예수께 직접 복음 전파의 사명자로 선택되어 위임되었다는 점에서(행 9:3-6), 다른 12사도 이외에 특별히 사도로 인정받았다.

믿는 자들에게 참된 위로를 주시는 하나님 (1:3-11)

우리 주 예수 그리스도의 아버지이신 하나님을 찬양합시다. 그분은 자비로우신 아버지이시고 모든 위로의 하나님이십니다. 또한 그분은 우리가 온갖 환난을 겪고 있을 때 우리를 풍성하게 위로해 주시는 분입니다. 그렇게 우리를 위로해 주시는 까닭은, 우리 자신이 하나님께 받은 그 위로로 말미암아 우리로 하여금 온갖 환난을 겪고 있는 다른 사람들을 위로하게끔 하시려는 것입니다. 그렇습니다. 우리의 삶 속에 그리스도의 고난이 흘러넘치는 것처럼, 그리스도를 통하여 받는 우리의 위로도 흘러넘치도록 풍성합니다.

여기 '그리스도의 고난'은 그리스도께서 믿는 자들을 위해 십자가 고난을 당하신 것처럼, 믿는 자들 역시 삶 속에서 그리스도를 위해 당하는 온갖 고난을 가리킨다.

형제들이여, 우리가 지금 큰 환난을 당하는 것은 여러분으로 하여금 위로와 구원을 받게 하려는 것입니다. 우리가 위로를 받는 것 역시 여러분으로 하여금 위로를 받게 하여, 우리가 겪고 있는 것과 똑같은 고난을 여러분이 겪을 때 그 고난을 기꺼이 잘 견뎌낼 수 있도록 하기 위함입니다. 여러분에게 거는 우리의 소망은 흔들림 없이 굳건합니다. 여러분이 우리의 고난을 나누어 가진 것과 마찬가지로 우리의 위로 또한 여러분과 함께 나누어 가진다는 것을 우리가 잘 알기 때문입니다.

사랑하는 형제들이여, 우리는 여러분이 우리가 아시아 지방에서 겪은 환난에 대해 알아주셨으면 합니다. 그 당시에 우리는 우리가 감당할 수 없을 정도로 큰 박해를 받았으며 살아남을 소망조차 모두 잃어버릴 그런 참담한 지경이었습니다. 그때 우리의 마음은 이미 사형선고를 받은 것이나 다름없었습니다. 하지만 지금 생각해 보면, 그런 일이 우리에게 일어난 것은 우리로 하여금 우리 자신을 의지하지 않고 오직 죽은 자를 살리시는 하나님만을 의지하도록 하기 위해서였다는 것을 깨닫습니다.

아시아 지방(오늘날 터키 지역)은 바울의 전도여행 중심지였다. 그래서 바울은 아시아 지방에서 가는 곳마다 복음 전파의 대적자들과 강력하게 부딪혔고(고전 16:9), 목숨을 잃을 뻔했던 심각한 환난도 여러 번 겪었다. 에베소에서 겪은 대규모 군중 폭동이 대표적인 경우다(행 19:23-41; 고전 15:32). 이것 외에도, 바울은 수도 없이 매를 맞고 옥에 갇히고 헐벗고 굶주리고 파선당하는 등 환난과 고통을 겪었다(고후 11:23-29).

그럴지라도 하나님께서는 매번 우리를 죽음의 위험에서 건져주셨고, 또 앞으로도 우리를 모든 위험에서 능히 구해주실 것입니다. 그래서 우리는 이제껏 그러하셨던 것처럼 앞으로도 하나님께서는 우리를 언제, 어느 곳에서든 구해주실 것이라는 소망을 품고 살아갑니다. 그러므로 이제 여러분도 우리를 위해 기도해 주십시오. 그러면 하나님께서는 많은 성도들의 기도에 응답하여 우리에게 크신 은혜를 내리실 것이고, 그러면 또한 그것을 보고 우리로 인해 많은 사람들이 하나님께 감사를 드리게 될 것입니다.

바울의 변경된 여행 일정 (1:12-24)

여러분, 우리가 여러분에게 떳떳하게 내세울 수 있는 자랑거리는 이것입니다. 우리가 세상에서 무얼 행할 때, 특히 여러분과의 관계 속에서 무얼 행할 때, 우리는 하나님께로부터 비롯된 신실함과 거룩함으로 한결같이 해왔다는 그것이고, 그 사실을 양심에 아무런 거리낌 없이 담대하게 증언할 수 있다는 그것입니다. 더구나 무얼 행할 때, 우리는 세상의 지혜에 따라 행하지 않고 오직 하나님의 은혜로 그렇게 행했습니다.

우리는 여러분이 읽을 수 없거나 이해할 수 없는 말을 쓰는 것이 결코 아닙니다. 내가 쓴 편지를 보시고 여러분이 우리를 완전히 이해하게 되기를 바랍니다. 이미 여러분이 어느 정도 이해하고 있다시피, 주 예수께서 다시 오시는 재림의 그날에는 여러분이 우리의 자랑거리가 되듯이 우리 또한 여러분의 자랑거리가 될 수 있을 것입니다.

고린도 교회에 보낸 바울의 편지는 쉽고 단순했다. 비록 심오한 진리가 담겨 있었지만, 그래도 바울은 누구든지 읽고 알아들을 수 있도록, 또한 아무도 실족하지 않도록, 담백하고 허심탄회하게 복음의 진수를 쉽게 기록하였다.

나는 그런 사실을 확신했기 때문에, 여러분이 두 차례 은혜를 받을 수 있도록 여러분을 먼저 방문하기로 마음먹고 계획을 세웠습니다. 그러니까 본래 나는 마케도니아로 가는 도중에 여러분에게 한 차례 나아갔다가, 마케도니아에서 돌아오는 길에도 여러분에게 또다시 나아가기로 계획을 세웠습니다. 그런 다음에, 여러분의 도움을 받아 유대 땅으로 올라갈 작정이었습니다.

바울이 처음에 세운 고린도 방문 계획은 이러했다. 에베소 → 고린도(1차 방문) → 마케도니아 → 고린도(2차 방문) → 유대(예루살렘). 이처럼 두 차례의 고린도 방문을 계획하고 있었다.

내가 처음 그런 방문 계획을 세울 때 어찌 경솔하게 했겠습니까. 내가 그런 계획을 세울 때 어찌 "예, 예" 하고 말했다가, 금방 돌아서서 "아니오, 아니오" 하고 말하려고 이기적인 육신의 생각에 따라 그런 계획을 세웠겠습니까. 그렇지 않습니다! 하나님의 신실하심을 두고 맹세하건대, 여러분께 드리는 우리의 말은 순수하게 곧이곧대로 "예"라고 한 것은 그대로 "예"이고, "아니오"라고 한 것은 그대로 "아니오"일 뿐입니다.

두 차례의 고린도 방문 계획을 세울 때, 바울은 자신의 마음이 순전했

오늘날의 고린도 유적지

음을 밝힌다. 그런 계획대로 실행되지 않은 것은 부득이한 사정이 있었기 때문이고, 자신의 어떤 편의와 이기심에 따라 쉽게 말을 바꾼 변덕쟁이가 아니었음을 강변하고 있다.

우리, 곧 나와 디모데와 실루아노가 여러분에게 전한 하나님의 아들 예수 그리스도는 "아니오"라는 뜻으로 "예"라고 말하시는 분이 절대로 아닙니다. 그분에게는 언제나 "예"만 있을 뿐입니다. 그렇습니다. 아무리 많은 하나님의 약속도 그리스도 안에서는 모두 "예"가 됩니다. 그러므로 우리는 오직 "아멘" 하면서 그리스도를 통해 하나님께 영광을 돌리는 것입니다.

그리스도는 한번 하신 약속을 반드시 "예(Yes!)"로써 지키시는 신실하신 분이라는 뜻이다. 그러므로 그리스도의 사도 된 바울 역시 이기심에 따라 약속을 쉽게 뒤집는 그런 변덕쟁이가 아니라 그리스도를 본받아 신실하다는 의미가 포함되어 있다.

우리와 여러분을 다 함께 그리스도 안에서 확고하게 세워주시고,

또 기름 부어 사명을 맡겨 주신 분은 오직 하나님이십니다. 그분 하나님께서는 우리가 자신의 것임을 확인하는 도장을 우리에게 찍으시고, 그 사실에 대한 보증의 표로 우리 마음속에 성령을 주셨습니다. 나는 내 목숨을 걸고서, 하나님을 내 증인으로 모시고 여러분께 진실을 말합니다. 내가 계획을 바꿔 고린도에 가지 않은 것은 여러분을 아끼기 때문입니다. 우리는 여러분의 믿음을 주관하려는 것이 아니라, 다만 여러분의 기쁨을 위해 여러분과 더불어 일할 뿐입니다. 사실, 여러분은 이미 믿음 위에 굳게 서 있기 때문입니다.

바울은 자신의 여행계획 변경에 대하여 힘껏 변호하고 있다. 처음에 바울은 두 차례에 걸쳐 고린도 교회를 방문할 계획이었다. 하지만 여행계획이 변경되었는데, 그것은 예기치 못한 정황에 따른 불가피한 변경이었다.

바울의 대적자들, 곧 고린도 교회의 거짓 교사들은 이를 빌미 삼아 바울을 비난했다. 바울이란 사람은 경솔하게 이랬다저랬다 하는 변덕스러운 사람이므로 신뢰할 수 있는 인물이 못 된다고 고린도 교인들을 선동했다. 이런 소식을 전해 듣고 바울은 자신의 순전함과 신실함을 강변하면서 여행계획 변경이 자신의 육체적 이익에 따라 마음에 내키는 대로 이랬다저랬다 변경한 것이 아니라, 오직 하나님의 뜻에 따라 성도들의 유익을 위해서 불가피하게 변경한 것이었음을 적극 변호한 것이다.

2

그리스도의 향기

우리는 모두에게 그리스도의 향기
멸망받은 자들에게는 죽음의 악취
구원받은 우리에게는 생명의 향기
누가 이 일을 감당할 수 있습니까

고린도 방문과 관련된 여행 변경의 이유 (2:1-4)

형제들이여, 이제 나는 또다시 아픈 마음을 가지고 근심 가운데 여러분을 방문하지 않기로 다짐했습니다. 내가 여러분을 슬프게 만든다면, 누가 나를 기쁘게 해주겠습니까? 나를 기쁘게 해줄 사람은 여러분뿐인데, 내가 여러분에게 아픔을 준다면 여러분이 어떻게 나를 기쁘게 해줄 수 있겠습니까?

바울이 마케도니아 사역을 마치고 유대 땅으로 돌아갈 때 본래는 고린도 교회를 방문할 계획이었다. 하지만 그 일정을 취소하였다. 그 까닭은, 앞서 고린도를 방문했던 일이 매우 가슴 아픈 일이 되었기 때문이다. 그래서 문제 해결 없이 그냥 방문한다면, 또다시 서로 간에 가슴 아픈 만남이 될 것이기 때문에 그런 일이 일어나지 않도록 부득이 여행계획을 변경한 것이다.

내가 앞서 그 편지를 여러분에게 써 보낸 것은, 고린도에 갔을 때 내가 기쁨으로 여겨야 할 사람들에게서 마음 아픈 일을 당하지 않기 위해서였습니다. 여러분의 기쁨이 내 기쁨이고 내 기쁨이 여러분의 기쁨일진대, 내가 기쁨 마음으로 여러분에게 달려가지 않으면 여러분 역시 기쁘지 않을 것입니다. 사실, 그때 나는 몹시 괴로워하면서 가슴이 찢어지는 것 같은 심정으로 많은 눈물을 흘리며 그 편지를 썼습니다. 하지만 내가 그런 편지를 쓴 것은, 여러분의 마음을 아프게 하려고 한 것이 결코 아니라, 여러분에 대한 나의 극진한 사랑을 알아주기를 바라는 마음에서 그렇게 한 것입니다.

여기서 바울이 언급한 '그 편지'는 고린도전서와 고린도후서 사이에 써 보낸 편지로, 이른바 '눈물의 편지' 혹은 '슬픔의 편지'로 불리는 제3의 편지를 가리킨다. 하지만 불행하게도 이 편지는 오늘날 우리에게 전해지지 않아서 그 내용을 알 길이 없다.

잘못했지만, 회개하고 돌이킨 형제를 용서하라 (2:5-11)

형제들이여, 누군가 나의 마음을 아프게 했다면 그 사람은 나를 슬프게 했다기보다는 어떤 면에서는 여러분 모두를 슬프게 한 것입니다. 이것은 절대로 지나친 과장이 아닙니다. 그리고 여러분 대다수는 그런 잘못을 저지른 사람에게 이미 충분히 벌을 내렸다고 여기고 있습니다. 그러므로 이제는 회개하고 돌이킨 그 사람을 용서해주고 위로해 주십시오. 그렇지 않으면, 그 사람은 슬픔과 절망에 짓눌려 다시는 일어서지 못할는지도 모릅니다. 그러니 권면하건대 이제는 여러분이 그 사람에게 사랑을 베풀어주기를 바랍니다.

여기서 바울이 용서해주고 위로하라고 권면한 '그 사람'은 바울의 두 번째 고린도 교회 방문 때, 바울의 사도적 권위에 심각하게 도전함으로써 교회를 혼란스럽게 만들고 바울에게 큰 아픔과 고통을 가져다준 '바울의 대적자'를 가리킨다.

고린도 교회는 그 사람에 대해 출교(黜教)와 같은 마땅한 징계 조치를 내렸던 듯한데, 이에 그 사람이 자기 잘못을 깨닫고 회개를 했던 것으로 보인다. 그래서 고린도 교회는 그 사람을 다시 받아들일지, 아니면 출교 조치를 계속 강행할지를 놓고 주장이 엇갈리고 있었다. 이런 상황에서 바울은 이제는 그 사람을 용서해주고 위로함으로써 그리스도의 사랑을 나타내 보이라고 권면한 것이다.

내가 일전에 여러분에게 그 편지를 쓴 것은, 여러분이 모든 일에 얼마나 순종하는지 알아보기 위해서였습니다. 만일 여러분이 누군가를 용서한다면 나도 그 사람을 용서합니다. 내가 용서해야 할 누군가가 내게 있다면 나는 기꺼이 그 사람을 용서할 터인데, 그것은 여러분을 위해 그리스도 앞에서 그렇게 하는 것입니다. 그렇게 하는 것은 또한 우리가 사탄에게 속지 않기 위해서이기도 합니다. 사실, 우리는 사탄의 간교한 속셈을 모르는 바가 아닙니다.

바울은 사탄의 간교한 속셈을 알았다. 즉, 사탄이 고린도 교회의 거짓 교사들을 조종하여 교회를 분열시키고 마침내 뒤엎으려 한다는 것을 직감적으로 알았다. 따라서 잘못을 깨닫고 회개한 교인을 받아들이지 않고 계속해서 배척하고 따돌린다면, 그것은 사탄에게 교회 분열을 획책하기 위한 좋은 빌미를 제공해 주는 셈이었다. 그래서 바울은 교회의 성도들이 회개한 자를 용서하고 그를 포용하며 그와 화합하는 일이 얼마나 시급하고 중요한 일인지를 일깨워주었다.

바울과 디도의 만남

예수 그리스도의 향기 (2:12-17)

여러분, 내가 에베소를 떠나 드로아 지역에 예수 그리스도의 복음을 전하러 갔을 때, 주께서는 나를 위해 문을 열어주셨습니다. 그러나 거기서 나는 나의 신실한 형제인 디도를 만나지 못하여 내 마음이 편치 못했습니다. 그래서 드로아의 형제들과 작별하고 마케도니아로 갔습니다. 그렇지라도 나는 하나님께 감사를 드립니다. 하나님께서는 언제나 우리를 그리스도 안에서 승리의 행렬에 동참하도록 이끄십니다. 또한 우리를 통하여 예수 그리스도에 대한 앎의 향기를 도처에 퍼뜨리게 하십니다. 그러므로 우리는 구원을 받은 사람들 가운데서나 또는 멸망을 당하는 사람들 가운데서나 항상 하나님 앞에서 그리스도의 향기입니다.

바울이 에베소 사역을 마친 뒤 드로아로 간 것은 제2차 전도여행 때 완수하지 못한 사역을 마치기 위함이었다(행 16:8-9). 그리고 바울은 이곳 드로아에서 고린도에 파송한 디도와 만나기로 약속되어 있었다.

그러나 디도를 만나지 못한 채 바울은 드로아를 떠나 마케도니아 지역(아마도 빌립보)으로 갔다. 그리고 거기서 마침내 디도를 만났다. 이 같은 당시의 상황을 요약하면 이렇다.

바울의 가슴 아픈 고린도 방문 → 바울의 대적자들이 바울의 사도권을 부인함 → 에베소에서 쓴 눈물의 편지와 함께 디도를 고린도에 파송함 → 드로아에서 디도와 만나기로 약속함 → 드로아에서 디도를 만나지 못한 채 마케도니아(빌립보)로 감 → 그곳 마케도니아에서 디도와 상봉하여 고린도 교회의 소식을 전해 들음.

> 그리스도의 향기인 우리가 멸망당할 사람들에게는 죽음에 이르게 하는 죽음의 냄새가 되겠지만, 구원받을 사람들에게는 생명에 이르게 하는 생명의 향기가 될 것입니다. 이런 일을 누가 감당할 수 있겠습니까! 우리는 다른 많은 사람들과는 달리 자신의 이익을 위해 하나님의 말씀을 파는 장사꾼들이 아닙니다. 우리는 오직 그리스도 안에서 진실한 마음을 가지고 하나님께서 보내신 참된 일꾼답게 하나님 앞에서 순수하게 복음을 전하는 사람들입니다.

그리스도의 향기는 그 향기를 맡는 사람의 처신에 따라 '생명의 냄새' 혹은 '죽음의 냄새'가 된다. 여기서 '향기'는 희생제사 때 하나님께 바쳐진 번제물이 타는 냄새를 가리킨다(레 1:9). 바울은 신자들이 하나님께 바쳐진 '거룩한 산 제물'이 되어야 한다고 가르쳤다(롬 12:1). 이런 맥락에서 신자들은 '향기'다. 그 향기가 그리스도를 전파할 때 '그리스도의 향기' 곧 '복음'이 되는데, 그 복음에 대한 반응에 따라 삶의 결과가 확연하게 달라진다. 복음을 긍정적으로 받아들이는 사람은 '생명(영생)'을 얻고, 부정적으로 배척하는 사람은 '죽음(영멸)'에 이르는 것이다.

3

새 언약의 일꾼

여러분은 추천장과 편지입니다
우리 마음에 기록된 편지입니다
펜과 잉크로 쓴 편지가 아니라
하나님의 영으로 쓴 편지입니다

새 언약의 일꾼들 (3:1-6)

형제들이여, 지금 우리가 우리 자신을 치켜올려 스스로를 추천하는 말을 하고 있다고 생각하십니까? 아닙니다! 우리는 여러분에게 보낼 추천장이 필요한 사람들도 아니고, 또한 여러분의 추천장을 필요로 하는 사람들도 아닙니다. 여러분이야말로 우리의 추천장이고 우리의 편지입니다. 그 편지는 우리의 마음에 기록된 것으로, 모든 사람들이 다 알고 있고 또 읽을 수 있는 편지입니다. 그렇습니다. 여러분은 분명 그리스도께서 우리에게 보내신 편지로서 우리가 힘써 행한 전도사역의 열매입니다. 이 편지는 잉크로 쓴 것이 아니라 살아 계신 하나님의 영 곧 성령으로 쓴 것입니다. 또한 돌판 위에 쓴 것이 아니라 사람의 마음판 위에 쓴 것입니다.

적어도 고린도 교회에 관한 한, 바울은 다른 사도들이나 거짓 교사들이 소지했던 추천서가 따로 필요하지 않았다. 바울의 사도 직분은 부활의 주님에게서 직접 받은 것일뿐더러, 바울의 전도사역 결과로 생겨난 고린도 교인들이 바울의 사도직에 대한 확실한 추천서 역할을 했기 때문이다.

그래서 바울은 자신과 고린도 교회 간의 관계는 사람의 추천서가 필요한 형식적인 관계가 아니라 예수 그리스도 안에서 영적으로 교감하는 특별한 관계임을 강조한 것이다. 진실로 바울은 돌판에 새겨진 '율법'으로 고린도 교회를 세운 것이 아니라 성령의 사역에서 비롯된 '복음'으로 세웠기 때문에, 고린도 교회 성도들의 마음판 하나하나 위에 바울의 복음 사역이 그대로 수놓아져 있었다. 바로 그것이 바울의 사도 됨을 증언하는 가장 강력한 추천서였다.

> 우리는 그리스도를 통해 하나님 앞에서 확신을 갖고 이렇듯 담대하게 말할 수 있습니다. 하지만 이런 복음 전파의 사역을 능히 감당할 수 있는 자격이 우리에게서 비롯된 것이 결코 아닙니다. 하나님께서 우리에게 그런 능력을 주셨기에 비로소 그런 자격이 있는 것입니다. 하나님께서는 우리에게 새 언약의 일꾼이 될 수 있는 자격을 주셨습니다. 이 새 언약은 문자로 기록된 것이 아니라 성령으로 기록되었습니다. 문자는 사람을 죽이는 것이지만, 성령은 사람을 살리는 것이기 때문입니다.

바울은 자신을 가리켜 '새 언약의 일꾼'이라고 칭했는데, 그 말은 옛 언약인 '율법'의 종이 아니라 새 언약인 '복음'의 사역자라는 뜻이다.

한편 '새 언약'은 '옛 언약'과 상대가 되는 말로, 옛 언약은 시내산에서 체결된 '모세 언약'을 가리킨다. 이스라엘은 옛 언약을 지키는 데 실패했다. 하지만 오늘날 믿는 자들은 새 언약 아래에 살고 있다. 새 언약은 예수님의 십자가 죽음으로 인해 체결된 '십자가 언약'을 가리킨다. 이 같은 새 언약 아래에서 하나님은 우리 죄를 용서해주셨고, 하나님의 말씀을 돌판이 아닌 우리의 마음판에 새겨 놓으셨다.

여기서 바울은, 문자(율법의 조문들)는 사람을 죽이는 것이라고 말했는데, 그것은 율법 조문이 사람에게 구원과 영생을 제공해주지 못하기 때문이다. 율법 조문대로 따라 살려는 자는 아무도 율법의 요구를 충족시키지 못한다. 사실, 율법은 우리들로 하여금 우리가 죄인이라는 사실만을 일깨워줄 뿐이다. 그것이 율법의 목적이고, 그래서 율법은 우리에게 율법 이상의 능력 있는 그 무엇, 곧 '새 언약'(복음)의 필요성을 절실하게 느끼도록 해준다.

새 언약의 영광 (3:7-18)

하지만 여러분, 우리에게 죽음을 가져다주는 돌에다 새긴 율법도 모세가 처음 그것을 받을 때 그의 얼굴에서 광채가 빛났습니다. 그래서 비록 조만간 없어질 것이었지만, 이스라엘 사람들은 모세의 얼굴 광채 때문에 모세의 얼굴을 똑바로 쳐다볼 수 없었습니다. 자, 보십시오. 죽음에 이르게 하는 율법의 직분도 이처럼 빛나고 영광스러울진대, 하물며 생명에 이르게 하는 성령의 직분은 더욱더 빛나고 영광이 흘러넘치지 않겠습니까!

'율법의 직분'은 모세 율법의 조문들을 전하고 가르치는 직분을 말하고, '성령의 직분'은 예수 그리스도의 십자가 복음을 전하고 가르치는 직분을 말한다.

사람을 심판하고 정죄하는 율법의 직분도 그처럼 영광스럽다면, 사람에게 생명과 의로움을 가져다주는 성령의 직분이야말로 그 얼마나 더욱 영광스럽겠습니까! 참으로 지금의 이 크고 영광스러운 성령의 직분에 비하면, 과거 한때에 영광스러웠던 그 율법의 직분은 실로 아무것도 아닙니다. 생각해 보십시오. 잠시 있다가 없어질 그런 율법의 직분에도

돌에 써서 새긴 율법 조문의 직분도 영광이 있거늘

그처럼 빛나는 영광이 있었다면, 영원히 계속될 그런 성령의 직분에는 그 영광이 얼마나 더욱 빛나겠으며 더욱더 크겠습니까!

'율법의 직분'과 '성령의 직분'이 예리하게 대조되었다. 율법의 직분은 잠시 있다가 없어질 직분으로 사람을 심판하고 정죄하는 역할을 하는 반면, 성령의 직분은 영원히 계속될 직분으로 사람에게 생명과 의로움을 가져다주는 역할을 한다. 따라서 율법의 직분에도 나름대로 영광이 있다면, 하물며 성령의 직분에는 얼마나 더욱 큰 영광이 있겠는가!

형제들이여, 우리가 그러한 빛나는 소망을 품고 살기에 아주 담대할 수 있습니다. 모세는 자기 얼굴의 광채가 사라져가는 것을 이스라엘 백성이 보지 못하게 하려고 얼굴에 너울을 썼지만, 오늘날 우리는 그렇지 않습니다. 그런데 이스라엘 백성의 마음은 완고해져서 오늘날까지도 옛 언약을 읽을 때 너울을 쓰곤 합니다. 그 너울은 예수 그리스도를 믿어야 제거되기에 아직까지도 그들에게서 제거되지 않고 있습니다.

그렇습니다. 오늘날까지도 모세의 글을 읽을 때 이스라엘 백성의 마음은 너울로 덮여 있습니다. 그러나 누구든지 우리 주님께로 돌이키면 그 너울은 감쪽같이 벗겨지게 됩니다.

여기서 '너울'(veil)은 율법에 얽매여 있는 완고한 마음 내지는 복음에 대한 무지나 편견을 상징한다. 따라서 그 얼굴에 너울을 쓴 자는 '새 언약'(복음)의 시대가 임했어도 여전히 '옛 언약'(율법)의 조문에 집착하여 진정으로 보아야 할 것들을 보지 못하는 자들이다.

그러나 그 너울이 벗겨지면 적어도 한 가지 분명한 진리를 볼 수 있는데, 그것은 율법으로써가 아니라 '오직 예수 그리스도를 통하여' 생명과 의(義)의 길에 도달할 수 있다는 사실이다. 다시 말해, 옛 언약인 '율법'에서 벗어나 새 언약인 '복음'을 받아들일 수 있게 된다.

명심하십시오. 주님은 영이시며, 주님의 영이 계시는 곳에는 참된 자유가 있습니다. 오늘날 주님의 영이 임한 우리는 모두 너울을 벗어버리고 주님의 영광을 바라봅니다. 그렇게 주님의 영광을 바라보는 가운데, 우리는 주님의 형상으로 변화되어 점점 더 큰 영광에 이르게 됩니다. 이것은 오직 영이신 주님께로부터 말미암는 놀랍고도 새로운 일입니다.

주님의 영 곧 성령으로 말미암아 그리스도를 받아들인 자들은 그리스도 안에서 결코 율법의 종노릇 하지 않고 복음의 진리로 인해 참된 자유를 얻게 된다는 말이다. 이처럼 복음의 자유 안에서 맡겨진 직분에 충성함으로써 그리스도의 영광에 참예하는 자들은 장차 더욱 크고 놀라운 영원한 하늘 영광에 들어가게 된다.

4

질그릇에 담긴 보배

예수 그리스도 그 귀한 보배가
질그릇 같은 육체 속에 담기니
능력은 우리에게서가 아닌
하나님에게서 나옴을 보여줍니다

질그릇에 담긴 보물 (4:1-15)

그러므로 형제들이여, 우리는 하나님의 자비하심에 힘입어 '새 언약의 일꾼'이라는 이 영광의 직분을 감당하고 있기 때문에 결코 낙심하지 않습니다. 이 직분을 감당하면서 우리는 은밀하고 수치스러운 방법으로 일을 하지 않았습니다. 지금껏 우리는 사람을 속이지 않았고, 하나님의 말씀을 왜곡시키지도 않았습니다. 도리어 우리는 오직 진실만을 밝히 드러냄으로써 모든 사람의 양심에 걸림이 없도록 하나님 앞에 우리 자신을 온전히 맡기고 있습니다.

바울은 새 언약의 일꾼 된 자로서 '오직 십자가 복음'이라는 진실만을 공개적으로 밝히 전함으로써 하나님 앞에서 모든 이들의 양심에 아무런 거리낌이 없도록 자신의 사역을 충실하게 감당했노라고 고백한다.

만일 우리의 복음이 누군가에게 가려져 있다면, 그것은 멸망하는 사람들에게 그렇게 가려져 있는 것입니다. 멸망하는 그 사람들로 말하자면, 이 세상의 신이 믿지 않는 자들의 마음을 어둡게 하여, 하나님의 형상이신 예수 그리스도의 영광스러운 복음이 가져다주는 참된 빛을 보지 못하게 한 것입니다.

어떤 자들에게 복음이 가려지기도 했다. 그 까닭은, 고린도 교회의 거짓 교사들이 비난한 것처럼 바울이 전한 복음이 신비적이고 복잡하며 애매모호했기 때문이 아니었다. 바울이 전한 복음은 혼잡하지 않고 순수해서 누구든지 쉽게 알아들을 수 있었다. 그럼에도 불구하고 알아듣지 못하는 자들이 있다면, 그들은 이 세상의 신 곧 사탄에게 미혹된 멸망당할 자들이기 때문이다.

여러분, 우리는 우리 자신을 전파하려는 것이 결코 아닙니다. 우리는 다만 예수 그리스도께서 우리의 주님이 되신다는 사실, 그리고 예수 그리스도로 인하여 우리가 여러분의 종이 된 사실을 가르치고 전파합니다. 태초에 "어둠 속에 빛이 비쳐라" 하고 말씀하신 하나님께서 우리의 마음에 빛을 비추어주셔서, 예수 그리스도의 얼굴에 나타난 하나님의 영광을 아는 지식의 빛을 우리에게 깨닫게 해주셨습니다.

모세 시대에는 모세의 얼굴에서 빛나던 하나님의 영광이 너울로 가려졌지만, 새 언약의 시대인 오늘날 신약시대에는 예수님의 얼굴에서 빛나는 하나님의 영광이 모든 성도들에게 어떤 가리는 너울 없이 밝히 드러난다는 말이다(고후 3:13-14).

그러나 우리는 이 귀한 보물을 우리의 깨지기 쉬운 질그릇 같은 육체 속에 담고 있습니다. 그것은 이러한 엄청난 능력이 우리에게서 나온 것이 아니라 오직 하나님께로부터 나온 것임을 보여주기 위해서입니

질그릇 속에 보배를 가졌노라

다. 그러므로 우리는 사방에서 아무리 환난을 겪고 있어도 꺾여 좌절하지 않고, 아무리 답답하고 난처한 일을 당해도 낙담하지 않습니다. 또 아무리 박해를 당해도 버림받지 않으며, 아무리 얻어맞고 넘어져도 절대로 멸망하지 않습니다.

'질그릇 속의 보물'이라는 말에서 '질그릇'은 성도를, '보물'은 그리스도(혹은 그리스도의 복음)를 가리킨다. 본래 성도는 '질그릇'처럼 연약하고 깨뜨려지기 쉬운 가치 없는 존재였지만 '보배' 곧 그리스도 내지는 그리스도로 말미암는 구원의 복음을 간직함으로써 하나님 앞에 아주 가치 있는 소중한 보물 같은 존재가 되었다.

여러분, 우리는 항상 우리의 몸속에 예수 그리스도의 죽음을 짊어지고 다닙니다. 그것은, 우리의 몸 안에서 예수 그리스도의 생명 또한 나타나게 하기 위해서입니다. 우리는 비록 살아 있지만, 예수 그리스도를 위해 언제나 우리 자신을 기꺼이 죽음에 내맡깁니다. 그렇게 하는 까닭은, 예수 그리스도의 생명이 우리의 죽을 몸에 나타나게 하기 위해서입니다.

바울은 예수 그리스도를 위한 성도의 육체적 고통과 환난을 예수님의 죽음과 연결시켰다. 우리가 겪는 고난은 우리로 하여금 궁극적인 고난, 곧 예수님의 십자가 죽음을 연상시키기 때문이다. 역설적이게도, 우리가 우리의 고난을 통해 '예수님의 죽음'을 나타내는 것은 결과적으로 '예수님의 생명'을 나타내는 일이다. 예수님의 죽음은 단지 죽음으로 그치지 않고 생명의 부활로 이어졌기 때문이다.

> 그러므로 우리 안에서는 죽음이 세력을 떨치지만 여러분 안에서는 생명이 약동합니다. 성경에 "내가 믿었으므로 나는 말하였다"라고 기록되어 있는 것과 같이, 우리 또한 동일한 믿음의 영을 가지고 있으므로 우리가 믿고 또 말하는 것입니다. 주 예수를 죽은 자들 가운데서 살리신 하나님께서 우리 역시 예수님과 함께 다시 살리셔서 여러분과 함께 그분 앞에 서게 해주실 것으로 압니다. 이 모든 것은 여러분의 유익을 위한 것입니다. 그리하여 더 많은 사람들에게 하나님의 은혜가 점점 더 풍성하게 임하여 감사하는 마음이 넘치게 하고, 그럼으로써 하나님께 영광을 돌리게 하려는 것입니다.

바울은 말하기를, 죽음은 우리 안에서 세력을 떨치고 생명은 여러분 안에서 약동한다고 했다. 이 말은 죽음과도 같은 바울의 극심한 고난은 결과적으로 고린도 교인들에게는 생명을 가져다주는 보람된 일이라는 뜻이다. 그리고 바울이 인용한 성경은 시편 116장 10절인데, 거기에는 "다윗이 하나님을 믿었기 때문에 하나님의 의로움을 선포한다."라는 내용이 언급되어 있다.

날로 새로워지는 속사람 (4:16-18)

> 그러므로 형제들이여, 우리는 결코 낙심하지 않습니다. 우리의 겉사람은 점차 시들어 가지만, 우리의 속사람은 날마다 새로워지고 있습니다. 우리가 지금 겪고 있는 잠깐 동안의 고난은, 장차 우리에게 비교조차 할 수 없을 정도로 훨씬 더 크고 영원한 영광을 가져다줄 것입니다. 그래서 우리는 보이는 것을 바라보지 않고, 보이지 않는 것을 바라봅니다.

보이는 것은 잠깐이지만, 보이지 않는 것은 영원하기 때문입니다.

겉사람과 속사람, 잠깐의 고난과 영원한 영광, 보이는 것과 보이지 않는 것이 상호 대비되었다. 겉사람, 잠깐의 고난, 보이는 것 등은 이 세상에 속한 육체적이고 물질적인 것들을 가리키고 속사람, 영원한 영광, 보이지 않는 것 등은 하늘(천국)에 속한 영적이고 천상의 것들을 가리킨다.

5
장막 집과 하늘 집

땅에 있는 육신의 천막집 무너져도
하늘에 있는 영원한 집이 있습니다
영원한 하늘 집으로 덧입는다면
육신 집 벗어도 벌거벗은 몸 아닙니다

앞서 바울은 겉사람과 속사람, 잠깐의 고난과 영원한 영광, 보이는 것과 보이지 않는 것을 대비시켜 일시적이고 세상적이며 물질적인 것에 집착할 것이 아니라 영원하고 영적이며 천상의 것을 추구해야 한다고 가르쳤다. 이런 맥락에서 바울은 계속해서 '육신의 천막집'과 '하늘의 영원한 집'을 대비시켜 모쪼록 하늘(천국) 소망을 가지라고 권면한다.

특히 바울은 자비량(自備糧) 선교를 위해 본인이 직접 장막 만드는 일을 했기 때문에 누구보다도 장막의 특성을 잘 알고 있었다(행 18:1-3). 그래서 바울은 세상 장막의 나약성과 임시성과 초라함을 강조하면서, 그에 대비되는 하늘 집의 견고성과 영원성과 영광을 상조하였다.

세상의 천막집과 하늘의 영원한 집 (5:1-10)

우리는 땅에 있는 우리 육신의 천막집이 무너지면 하나님께서 지으신 집 곧 우리의 손으로 지은 집이 아닌, 하나님께서 하늘에 손수 지으신 영원한 집이 우리에게 있는 줄 알고 있습니다. 지금 우리는 이 육체의 천막집에서 탄식하는 가운데 하늘로부터 임하는 우리의 영원한 하늘 집으로 옷 입기를 갈망합니다.

바울은 비유를 사용하고 있다. '천막'(tent)은 일시적인 거처로서 우리가 땅 위에 머무는 동안 잠시 소유하는 '육체'를 가리킨다. 반면에 '집'(house)은 부활한 성도의 신령한 몸이 영원히 머물 거처로서, 곧 주님이 우리를 위해 준비해놓으신 '천국'을 가리킨다(요 14:2).

하나님께서 손수 지으신 그 하늘 집으로 옷을 입으면, 비록 우리가 이 육신의 천막을 벗을지라도 결코 벌거벗은 몸이 되지 않을 것입니다. 우리는 '육신'이라는 이 천막집에 사는 동안 날마다 무거운 짐을 지고 탄식하고 있습니다. 하지만 우리는 이 천막을 당장 벗어버리기를 원하는 것이 아니라 그 위에 하늘 집으로 덧입기를 소원합니다. 그것은, 죽을

땅에 있는 장막 집 (오늘날 베두인의 천막 집)

몸이 영원히 살기 위해서입니다. 우리를 위해 이런 일을 이루어주시고, 또한 그 일에 대한 보증으로 우리에게 성령을 보내주신 분은 하나님이십니다.

하나님께서 손수 지으신 그 하늘 집은 '부활의 몸' 곧 부활체를 가리킨다. 그런 부활체를 덧입으면 비록 육신의 천막(몸)을 벗더라도(죽더라도) 결코 벌거벗은 몸이 되지 않는다. 그러나 그리스도의 재림 때에 하나님께서 지으신 그 영광스러운 부활체를 덧입지 않은 자들은 아주 수치스럽게도 벌거벗은 몸 곧 벌거숭이가 될 것이다.

그러므로 우리는 언제나 확신에 가득 차 있습니다. 우리가 이 땅 위에서 육신의 몸에 머물러 있는 동안에는, 우리가 주님에게서 떨어져 따로 지내고 있다는 것을 압니다. 그래도 우리 믿는 자들은 눈에 보이는 것으로 살아가는 것이 아니라 오직 믿음으로 살아갑니다. 사실, 우리가 담대하게 바라고 원하는 것은 차라리 몸을 떠나 주님과 함께 사는 것입니다.

바울은 믿는 자들이 죽으면 주님이 계시는 영원한 집(천국)으로 간다는 사실을 확신했다. 그래서 바울은 '몸을 떠나'(죽어서) 주님과 함께 있기를 바랐는데, 그것은 임시 거처인 이 땅의 '장막'을 떠나 영원한 거처인 저 하늘나라의 영원한 '집'으로 돌아가고픈 솔직한 심정을 드러낸 말이다. 하지만 복음 전파의 큰 사명을 지닌 바울은 주님께서 부르시는 그날까지 맡겨진 사명에 충실함으로써 주님을 기쁘게 해드리는 것이 가치 있고 소중한 일임을 깨달았다.

그러므로 우리가 몸을 지니고 살든 몸을 떠나 살든, 우리의 목표는 오직 주님을 기쁘게 해드리는 것입니다. 장차 우리 모두는 그리스도의 심판대 앞에 서서 심판을 받아야 합니다. 그때 우리는 몸을 입고 이 땅에서 사는 동안에 우리가 했던 모든 일, 곧 선한 일을 했든 악한 일을 했든 우리가 몸으로 행한 모든 일에 따라 보응을 받을 것입니다.

여기서 바울은, 믿는 자들이 그들이 믿는 바에 따라 살아가야 하는 '성도의 책임감'을 강조하고 있다. 비록 성도의 구원이 행위가 아닌 믿음의 문제일지라도, 영원한 상급의 문제는 신실한 행위에 달려 있기 때문이다(고전 3:12-15). 요컨대 믿는 자들은 '선악 간에 그 몸으로 행한 것을 따라' 풍성한 상급을 받느냐, 아니면 단지 부끄러운 구원에 머무느냐가 가려지는 것이다.

화목케 하는 직분을 맡은 자들 (5:11-21)

우리 믿는 자들은 주님을 두려워해야 하는 이유가 무엇인지 잘 알고 있기에 사람들을 설득하려고 애씁니다. 우리의 됨됨이는 이미 하나님 앞에 밝히 드러나 있습니다. 나는 그것이 여러분의 양심에도 환히 드러나기를 소망합니다. 우리는 지금 새삼스럽게 우리 자신을 치켜세워 여러분 앞에 자랑을 늘어놓으려는 것이 아닙니다. 우리는 다만 우리를 통해 여러분에게 자부심을 갖게 하고, 그럼으로써 마음 중심에 있는 내적인 것보다 단지 눈에 보이는 외적인 것들을 자랑하는 사람들에게 여러분이 대답할 말을 가지도록 하려는 것입니다.

당시 고린도 교회에는 눈에 보이는 외적인 것들, 곧 율법 지식이나 가문(혈통)이나 세상 지위 등을 내세우고 자랑하는 유대 출신의 율법주의자들이 있었다.

여러분, 만일 우리가 미친 것이라면 그것은 하나님을 위해서 미친 것입니다. 우리가 제 정신이라면, 그것은 여러분을 위해서입니다. 우리에게는 그리스도의 사랑이 차고 넘칩니다. 그것은, 한 사람이 모든 사람을 대신하여 죽었으니 사실상 모든 사람이 죽은 것과 마찬가지라는 우리의 확신 때문입니다. 그렇습니다. 우리 주 예수 그리스도께서는 모든 사람을 대신하여 죽으셨습니다. 그 까닭은, 이제 살아 있는 사람들로 하여금 더는 자기 자신을 위해 살지 않고, 자신을 대신하여 죽으셨다가 다시 살아나신 분을 위해 살도록 하기 위해서입니다.

실제로 바울은 밤낮을 가리지 않는 열정적이고 헌신적인 복음 전도사역으로 인해 많은 사람들로부터 "미쳤다!"라는 말을 들었다(행 26:24).

그러므로 이제부터 우리는 어느 누구에 대해서도 세상적인 육신의 잣대로 바라보지 않으려고 합니다. 한때 우리는 세상적인 육신의 잣대로 그리스도를 보았지만, 이제는 그렇지 않습니다. 누구든지 그리스도 안에 있으면, 그는 새로운 사람입니다. 옛것은 지나갔고, 보십시오! 이제 새것이 되었습니다. 이 모든 일은 하나님에게서 비롯된 것입니다. 하나님께서는 독생자 예수 그리스도를 통하여 우리를 자신과 화목하게 하셨고, 나아가 우리에게 화목하게 하는 직분을 맡겨주셨습니다.

한때 바울은 세상적인 육신의 잣대로 사람들을 판단했다. 그러니까 회심 이전에 바울은 그리스도를 육신의 관점에서 보았다. 세상적인 관점에서 볼 때, 그리스도는 어리숙한 유대인들을 선동하는 이단자였고, 유대의 종교 및 정치제도와 사사건건 마찰을 빚는 정치 초보자였으며, 평범한 어부들을 제자로 삼는 판단 미숙자였다. 게다가 죄인들과 어울리는 형편없는 죄인이었고, 결국엔 믿고 발탁한 제자에게 배반당하여 십자가에서 처형당한 인생의 실패자였다.

그러나 이제 그리스도 안에서 바울은 완전히 새로운 사람이 되었다. 하나님과 화목을 이룬 결과로 죄인의 신분을 벗고 의인이 되었으며, 인생의 방향과 목표가 새롭게 설정되었다. 더는 자기중심이 아니라 그리스도 중심으로 사고하고 그리스도 중심의 삶을 살아가게 되었다.

> 다시 말해, 하나님께서는 그리스도 안에서 이 세상과 화해하고 화목하심으로써 사람들의 죄를 묻지 않으셨습니다. 이것이 바로 화목케 하는 직분을 맡은 자로서 우리가 세상 모든 사람들에게 전해야 할 화목의 말씀입니다. 그렇게 볼 때 우리는 그리스도의 대사입니다. 하나님께서는 우리를 시켜 여러분에게 자신의 말씀을 하십니다. 이제 우리는 그리스도를 대신하여 여러분에게 간청합니다. 여러분은 필히 하나님과 화해하고 화목하십시오. 하나님께서는 죄를 전혀 알지도 못하시는 분, 곧 자신의 독생자이신 예수 그리스도에게 우리 대신 죄를 짊어지게 하셨습니다. 그렇게 하신 까닭은, 우리로 하여금 예수 그리스도 안에서 하나님께 의롭다는 인정을 받게 하시기 위함이었습니다.

하나님은 죄 없으신 예수님에게 우리 죄인들의 모든 죄를 대신 짊어지게 하셨다. 이 같은 죄의 전가(轉嫁)는 하나님과 인간 사이의 화해와 화목을 위해서는 반드시 필요한 일이었다. 만일 예수께서 우리의 죄를 대신 짊어지지 않았다면, 거룩하신 하나님과 죄인 된 인간 사이의 화해와 화목은 영원히 이뤄질 수 없었고, 그 결과 인간이 죄에서 벗어나 의롭게 될 수 있는 길은 전혀 없었다.

한편, 하나님은 예수 그리스도의 십자가 죽음을 통해 믿는 자들과 먼저 화목을 이루셨고, 그 다음에 믿는 자들에게 '화목케 하는 직분'을 맡기셨다. 그 직분은 예수 그리스도의 십자가 죽음으로 말미암아 하나님과 사람 사이에 화해와 화목이 이루어졌다는 그 복된 사실, 곧 십자가 복음을 세상 사람들에게 증언하는 복음 전도자라는 직분이다. 이런 관점에서 믿는 자들은 '그리스도의 대사들'이다.

6

성도들의 거룩한 삶

우리는 거룩한 하나님의 성전인데
어찌 이방 우상들과 어울립니까
우리는 하나님의 거룩한 자녀인데
어찌 속된 것 섬길 수 있습니까

당시 고린도 교회 내에는 바울의 사도 직분을 크게 의심하면서 바울의 가르침을 깎아내리고 헐뜯는 자들이 있었다. 또한 그런 자들의 거짓 선동에 넘어가 바울이 전하는 십자가 복음을 마음에 받아들이지 못하고 머뭇거리는 자들도 있었다. 디도에게서 소식을 전해 들은 바울은 애가 타고 속이 상했다. 그런 애타는 심정으로 바울은 편지를 쓰고 있다.

사도 바울의 수고와 기쁨 (6:1-10)

사랑하는 형제들이여, 우리가 하나님과 함께 일하는 사람들로서 여러분에게 진심으로 권고합니다. 여러분은 하나님의 은혜를 헛되이 받지 마십시오. 하나님께서 말씀하시기를 "내가 은혜를 베풀 시기에 네 말을 들어주었고, 구원의 날에 너를 도와주었다"라고 했습니다. 그런데 보십시오. 지금이 바로 하나님께서 은혜를 베푸시는 시기이고, 지금이 바로 구원의 날입니다.

바울은 이사야 49장 8절의 말씀을 인용하여 고린도 교인들에게 바로 지금이 구원의 은혜를 받을 시기이므로, 모쪼록 그 시기를 놓치지 말고 그 은혜를 받으라고 권고했다. 여기서 '은혜'는 앞선 5장의 후반부에서 언급된 '하나님과 화해하고 화목케 되는 것'을 말한다.

우리는 무슨 일이든 어느 누구에게도 걸림돌이 되지 않으려고 애쓰고 있습니다. 그것은, 우리가 맡아 행하는 이 일이 사람들에게서 비난을 받거나 불신을 당하는 일이 없도록 하기 위함입니다. 그래서 우리는 모든 면에서 우리 스스로를 하나님의 일꾼으로 천거하면서 해야 할 일을 다 하고 있으며, 어떤 곤란과 역경과 환난이 닥쳐와도 굳세게 견디고 있습니다. 또 매를 맞고, 감옥에 갇히고, 폭도들을 만나 고초를 겪고, 심한 노동을 하고, 잠자지 못하고, 굶주림을 겪고 있습니다.

당시 고린도 교회의 거짓 교사들은 개인적인 이익을 위해 스스로를 추천하곤 했다. 이런 사실을 알고 바울도 자신을 추천했는데 그 이유는 전혀 달랐다. 바울의 자기 추천은 개인적인 이익을 위한 것이 결코 아니었다. 십자가 복음을 전파하다가 여러 모양으로 환난을 겪었다는 사실을 고린도 교인들이 알기를 원해서였다. 이런 식으로 자신을 추천함으로써 바울은 거짓 교사들의 추천을 무색하게 만들었고, 또한 고린도 교회에서 행한 자신의 사역과 메시지를 확증하고 강화하기를 원했다.

온갖 고초를 겪었지만, 그럼에도 우리는 순결함과 지식과 인내와 친절과 성령의 감화와 거짓 없는 사랑과 진리의 말씀과 하나님의 능력 가운데서 힘차게 사역을 감당하고 있습니다. 우리는 양손에 의의 무기를 들고서 영광을 받든 수치를 당하든, 욕을 얻어먹든 칭찬을 받든, 항상 하나님의 일꾼임을 떳떳하게 드러내고 있습니다.

바울이 자신의 좌우 양손에 든 의의 무기는 '그리스도의 의'를 말하는데, 곧 그리스도의 십자가 공로로 말미암는 '칭의'를 가리킨다. 이 무기는 아주 강력하여 율법이나 양심 등으로 사람을 정죄하는 사탄의 온갖 공격을 능히 막아낼 수 있다.

비록 우리가 남을 속이는 사기꾼 같은 취급을 받지만, 사실은 일체 거짓 없이 진실합니다. 또한 이름 없는 하찮은 사람으로 취급받지만, 사실은 모든 사람에게 널리 알려져 있습니다. 또한 다 죽어가는 사람처럼 보이지만, 보십시오! 사실은 이렇게 생생하게 살아 있습니다. 또한 징벌받아서 매를 많이 맞기는 했지만 죽임을 당하는 데까지 이르지 않았고, 슬픔이 가득한 사람처럼 보이지만 사실은 항상 기뻐합니다. 또한 가난한 사람 같지만 사실은 많은 사람들을 풍요롭게 하며, 아무것도 가진 것 없는 사람처럼 보이지만 사실은 모든 것을 다 가지고 있습니다.

세상 사람들이 보는 바울의 모습과 바울의 참모습이 대조를 이루고 있다. 세상 사람들은 바울을 사기꾼(속이는 자), 하찮은 사람(무명한 자), 죽어가는 사람, 징벌 받은 자, 슬픔이 가득한 자, 가난한 사람, 아무것도 가진 것이 없는 사람 등으로 보았다. 그러나 바울은 진실한(참된) 자였고, 유명한 자였으며, 살아 있는 자였고, 죽지 않는 자였으며, 항상 기뻐하는 자였고, 풍요로운 자였으며, 모든 것을 다 가진 자였다. '그리스도 안에서' 바울은 모든 면에서 부족함이 전혀 없는 자였다. 세상 사람들은 이 같은 바울의 기쁨, 감사, 풍요를 알지 못했다.

바울의 애타는 호소 (6:11-13)

고린도 교회 형제들이여, 우리는 우리 자신을 여러분에게 숨김없이 다 털어놓았습니다. 여러분에게 아무것도 감추지 않고 마음을 활짝 열어

보였습니다. 그러므로 우리가 여러분에게 마음을 옹졸하게 쓰는 것이 아니라, 여러분이 우리에게 마음을 활짝 열지 않고 있습니다. 지금 나는 내 자녀들에게 말하듯이 여러분에게 말합니다. 우리가 마음을 활짝 열었으니, 여러분도 보답하는 셈으로 여러분의 마음을 활짝 열어주십시오.

앞서 바울은 고린도 교회의 잘못에 대해 책망하는 글(고린도전서, 눈물의 편지)을 써 보냈다. 그런데 바울을 배척하고 대적하는 자들이 이를 악용하여 바울과 고린도 교인들 사이를 이간질했다. 그들의 이간질은 얼마간 성공을 거두어 고린도 교인들은 바울을 오해하고 멀리했다. 지금 바울은 이런 사실을 염두에 두고 그들을 향해 마음 문을 활짝 열어달라고 호소하면서 자신의 진심을 적극 변호하였다.

이 같은 바울의 애타는 호소와 진실한 변호는 효과가 있었다. 어느 정도 시간이 경과한 후에 고린도 교인들은 자신들의 마음이 옹졸했음과 바울의 책망이 옳았음을 깨닫고는 마음을 열고 바울을 받아들였다.

불신자와 연합하지 말라 (6:14-18)

여러분, 믿지 않는 사람들과 멍에를 함께 메지 마십시오. 의와 불의가 어떻게 함께 짝할 수 있겠으며, 빛과 어둠이 어떻게 함께 어울릴 수 있겠습니까. 그리스도와 '벨리알'이 어떻게 조화를 이룰 수 있겠으며, 믿는 사람이 어떻게 믿지 않는 사람과 같은 것을 소유할 수 있겠습니까. 그리고 하나님의 성전과 우상이 어떻게 하나로 일치하겠습니까.

앞선 편지(고린도전서)에서 바울은 불신자들과는 아예 어울리지 말라고 가르치지는 않았다(고전 5:10). 생전에 예수님도 죄인들과 어울리셨다(마 11:19). 불신자들과 아예 어울리지 않는다면 복음 전파의 기회조차 얻지 못한다. 그러므로 여기서 문제가 되는 어울림은 십자가 복음과 믿음의 순수성을 훼손시키는 거짓됨 및 불법과의 어울림이다. 그런 어울림과 연합은 세상과의 타협이고 신앙의 타락에 불과하기 때문이다.

너희는 믿지 않는 자와 멍에를 함께 매지 말라

한편, '벨리알'이란 말은 히브리어 '벨리야알'의 헬라어 음역으로, 본래는 '무가치한 것', '악한 것', '비천한 것'(시 101:3) 등을 가리키는 말이다. 여기서 바울은 이를 의인화시켜, 참되고 진리이신 그리스도에 대비되는 거짓되고 악한 '사탄'을 가리키는 말로 사용하였다.

우리 성도는 살아계시는 하나님의 성전입니다. 하나님께서도 말씀하시기를 "내가 그들과 함께 살며, 그들 가운데 두루 행할 것이다. 나는 그들의 하나님이 되고, 그들은 내 백성이 될 것이다"(레 26:12; 겔 37:27) 하였습니다. 또 "그러므로 너희는 그들에게서 나와 그들로부터 떨어져 살아라. 이는 나 주님의 말이다. 그리고 부정한 것을 만지지 말라. 그리하면 내가 너희를 받아들일 것이다"(사 52:11) 하였고, 또 "나는 너희의 아버지가 되고, 너희는 내 자녀가 될 것이다. 이는 나 전능한 주님의 말이다"(호 1:10) 하였습니다.

바울은 구약성경의 여러 구절을 인용하여 하나님의 자녀요 백성된 성도가 사탄의 자식이요 우상을 섬기는 불신자들과 어울리거나 연합해서는 안 된다는 사실을 일깨워주었다. 물론, 이때의 어울림(사귐)이나 연합의 금지는 상종하는 것 자체를 아예 금하는 말이 아니라, 믿음의 가치를 훼손시키는 세속적인 어울림이나 연합으로 곧 신앙의 타락을 말한다.

7
바울이 얻은 위로와 기쁨

하나님의 뜻에 부합되는
경건한 슬픔은 회개를 가져옵니다
이로 인해 우리는 크게 위로받고
심령에 새로운 힘을 얻습니다

당시 고린도 교회에는 거짓 교사들이 맹렬하게 활동하고 있었다. 그들은 바울에 대해 온갖 말로 헐뜯으면서 고린도 교인들과 바울 사이를 이간질하고 있었다. 그 결과, 일부 교인들은 바울의 사도직에 의심을 품고 바울의 가르침을 받아들이려 하지 않았다. 더군다나 자신들의 잘못을 꾸짖는 바울의 책망에 반감을 품고 크게 기분 나빠하고 있었다. 이에 바울은 펜을 들어 편지를 썼던 것이다. 자, 편지를 계속 읽어보자.

바울이 고린도 교인들에게 화해를 요청함 (7:1-4)

사랑하는 형제들이여, 이처럼 우리 모두는 하나님께서 우리와 함께 하시겠다는 귀한 약속을 받은 사람들입니다. 그러므로 우리의 몸과 영을 더럽히는 모든 것에서 떠나서 우리 자신을 깨끗하게 하고, 또한 언제나 떨리는 마음으로 하나님을 공경하는 가운데 온전한 거룩함으로 살아가도록 합시다. 그리고 부탁하건대 부디 우리를 위해 마음을 활짝 열어주시기 바랍니다. 우리는 어느 누구에게도 잘못을 저지른 적이 없고, 어느 누구를 망치거나 어느 누구를 속여 무얼 빼앗은 적도 없습니다.

거룩함(헬, 하기오스)의 본질은 '분리됨'이다. 육과 영을 더럽히는 온갖 죄 된 것들로부터 자신을 분리시키는 것이다. 이처럼 성도가 자신을 모든 죄와 거짓과 더러움으로부터 분리시켜 온전한 거룩함을 유지해야 하는 이유는 분명하다. 성도는 하나님의 성전으로서 거룩하신 하나님이 거하시는 처소가 되어야 하기 때문이다(고전 3:16-17).

나는 여러분을 책망하려고 이런 말을 하는 것이 절대로 아닙니다. 전에도 말했듯이, 여러분은 우리의 마음속에 확고하게 자리 잡고 있어서 우리는 여러분과 더불어 살아도 같이 살고 죽어도 같이 죽으려 합니다. 항상 그러했듯, 나는 여러분을 굳게 믿고 있으며 여러분을 매우 자랑스럽게 생각하고 있습니다. 여러분은 참으로 나에게 큰 위로를 주었습니다. 그러기에 온갖 환난과 역경 가운데서도 우리는 여러분으로 말미암아 언제나 기쁨이 넘쳐납니다.

제2차 전도여행 때 무려 1년 6개월가량이나 머물면서 피땀과 눈물의 기도로 개척한 고린도 교회는 바울에게 산통을 겪고 낳은 자식이나 다름없었다. 그러므로 고린도 교회와 교인들에 대한 바울의 애정은 뜨겁고 진실했으며 남달랐다. 참으로 고린도 교회는 바울의 기쁨이고 위로이며 자랑이었다. 바울은 그런 점을 호소한 것이다.

회개와 화해로 인한 바울의 기쁨 (7:5-16)

복음 전파를 위해 우리가 마케도니아에 이르렀을 때에도 우리의 몸은 조금도 쉴 수 없었습니다. 사방에서 온갖 어려움이 우리를 가로막았습니다. 밖으로는 끊임없는 다툼이 있었고, 안으로는 살벌한 두려움이 있었습니다.

당시 바울은 제3차 전도여행 중이었고(주후 65년경 가을), 일전에 디도를 통해 고린도 교회를 꾸짖는 '책망의 편지'를 써 보낸 상태였다. 이런 상황에서 고린도 교회의 거짓 교사들은 바울을 중상모략하면서 바울과 고린도 교인들 사이를 이간질하고 있었다. 이런 소식을 접한 바울은, 고린도 교인들이 거짓 선동에 미혹되어 자신을 불신하고, 자신이 전한 십자가 복음을 배척할까 봐 크게 두려워하고 있었다.

그러나 우리 하나님께서는 곤고함 가운데 있는 자들을 항상 격려해 주시는 분입니다. 그때 하나님께서는 디도를 우리에게 돌아오게 하심으로써 우리를 크게 위로해 주셨습니다. 디도가 우리에게 돌아온 것만 해도 우리는 큰 위로를 받았는데, 그가 여러분에게서 받은 그 위로로 또한 우리가 함께 위로를 받았으니 우리 마음이 얼마나 기뻤겠습니까. 디도는 여러분이 나를 간절히 보고 싶어 한다는 것과 내게 잘못한 일에 대해 깊이 뉘우친다는 것, 그리고 나를 위해 열심을 내고 있다는 말을 우리에게 전해주었습니다. 그 말을 듣고, 나는 너무나 기뻤습니다.

에베소에서 '책망의 편지'를 써서 디도를 통해 고린도 교회에 보낸 바울은 드로아에서 디도를 만나기로 했지만 무슨 사정이 생겨 서로 만나지 못하고, 결국 마케도니아의 빌립보에서 만났다. 고린도 교회를 방문한 뒤 '책망의 편지'를 전달하고 돌아온 디도는 바울에게 위로가 되는 기쁜 소식을 전해주었다. 지금 바울은 그런 사실을 말하고 있다.

나는 지난번에 여러분에게 보낸 나의 편지가 여러분의 마음을 아프게 한 것에 대해 후회하지 않습니다. 그 편지가 여러분의 마음을 아프게 한 것을 알고 잠시 후회하긴 했지만, 이제 나는 도리어 그 편지를 보낸 것을 기쁘게 생각합니다. 내가 기쁜 까닭은, 여러분이 받은 상처 때문이 결코 아니라, 여러분의 그런 상처가 여러분을 회개의 자리로 이끌어주었기 때문입니다. 그런 슬픔과 근심을 통하여 여러분이 하나님께서 바라시는 대로 회개하고 하나님께 돌아왔으니, 결국 여러분에게 도움이 되었고 해를 끼친 것이 아닌 셈이 되었기 때문입니다.

바울이 눈물로 슬픔의 편지를 쓰다

여기서 바울이 말하는 '편지'는 '고린도전서'(고린도 교회에 보내는 첫 번째 편지)가 아니라, 이른바 '눈물의 편지' 또는 '책망의 편지'로 알려진 또 다른 편지를 말한다(오늘날 이 편지는 분실되어 우리에게 전해져 오지 않는다). 앞서 '고린도전서'를 써 보낸 바울은 몇몇 거짓 교사들이 자신의 사도직을 폄훼하면서 순진한 교인들을 선동한다는 소식을 전해 듣고, 급히 펜을 들어 그들을 준엄하게 정죄하는 동시에 그들의 선동에 놀아나는 고린도 교인들을 책망하는 편지를 써서 디도 편으로 보냈다(주후 56년경 봄).

하나님의 뜻에 맞게 근심하는 경건한 슬픔은 회개를 가져오고, 회개는 우리를 구원으로 이끌기 때문에, 그런 슬픔은 후회할 것이 없습니다. 하지만 하나님의 뜻에 벗어난 세상적인 슬픔은 죽음을 가져올 뿐입니다. 보십시오, 하나님의 뜻에 맞는 경건한 슬픔은 여러분에게 얼마나 많은 유익을 안겨주었습니까. 그로 인해 여러분은 더욱 열심을 내게 되었고,

더욱 변호하게 되었으며, 더욱 의분을 갖게 되었고, 더욱 하나님을 두려워하게 되었습니다. 또한 더욱 간절한 마음과 더욱 뜨거운 마음과 더욱 죄에 대해 응징하려는 태도를 갖게 되었습니다. 이처럼 여러분은 그 편지로 인해 모든 면에서 여러분 자신의 깨끗함을 보여주었습니다.

'하나님의 뜻에 맞는 근심'이란 하나님의 뜻과 목적에 부합되는 경건한 근심을 말한다. 그런 근심은 죄에 대하여 슬퍼하고 염려하는 근심이기 때문에, 마침내 죄인을 회개의 자리로 이끄는 유익한 근심이다.

그러므로 내가 그 편지를 보낸 궁극적인 목적은, 부당한 일을 저지른 사람이나 부당한 피해를 당한 사람 때문이 아니라, 여러분이 얼마나 우리 일에 마음을 쓰고 있는가를 하나님 앞에서 스스로 밝히 나타내 보이도록 하기 위함이었습니다. 그래서 그로 말미암아 우리는 크게 위로를 받고 고무되었습니다. 더군다나 우리가 받은 그런 위로 위에 디도의 기쁨까지 더해져서 우리는 더욱 기뻤습니다. 정말로 디도는 여러분 모두에게서 따뜻한 환대를 받았고, 그로 인해 그의 심령에 새로운 힘을 얻었습니다.

'디도의 기쁨', 곧 디도가 느낀 기쁨이란 디도가 고린도 교회에서 받은 따뜻한 환대는 물론이고, 무엇보다도 디도의 중재로 인해 고린도 교인들과 바울 간의 오해와 불화가 해소된 것을 가리킨다. 그래서 디도는 심령에 활기찬 힘을 얻게 되었다.

나는 평소에 디도에게 여러분을 자랑했었는데, 여러분은 그런 나를 조금도 실망시키지 않았습니다. 우리가 여러분에게 말한 모든 것이 진실인 것처럼, 여러분에 대해 우리가 디도에게 자랑했던 것 또한 모두 사실임이 밝혀졌기 때문입니다. 디도는 여러분이 두렵고 떨리는 마음으로 자신을 따뜻하게 맞아주었고, 또한 여러분 모두가 기꺼이 나의 말에 순종했던 것을 회상하고는 여러분에 대한 사랑을 더욱 키워가고 있습니다. 그리하여 이제 나는 여러분을 전적으로 신뢰할 수 있게 된 데 대하여 얼마나 기쁜지 모르겠습니다.

고린도 교회에 대한 바울의 자랑과 책망은 선한 결과를 낳았다. 자랑한 대로, 고린도 교회는 푸근하고 넉넉한 마음으로 디도를 환대해 주었고, 책망한 대로 고린도 교인들이 하나님의 뜻에 합당한 근심을 하여 마침내 회개의 열매를 맺었기 때문이다. 이로써 바울은 고린도 교회에 대한 모든 불안과 염려를 떨쳐버리고 모처럼 크게 기뻐하였던 것이다.

8

예루살렘 교회를 위한 헌금

여러분이 형제의 궁핍을 채워주면
형제도 여러분 궁핍을 채워줍니다
그렇게 하여 평등을 이룹니다
주께서 기뻐하시는 일입니다

지금껏 바울은 고린도 교회에 보내는 두 번째 편지 곧 '고린도후서'를 통해 자신의 사도직을 변호하는 가운데 자신의 말을 오해하고 있던 고린도 교인들과 화해하는 데 긴 지면을 할애했다(1-7장). 그런데 이제부터 바울은 주제를 바꾸어 초대교회 당시에 상당한 이슈로 제기되었던 또 다른 문제를 다룬다(8-9장). 그것은 빈곤한 상태에 처한 예루살렘 교회의 성도들을 구제하기 위한 헌금의 문제였다.

바울은 고린도 교회와 자신 사이의 화해를 통한 기쁨의 감정에만 젖어 있지 않고, 모든 흩어진 교회의 본산이며 영적 어머니라 할 수 있는 예루살렘 교회를 돕는 일에 눈을 돌려 간곡하고 절실한 호소로 헌금을 독려하였다. 이런 구제헌금의 모금은 단지 가난한 성도를 경제적으로 도와준다는 물질적 차원의 사역에 그치는 것이 아니라, 지역과 인종의 장벽을 뛰어넘어 그리스도 안에서 사랑으로 하나 된 교회를 몸소 실천하는 영적 차원의 신앙운동이었다. 이런 관점에서 고린도 교회를 향한 바울의 편지는 이어진다.

고린도 교회에 대하여 구제 헌금을 독려함 (8:1-15)

형제 여러분, 이제 나는 하나님께서 마케도니아 지역에 있는 여러 교회들에게 베푸신 은혜에 대해 여러분에게 알리려고 합니다. 그들은 모진 시련 가운데서도 기쁨이 넘쳐났고, 그들 역시 극심한 가난에 쪼들리면서도 넉넉한 마음으로 예루살렘 교회를 위해 헌금을 많이 했습니다. 내가 여러분에게 자신 있게 말할 수 있는 것은, 그들 마케도니아 교회의 성도들은 자기들이 할 수 있는 만큼 힘닿는 대로 힘껏 헌금했을 뿐만 아니라, 도리어 힘에 지나도록 헌금을 풍성하게 했다는 사실입니다.

성경의 '마케도니아'(마게도냐)는 오늘날 그리스 북쪽에 있는 '발칸 반도'를 가리킨다. 이 지역은 그리스도교 최초의 유럽 선교지역으로, 제2차 전도여행 때(주후 50-52년경, 행 15:40-18:22) 바울은 이 지역을 처음 방문하여 전도했다. 바울은 마케도니아 지방을 남북으로 잇는 이그나티아 대로(Via Ignatia)를 따라 네압볼리, 빌립보, 암비볼리, 아볼로니아, 데살로니가, 베뢰아 등지에서 복음을 전파했다. 이 기간 동안에 세워진 교회가 빌립보 교회, 데살로니가 교회, 그리고 베뢰아 교회 등이다.

지금 바울은 마케도니아 지역의 교회들이 큰 어려움에 처한 예루살렘 교회를 돕기 위해, 자신들도 어려움 가운데 처해 있지만 기꺼이 구제 사역에 참여해서 풍성한 헌금을 거둔 사실을 말하고 있다. 바울은, 마케도니아 지역의 교회들이 이처럼 선한 일을 행할 수 있었던 것은 그들에게 하나님의 은혜가 임했기 때문이라고 보았다.

마케도니아 지역의 교회들은 어려움에 처한 예루살렘 교회의 성도들을 구제할 수 있는 특권에 자신들도 동참하게 해달라고 우리에게 간절히 부탁했습니다. 그 결과, 우리가 기대했던 것 이상으로 그들은 하나님의 뜻에 따라 자기 자신들을 먼저 주님께 바치고 또한 우리에게도 바쳤습니다.

마케도니아 지역의 교회들(빌립보 교회, 데살로니가 교회, 베뢰아 교회 등)이 예루살렘 교회를 돕는 구제 헌금에 적극적으로 동참하여 풍성한 헌금을 한 것은 결코 그들의 처지가 넉넉했기 때문이 아니었다. 당시 그 지방은 로마제국의 속주였기 때문에 정치적으로는 로마에 예속되어 있었고, 경제적으로는 로마의 수탈 대상이었다. 뿐만 아니라 종교적으로는 로마의 혼합주의 영향과 유대인들의 훼방과 난동으로 교회가 많은 시련을 겪고 있었다.

이 같은 처지에 놓인 이 지방의 교회들은 경제적으로 궁핍한 처지였지만, 당시 글라우디오(Claudius, 주후 41-54년경) 황제 때 팔레스타인 지방을 덮친 극심한 흉년으로 말미암아 더욱 어려운 처지에 놓인 예루살렘 교회를 위해 기꺼이 풍성하게 헌금을 했던 것이다. 이는 어려움 가운데에서도 마음과 정성이 있다면 헌금의 많고 적음을 떠나 얼마든지 헌금할 수 있다는 좋은 본보기가 되었다.

그래서 우리는 우리 형제 디도를 여러분에게 보내면서 권면하기를, 우리보다 앞서 고린도 교회를 방문하여 이 은혜로운 구제의 사역을 기왕 시작하였으니 계속 진행하여 마무리를 지어 달라고 했습니다. 여러분은 모든 면에서 탁월한 분들입니다. 믿음에서, 말에서, 지식에서, 모든 열심에서, 그리고 우리를 향한 풍성한 사랑에서 여러분은 남다른 데가 있는 만큼 다른 성도들을 돕는 이 은혜로운 구제 사역에도 앞장서 주시기 바랍니다.

바울이 디도(Titus)를 고린도 교회에 보낸 까닭은 디도 편에 편지(눈물의 편지)를 보내기 위함이었고, 이와 동시에 마케도니아 지방의 교회들처럼 고린도 교회에서도 예루살렘 교회를 돕기 위한 구제 헌금을 모금하기 위해서였다. 그리하여 디도는 대략 1년 전부터 고린도 교회에서 모금 활동을 시작하고 있었는데(고후 9:2), 이제 바울은 그것의 성취와 마무리를 독려하고 있는 것이다.

한편, 당시 팔레스타인 지방의 예루살렘 교회는 극심한 흉년을 당해 경제적으로 큰 궁핍에 처해 있었고(행 11:27-30), 또한 그리스도교의 복음에 아주 적대적인 극렬 유대인들로 인해 가혹한 종교적 핍박을 받고 있었다.

> 형제들이여, 구제 헌금을 해달라는 이 말을 내가 여러분에게 명령하는 것이 아닙니다. 다만 다른 성도들이 열심을 내어 구제하고 있다는 사실을 알림으로써 여러분의 사랑 또한 진실하다는 것을 확인하고 싶을 뿐입니다. 여러분은 우리 주 예수 그리스도의 은혜를 잘 알고 있습니다. 정녕 그리스도께서는 부요하신 분이지만 여러분을 위하여 가난하게 되셨습니다. 그것은 그분의 가난을 통하여 여러분을 부요하게 하기 위해서였습니다.

바울은 사도의 권위로서 고린도 교회에 대하여 헌금을 명령할 수도 있었다. 하지만 그렇게 하지 않고, 다만 마케도니아 지방의 교회들이 행한 본보기를 제시했다. 그처럼 헌금은 '기쁜 마음으로 기꺼이 자발적으로' 해야만 참된 의미와 가치를 지니기 때문이다.

> 헌금을 하는 문제에 대해서 나의 의견은 이렇습니다. 구제 헌금은 아주 유익한 일로서 여러분은 이미 지난해부터 이 일을 시작하였으니 여러분이 은혜롭게 마무리해 주십시오. 이 일은 여러분이 열정을 가지고 스스로 시작한 일이니, 여러분이 처음 시작할 때 가졌던 그 열정에 걸맞게 여러분 스스로의 힘으로 이제는 그 일을 마무리해 주십시오.

나의 말을 오해하지 마시기 바랍니다. 여러분이 갖고 있지도 않은 것을 바치라는 것이 아닙니다. 여러분 각자의 사정과 형편에 따라 기쁜 마음으로 정성껏 바치면, 하나님께서 그 바친 것을 기쁘게 받아주실 것입니다.

고린도 교회는 이미 1년 전부터 예루살렘 교회를 위한 구제 헌금 활동을 시행하고 있었다. 하지만 그 일을 완성시키지 못한 채 시일만 끌고 있었다. 그러는 사이에 마케도니아 지방의 교회들은 늦게 시작했지만 풍성한 헌금을 다 모금하고 예루살렘 교회에 전달할 준비를 마쳤다. 이에 바울은 고린도 교회가 분발하여 지난해부터 행해오던 구제 헌금 사역을 빠른 시일 내에 마무리 지으라고 권면한 것이다. 조만간 바울 일행은 제3차 전도여행을 마무리 짓고 예루살렘 교회로 돌아갈 예정이었기 때문에 그 편에 구제 헌금을 가져가야 했기 때문이다.

나는 다른 사람들은 편안하게 해주고, 오직 여러분만 쥐어짜서 다른 사람들을 구제하겠다는 것이 아닙니다. 나는 단지 평등하게 하려는 것입니다. 지금 여러분이 넉넉하여 그들의 궁핍을 채워주면, 그들이 넉넉해질 때 그들도 여러분의 궁핍을 채워줄 것입니다. 그것이 바로 평등을 이루는 일입니다. 그러기에 성경에도 기록되어 있기를 "많이 거둔 사람들도 남지 않았고, 적게 거둔 사람들도 모자라지 않았다" 했습니다.

바울은 성경 속에서 평등 혹은 평균을 이루시는 하나님의 섭리를 보여주는 한 가지 좋은 예를 들었다. 그것은 출애굽 이후에 이스라엘 백성들의 광야 여정에서 하늘에서 내려온 광야의 음식 '만나'였는데, 이때 모든 백성들은 많이 거둔 자들도 더 남는 것이 없었고, 적게 거둔 자들도 더 부족한 것이 없었다(출 16:16-18).

많이 거둔 자도 남지 아니하였고 적게 거둔 자도 모자라지 아니하였느니라

구제 헌금의 모금을 위해 디도 일행을 고린도 교회에 파견함(8:16-24)

고린도 교회의 형제들이여, 내가 여러분에게 쏟은 열심을 우리의 동역자인 디도에게도 역시 똑같이 갖게 해주신 하나님께 감사를 드립니다. 디도는 고린도 교회 방문을 권하는 내 말을 기쁘게 받아들였을 뿐만 아니라, 많은 열정을 품고서 기꺼이 여러분에게로 나아갔습니다. 우리는 디도와 함께 다른 형제 한 사람을 그에게 딸려 보냈습니다. 그 형제는 복음을 전하는 일로 인해 모든 교회에서 크게 칭찬을 받는 신실한 사람입니다. 더군다나 그 형제는 우리와 함께 구제 헌금을 갖고 예루살렘으로 나아가도록 여러 교회들에 의해 뽑혀 임명받은 사람입니다.

바울은 고린도 교회의 구제 헌금 모금에 디도를 보냈다. 디도는 바울의 동역자로서 복음에 대한 뜨거운 열정을 지닌 믿을 만한 인물이었기 때문이다. 또한 바울은 여러 교회들로부터 인정받는 믿음의 형제 두 명을 더 보냈는데, 그것은 이번 일이 거액의 헌금을 취급하는 일인 만큼, 아무에게서도 어떠한 오해나 비방도 받지 않으려고 무척 조심했기 때문이었다.

당시 복음의 대적자들은 바울을 비롯한 복음 사역자들이 자신들의 이익을 위해 전도 활동을 하고 있다고 헐뜯으며 비방하고 있었다. 하지만 이 같은 바울의 세심한 주의에도 불구하고, 복음의 대적자들은 바울이 교활하게 속임수를 써서 자기 이득을 취하고 있다고 악의에 찬 비방을 해댔다(고후 12:16-19).

> 우리가 구제 헌금을 모금하는 일을 하려는 것은, 주님께 영광을 돌리고 또한 성도들 간에 서로 도우려는 우리의 선한 뜻을 보여주기 위해서입니다. 우리가 이 많은 헌금을 맡아 관리하는 일에 있어 누구에게도 아무런 비난을 받지 않으려고 삼가 조심하고 있습니다. 우리는 주님 앞에서뿐만 아니라 사람들 앞에서도 이 일을 올바르게 처리하려고 무진 애를 쓰고 있습니다. 그래서 디도와 다른 한 형제와 함께, 우리는 또 다른 형제 한 명을 더 딸려 보냅니다. 우리는 여러 경험을 통해 이 형제가 모든 일에 열성이 있는 신실한 형제라는 것을 확인하였습니다. 지금 그 형제는 여러분을 굳게 신뢰하고 있으므로 더욱 열심을 내어 이번 일을 잘 해낼 것입니다.

바울은 구제 헌금의 모금을 위해 디도를 고린도 교회에 보낼 때 그와 함께 증인이 되기에 충분한 두 명의 신실한 형제를 딸려 보냈다(유대 사회에서는 어떤 일의 진실을 입증하고자 하려면 최소한 두 명 이상의 증인이 있어야 했다). 바울의 대적자들은 평소에 바울이 돈이나 생계를 위해 사도인 척 행세한다고 비난하고 있었기 때문에, 이처럼 돈을 만지는 일과 관련하여 바울은 털끝만큼도 오해의 소지를 남기지 않기 위해 주의를 기울인 것이다.

디도와 함께 고린도 교회에 파송된 두 명의 사람은 구체적으로 누구인지 알 수 없다. 성경이 그들의 이름에 대해 침묵하고 있기 때문에 누군지는 알 수 없지만, 당시 바울의 주변 인물이나 초대교회의 상황으로 미루어 짐작할 때, 모든 형제들에게 그 신실함을 널리 인정받고 있었던 바나바, 실라, 누가, 드로비모, 마가, 아볼로 가운데 두 사람일 가능성이 있다.

> 특별히 디도에 관해 말하자면, 그는 나의 동료이고 또한 여러분을 위해 나와 함께 일하는 동역자입니다. 그리고 그와 함께 간 우리 형제들에 관해 말하자면, 그들은 여러 교회를 대표하는 심부름꾼들이고 그리스도의 영광입니다. 아무쪼록 여러분은 기쁘고 정성이 깃든 헌금을 통해 그들에게 여러분의 사랑의 증거를 보여주십시오. 그리하면 여러분에 대한 우리의 자랑이 사실이라는 것을 여러 교회가 분명히 알게 될 것입니다.

제2차 전도여행 때(주후 50-52년경, 행 15:40-18:22) 바울이 1년 6개월가량 머물면서 피땀의 노력과 쉼 없는 눈물의 기도로 개척한 고린도 교회, 이 교회는 진실로 바울의 자랑이고 자부심이며 긍지였다. 그래서 이번 고린도 교회에서 구제 헌금을 모으는 일을 통해 바울은 자신의 그런 자랑과 긍지가 신실하게 보답받기를 원했다.

9

올바른 구제 헌금

하나님은 은혜 베풀어주십니다
가난한 형제를 위해 헌금하면
여러분 창고를 넉넉히 채워
의로움의 열매를 맺게 하십니다

바울은 계속해서 궁핍함에 처한 예루살렘 교회를 돕는 구제 헌금에 관해 글을 쓰고 있다. 구제 헌금을 모으는 일을 위해 고린도 교회에 디도 일행을 파송할 터이니, 부지런히 준비하여 그 일에 실수나 착오가 없도록 할 것, 그리고 헌금을 하되 인색함으로 하지 말고 자원하는 심령으로 후하게 헌금할 것을 권면한다.

예루살렘 교회를 돕는 구제 헌금과 관련해서, 바울은 고린도 교인들에게 세 가지를 당부했다. 첫째, 미리 준비할 것. 둘째, 기쁘게 자원하는 마음으로 할 것. 셋째, 인색함 없이 후하게 할 것.

가난한 성도들을 돕는 구제 헌금 (9:1-15)

궁핍에 처한 성도들을 돕는 이 구제 헌금의 일에 대해서는 새삼스럽게 여러분에게 길게 설명할 필요가 없습니다. 그 까닭은, 가난한 성도들을 돕고자 하는 여러분의 열심을 내가 잘 알고 있기 때문입니다. 그래서 나는 여러분 고린도 교회의 성도들에 대해 마케도니아 지방의 형제들에게 자랑하기를 "아가야 지역에 있는 성도들은 지난해부터 이미 헌금을 준비해 왔다"라고 했습니다. 그래서 여러분의 그런 열심이 그들을 감동시켜 많은 사람들을 분발하게 해주었습니다.

바울이 이 편지(고린도후서)를 쓰고 있던 때는 주후 56년 가을쯤이다. 그런데 고린도 교회는 대략 1년 전인 주후 55년 가을쯤부터 예루살렘 교회를 돕기 위한 구제 헌금을 하고 있었다. 지금 마케도니아 지방에 머물고 있는 바울은 그런 사실을 이곳의 교회들(빌립보 교회, 데살로니가 교회, 베뢰아 교회 등)에게 자랑함으로써 이곳의 교회들이 자극을 받아 뒤늦게나마 구제 헌금에 적극 동참하도록 했다.

이제 내가 이곳 마케도니아 지방에서 디도 일행을 고린도에 있는 여러분에게 보내는 것은, 여러분에 대한 우리의 자랑이 헛된 일이 되지 않도록 여러분으로 하여금 헌금을 준비하도록 하기 위해서입니다. 만일 마케도니아 지방의 형제들이 나와 함께 여러분에게로 나아갔을 때 여러분이 아직 헌금 준비가 되어 있지 않은 것을 보게 된다면, 여러분은 말할 것도 없고, 우리가 그토록 자랑하고 확신했던 것에 대해 우리 모두가 크게 부끄러워질 것입니다.

당시 마케도니아 지방(그리스 북부의 발칸반도 지역)에 머물고 있던 바울은 그 지방의 교회들(빌립보 교회, 데살로니가 교회, 베뢰아 교회 등)에게 고린도 교회를 자랑하고 있었다. 고린도 교회의 성도들은 가난한 형제들을 돕는 일에 성심성의껏 참여한다고 자랑했던 것이다. 이런 자랑에 자극을 받은 마케도니아 지방의 교회들은 구제 헌금을 모으는 일에 전력투구하여 좋은 성과를 거두었다. 바울은 고린도 교회의 성도들을 향해 이런 사정을 언급하면서 자신의 자랑과 확신이 헛된 빈말이

연보는 준비하는 정성의 마음으로 기꺼이 드려야 연보답느니라

되지 않도록 구제 헌금을 모으는 일에 분발해 줄 것을 부탁하고 있는 것이다.

그래서 나는 디도 일행에게 당부해서, 나보다 앞서 여러분에게로 나아가서 여러분이 약속한 그 구제의 선물을 미리 준비해놓도록 하는 것이 필요하다고 생각했습니다. 그렇게 준비한 헌금이라야 여러분이 마지못해 억지로 내는 헌금이 아니라 진심에서 우러나오는 헌금이 될 것입니다.

바울이 디도 일행을 고린도 교회에 파송한 것은 구제 헌금을 하도록 독촉하기 위함이 아니었다. 단지 일전에 고린도 교회가 스스로 했던 구제 헌금의 약속을 일깨워주어 그 일에 더욱 열심을 내주기를 바랐기 때문이었다. 이처럼 스스로 깨달아 준비함으로써 자발적으로 하는 헌금이 '참된 헌금'이다. 기꺼운 마음 없이 의무나 체면 때문에 마지못해 하거나 자기 자랑과 자기만족을 위해 하는 헌금은 '그릇된 헌금'이다.

사랑하는 형제들이여, 이 점을 꼭 명심하십시오. 적게 뿌린 사람은 적게 거두고, 많이 뿌린 사람은 많이 거두게 마련입니다. 각 사람은 자기 마음에 정한 대로 정성껏 헌금해야 하고, 아까워하면서 하거나 또는 마지못해서 하는 일이 없어야 할 것입니다. 하나님께서는 기쁜 마음으로 바치는 사람을 사랑하십니다.

"적게 뿌린 사람은 적게 거두고, 많이 뿌린 사람은 많이 거둔다"는 경구는, 잠언 11장 24-25절의 의미를 바울이 자유롭게 정리한 말로, 파종과 수확의 비례 관계를 통해 인색한 연보와 후한 연보를 대조시키고 있다. 뿌리는 것에 비례해서 거둔다는 일반적인 농사의 원리를 통해 보다 적극적이고 후한 연보의 필요성을 일깨워준 것이다.

> 하나님께서는 여러분에게 모든 은혜를 풍성하게 베풀어주실 수 있는 분이십니다. 그러므로 여러분은 언제든지 필요한 것을 넉넉히 가질 수 있고, 그래서 모든 선한 일을 넘치도록 능히 할 수 있습니다. 그러므로 성경에 기록되기를 "하나님께서 가난한 사람들에게 아낌없이 나누어주셨으니, 그분의 의가 영원히 있다" 했습니다.

바울은 시편 112장 9절의 말씀을 인용하여, 의는 공정한 재판을 통해서 이루어지지만 구제나 나눔을 통해서도 충분히 이루어질 수 있다는 사실을 강조하였다(마 6:1-4).

> 씨를 뿌리는 사람에게 씨와 함께 먹을 양식을 공급해 주시는 우리 하나님께서, 여러분에게도 씨를 공급해 주실 뿐만 아니라 여러분의 씨앗 창고를 풍성하게 채워주시고, 여러분으로 하여금 의로움의 열매를 넘치도록 거두게 해주실 것입니다. 그러므로 여러분은 모든 면에서 풍요롭게 되어 후하게 헌금할 수 있게 될 것입니다. 그래서 우리를 통해 여러분의 헌금이 가난한 성도들에게 전달되면, 많은 형제들이 그 일로 인해 또한 하나님께 감사를 드리게 될 것입니다.

바울은 이사야 55장 10절과 호세아 10장 12절의 말씀을 자유로운 방식으로 인용하여 '씨와 먹을 양식'을 공급해 주시는 분이 오직 하나님이심을 강조하면서, 가난한 성도를 돕는 구제와 나눔의 일이 의로움의 열매를 풍성하게 맺는 일이라고 일깨워준다.

정말로 그렇습니다. 여러분이 행한 이 봉사의 일, 곧 구제 헌금의 일은 어려운 처지에 있는 성도들에게 필요한 것을 공급해 주는 데서 그치는 것이 아니라, 많은 형제들로 하여금 하나님께 넘치도록 감사드리게 하는 일로 이어지게 될 것입니다. 여러분의 도움을 받은 형제들은 여러분이 하나님께 순종하여 예수 그리스도의 복음을 진실되게 고백하고 믿는다는 것을 확신하게 될 것이고, 자신들에게나 다른 사람들에게 베푸는 여러분의 구제와 나눔에 대해 크게 기뻐하면서 우리 하나님을 찬양하게 될 것입니다.

가난한 성도를 돕는 고린도 교인들의 헌금 행위가 그들의 진실된 믿음을 밝히 고백하고 간증하는 일이 될 것이라는 말이다. 그런 고백과 간증에 대해, 도움을 받는 사람들은 크게 기뻐하면서 결국 하나님께 찬양을 돌리게 될 것이다. 이처럼 도움은 고백과 간증이 되고, 간증은 찬양과 감사로 이어지는 선순환의 효과를 낳는다.

또한 여러분의 도움을 받는 그들 가난한 형제들은 여러분을 통해 보여주신 하나님의 넘치는 은혜를 깨닫고, 여러분을 사모하면서 여러분을 위해 진심으로 기도를 드릴 것입니다. 진실로 우리에게 말로 다 할 수 없는 선물을 주시는 하나님께 감사를 드립니다.

'물질'로 도와주지만 '기도'로 되돌려 받는다는 사실을 알려주면서, 바울은 가난한 성도를 돕는 일이 일방적인 도움이 아니라 더욱 귀한 영적 답례품이 있다는 사실을 일깨워주었다. 썩고 없어질 '땅의 것'으로 심고 영영 불멸하는 '하늘의 것'으로 거두는 귀한 원리를 일깨워준 것이다(고전 9:11).

10

바울의 사도적 권위와 자랑

다른 사람의 업적을 가로채
자랑거리로 삼지 않습니다
그런 사람들은 인정받지 못하니
오직 주께 인정받아야 합니다

'흐흠, 고린도 교회에 들어와 나를 비난하고 헐뜯으며 온갖 문제를 일으키는 저들을 그냥 보고만 있을 순 없다.'

뭔가 단단히 작심한 듯 바울은 매우 근엄한 표정으로 펜을 꽉 부여잡는다. 앞서 바울은 고린도 교회의 전체 교인들을 대상으로 매우 부드럽고 친근한 어조로 예루살렘 교회를 위한 구제 헌금에 동참해 줄 것을 권면했다(고후 8-9장). 하지만 이제 목소리를 높여 고린도 교회 내에 여전히 남아있는 복음의 대적자들과 불신앙의 훼방꾼들을 대상으로 책망을 하려 한다.

사실, 고린도 교회의 대다수 교인들은 바울의 가르침을 잘 따르는 순전하고 신실한 성도들이었다. 그러나 율법을 추종하는 일부 유대주의자들이 고린도 교회에 침투하여 유대교적 사상을 전파하면서 바울의 십자가 복음을 훼손시키고 있었다. 그들은 바울 개인에 대해서도 온갖 험담을 퍼부으면서 고린도 교회 내에 분열을 조장하고 있었다.

바울로 하여금 극심한 번민과 고통을 느끼게 했던 고린도 교회의 문제들은 대부분 이들 유대주의적 거짓 교사들의 악의적이고 선동적인 가르침 때문이었다. 그래서 바울은 단단히 작심하고는 그런 자들을 염두에 두고 편지를 쓴다. 자, 지금으로부터 대략 2천여 년 전, 주후 1세기 초대교회 내 바울의 입장에 서서 그의 편지를 읽어보도록 하자.

누구든지 '주님 안에서' 자랑하라 (10:1-18)

고린도 교회의 형제들이여, 나 바울은 그리스도의 온유하심과 너그러우심으로 여러분께 호소합니다. 여러분 가운데 더러는 나에 관해 험담하기를 "바울은 멀리 떨어져 있을 때는 아주 강경하고 센 척하지만, 실제로 얼굴을 마주 대하고 있을 때는 연약한 겁쟁이에 불과하다"라고, 떠들고 다니는 사람이 있다는 것을 알고 있습니다. 여러분에게 부탁하건대, 부디 내가 여러분에게 나아갈 때는 강경하게 처신할 필요가 없게 해주십시오. 그렇지만 우리가 육신의 욕망에 따라 살아간다고 여기는 사람들에게는 내가 단호하게 대처하려고 합니다.

여기서 '육신의 욕망에 따라 살아가는 자'란 말은, '자기 육신의 이익을 도모하기 위해 세상적인 방법과 불순한 동기에 따라 행동하는 자'라는 뜻이다. 당시 복음의 대적자들 곧 유대주의적 거짓 교사들은 바울에 대해 이 같은 터무니없는 말로 바울을 모함하고 악선전했다. 이에 바울은 자신이 전한 십자가 복음을 지키기 위해 그런 자들의 중상모략에 대해 담대하고 단호하게 대처하기로 작심했던 것이다.

비록 우리가 육신을 입고 세상 속에서 살아가고 있지만, 육신의 욕망에 따라 세상 사람들이 그러하듯 속된 싸움을 하고 있는 것이 결코 아닙니다. 우리가 들고 싸우는 무기는 육신에 속한 세상 무기가 아닙니다. 우리의 무기는 아무리 견고한 요새일지라도 능히 무너뜨리는 하나님의 강력한 무기입니다. 이 무기로 우리는 세상의 모든 궤변을 능히 무찌릅니다. 또한 이 무기로써 하나님을 아는 지식에 반대하는 온갖 교만한 사상을 무너뜨리고, 사람들의 모든 사상을 포로로 사로잡아 우리 주 예수 그리스도께 복종시킵니다. 그리하여 여러분이 온전히 주님께 순종하기만 한다면, 우리는 모든 불순종하는 사람들을 우리의 무기로 정복하고 징벌할 준비를 갖추게 될 것입니다.

바울은 복음의 대적자들과 맞서 싸울 무기를 준비해놓고 있었다. 바울의 무기는 육신이나 세상에 속한 것이 아니었다. 바울의 대적자들은 육신에 속한 무기들 곧 세상적인 학문, 인간적인 자랑, 권위 있는 추천서, 수사학적 달변 등으로 바울을 공격했다. 하지만 바울의 무기는 영적인 무기였다. 십자가 복음, 하나님의 말씀, 기도와 믿음으로 맞서 싸웠다.

바울에게는 육신의 약함조차도 도리어 무기였다. 그것은 그리스도 안에서 그리스도의 강함을 덧입은 영적인 강함을 의미하기 때문이다(고후 12:7-10). 하나님 중심의 삶도 무기였다. 그것은 하나님에게서 초자연적인 능력을 덧입을 수 있기 때문이다. 진리도 강력한 무기였다. 그것은 세상의 모든 교활함과 거짓과 간계를 능히 깨뜨리기 때문이다(고후 6:7). 고난조차도 무기였다. 그것을 통해 더욱 강건한 그리스도의 군사로 연단 받고 성숙해지기 때문이다.

여러분은 겉모양만 보고 사람을 판단하는 잘못을 범하고 있습니다. 누구든지 자신이 그리스도께 속한 사람이라는 것을 확신하고 있다면, 그는 자기 자신이 그리스도께 속한 사람인 것과 같이 우리 또한 그리스도께 속한 사람들이라는 사실을 분명히 알아야 할 것입니다. 주님께서 내게 주신 권위는 여러분을 일으켜 세우기 위한 것이지, 여러분을 거꾸러뜨리기 위한 것이 절대로 아닙니다. 그러므로 주님께서 내게 주신 권위를 내가 여러분 앞에 드러내놓고 조금 더 자랑하더라도, 나는 그 점에 대해 하등 부끄러울 것이 없습니다.

주님께서 바울에게 주신 권위는 곧 바울의 사도권을 가리킨다. 바울은 자신이 주님께로부터 사도권을 부여받은 사실에 대해 한 치의 흔들림 없는 강한 확신을 가졌고, 또한 사도로서 주님께 헌신하고 충성한 점에 대해 지나치게 자랑하여도 부끄러울 것이 없을 정도로 최선을 다했다. 비록 바울의 대적자들은 그러한 바울의 사도권을 인정하지 않고 폄훼하고 있었지만, 그럼에도 불구하고 바울은 그런 자들을 포용함으로써 교회의 덕을 세우기 위해 애썼다.

나는 지금 여러분에게 편지로 겁을 주려고 하는 것이 아닙니다. 부디 그런 인상을 받지 않기를 바랍니다. 어떤 이들은 나에 관해 말하기를 "바울의 편지는 무게가 있고 강력하지만, 직접 그를 만나보면 그는 나약하고 말주변도 없는 사람이야"라고 합니다. 그렇게 말하는 사람들이 꼭 알아야 할 것이 있습니다. 그것은, 우리가 떠나 있을 때 편지로 쓰는 말이나 함께 있을 때 우리가 행하는 실제 행동 사이에는 아무런 차이가 없다는 사실입니다.

바울의 편지는 진실된 힘이 있다

복음의 대적자들은 바울의 외모와 말을 문제 삼곤 했다. 사실, 바울의 외모가 그리 특출하지 않다거나 (고후 12:7), 그의 말솜씨가 부족한 것은 어느 정도 사실이었다(고후 11:6). 그래서 복음의 대적자들은 바울이 없는 틈을 타서 자신들이 교회 지도자가 되기 위해 그런 외모와 언변을 문제 삼아 바울의 사도 직분에 의문을 제기했다. 말하자면 그들은 자신들의 사적인 이익을 위해 바울의 모든 것들을 문제 삼았다. 바울의 외모, 언변, 동기, 수단 등을 문제 삼아 교회와 바울 사이를 이간질했고, 그래서 교인들로 하여금 바울을 얕보고 배척하게 만들었다.

> 우리는 자기만 잘났다고 떠들어대는 그런 사람들이 결코 아닙니다. 그리고 우리 자신을 그런 사람들에 견주고 싶지도 않습니다. 그런 사람들은 자기들의 기준으로 자신들을 재고, 자기들의 기준으로 스스로를 비교합니다. 참으로 어리석기 짝이 없습니다. 하지만 우리는 정도 이상으로 자랑하려고 하지 않습니다. 다만 우리에게 내세울 수 있는 자랑거리가 있다면, 그것은 하나님께서 우리에게 맡겨주신 분야 안에서만 그러하고, 또 여러분에 대해서만 그러할 뿐입니다.

바울은 때로는 겸손하기도 했고 때로는 자기 자랑을 하기도 했다. 본래 마음은 어떤 자랑도 하기를 원치 않았고, 도리어 복음의 일꾼이 되기에 바울 자신은 약하고 무가치한 존재임을 스스로 인정했다. 하지만 자신이 전파한 십자가 복음에 도전하는 불순 세력과 맞부딪힐 때, 바울은 자신의 사도 직분을 변호하기 위해 당당하게 '주님 안에서' 자신을 내세우고 자랑했다(고후 10:17). 그렇게 하는 것이 결국 자신이 전하는 십자가 복음의 참됨을 인증하고 보호하는 길이었기 때문이다.

> 그러므로 형제들이여, 우리의 자랑이 한계를 넘은 것은 결코 아닙니다. 만일 우리가 그리스도의 복음을 들고 여러분에게 나아가지 않았다면, 여러분을 향한 우리의 자랑이 한계를 넘은 것이 되겠지요. 하지만 우리는

아주 멀리 있는 여러분에게까지 나아가서 그리스도의 복음을 전하지 않았습니까. 또 우리는 다른 사람들이 이룩한 업적을 우리 것으로 가로채어 자랑거리로 삼은 것도 아닙니다. 우리에게 소망이 있다면, 그것은 여러분의 믿음이 계속해서 자라남에 따라 여러분에 대한 우리의 행동 범위도 더욱 확장되는 것입니다.

유대인 거짓 교사들은 다른 사역자가 이룩한 업적을 자신의 것으로 가로채는 데 선수였다. 그러나 바울은 다른 사람이 복음의 씨를 뿌린 곳에 들어가 자신이 교회를 세우는 일은 하지 않겠다고 일찍부터 선언했다(롬 15:20-24). 남의 업적을 티끌 하나조차도 가로채지 않는 것! 그것이 바울 선교의 기본 정신이었다.

그리하여 우리는 여러분의 지역인 고린도를 넘어서까지 복음을 전하려고 합니다. 왜냐하면 우리는 다른 사람의 영역에서 이미 이루어진 일을 놓고 그것을 우리의 자랑거리로 삼고 싶지 않기 때문입니다. 성경에도 기록되어 있기를 "누구든지 자랑하려거든 주님 안에서 자랑하라" 했습니다. 그렇습니다. 그러므로 누구든지 자기를 스스로 내세우는 사람은 인정을 받지 못합니다. 주님께서 인정해주시는 사람이야말로 참으로 인정받은 사람입니다.

바울은 예레미야 9장 24절을 인용하여 자랑의 범위를 규정하였다. 종종 남의 업적을 가로채어 자기자랑으로 삼는 유대인 거짓 교사들을 향해 자랑할 수 있는 범위를 개인의 뽐냄이나 허세가 아닌 '주님 안에서'로 규정하였다. 즉, 주님 안에서 주님께 인정받는 사람이야말로 그의 자랑이 참된 것이며, 사람들에게서 인정받으려는 모든 세상적이고 이기적인 자랑은 주님께 인정받지 못하는 허세이고 교만이며 거짓임을 가르쳤다.

11
참 사도와 거짓 사도

나는 여러분을 그리스도께 인도해
그분께 바쳐 약혼시킵니다
그런데 하와가 뱀에게 유혹당하듯
여러분도 유혹당할까 두렵습니다

'흠… 어쩔 수 없이 내 자랑을 할 수밖에 없구나. 부디 고린도 교인들이 내 진심을 잘 알아주어야 할 텐데….'

바울은 고린도 교인들에게 자신을 자랑하기로 마음먹었다. 결코 자신을 내세우고 뽐내기 위함이 아니었다. 사도로서 교인들 앞에 스스로를 드러내고 자랑한다는 것이 혹여 복음에 누를 끼치는 것이 아닌가 하는 염려가 컸지만, 그럼에도 불구하고 바울이 스스로를 자랑할 수밖에 없었던 이유는 매우 절박했다.

바울은 당시 고린도 교회 내에서 하늘을 찌를 듯한 거짓 교사들의 온갖 자랑 속에 담긴 위선과 거짓을 훤히 꿰뚫어보고 있었다. 따라서 그런 거짓 교사들의 헛되고 거짓된 자랑으로 인해 사랑하는 고린도 교인들이 속아 넘어가거나 상처받는 것을 그냥 보고만 있을 수 없었다.

더군다나 거짓 교사들은 바울에 대해 악의적인 비난과 험담을 쏟아냄으로써 바울과 교인들을 열심히 이간질하고 있었기 때문에 부득이 바울은 자신을 드러내어 자랑할 수밖에 없었다. 아무런 사역의 열매가 없는 거짓 교사들에 비해 바울 자신이 얼마나 사도 직분을 충실하게 수행했는지를 드러내어 보여줌으로써 고린도 교인들의 신앙을 바로 세워주고자 했다.

고린도 교회에 침투한 거짓 교사들을 조심하라 (11:1-15)

고린도 교회의 형제 여러분, 여러분은 이미 그렇게 하고 계시지만, 이제부터 내가 좀 내 자랑을 하는 어리석은 말을 하더라도 꾹 참고 내 말을 끝까지 들어주시기 바랍니다. 하나님께서 질투하시는 하나님이시듯, 저 또한 여러분에 대해 질투합니다. 나는 여러분을 한 분이신 남편 예수 그리스도께 인도하겠다고 약속했습니다. 다시 말해 여러분을 순결한 처녀로서 예수 그리스도께 바쳐 약혼시켰습니다.

여기서 '질투'는 나쁜 의미의 시기나 시샘이 아니다. 사랑하는 대상이 간사한 자의 간교한 꾐에 넘어가 엉뚱한 대상에게 사랑을 몽땅 바칠 때 마음속에서 저절로 우러나는 진한 사랑의 또 다른 감정이다. 그래서 옛적 이스라엘 백성이 헛되고 거짓된 우상을 섬길 때 하나님은 그 백성에 대하여 질투하셨다(출 20:5; 신 4:24).

하지만 지금 나는 무척 두렵습니다. 하와가 뱀의 간교한 꾀에 빠져 속임을 당한 것처럼, 여러분의 마음이 예수 그리스도께 대한 순결하고 신실한 헌신에서 벗어나 부패하게 되지나 않을까 항상 마음 졸이고 있습니다. 어느 누군가가 와서, 우리가 가르친 것과 다른 예수를 여러분에게 전해도 여러분은 너무나 쉽게 잘 받아들입니다. 또 여러분은 여러분이 받은 것과 다른 영을 쉽게 받아들이고, 여러분이 받아들인 복음과 다른 복음을 전해도 그것을 잘도 받아들입니다.

당시 고린도는 번성한 상업도시로서 많은 종교와 사상에 노출되어 있었다. 토속적인 이방 우상들, 각종 철학사상, 헬라와 로마의 각종 신들, 로마제국의 제의(祭儀), 동양의 신비종교, 대중적인 이집트 신화, 유대교 등등이 횡행하고 있었다. 이런 상황에서 고린도 교인들은 기독교 복음 이외에도 여러 종교와 사상에 대해 관대한 견해를 갖는 것이 건강한 종교인인 양 생각했다. 하지만 바울은 그런 혼합주의적인 태도에 대하여 그들의 분별력 없음을 강하게 책망했다.

> 여러분, 나는 다른 위대한 사도들보다 조금도 뒤질 것이 없다고 자부합니다. 비록 내가 말재주는 별로 없을지 모르지만, 하나님을 아는 지식에 있어서는 그렇지 않습니다. 이런 사실에 관해 우리는 이미 모든 면에서 여러분에게 밝히 보여주었습니다. 나는 여러분을 높이고 나 자신을 최대한 낮추어 여러분에게 값없이 하나님의 복음을 전했습니다. 그런 것도 죄가 됩니까? 나는 여러분을 더욱 잘 섬기기 위해 다른 교회들로부터 경제적인 지원을 받았습니다. 말하자면 그것은 다른 교회에게서 삯을 빼앗은 셈입니다.

바울은 고린도 교회를 더욱 잘 섬기기 위해 다른 교회들로부터 얼마간 후원금을 받았다. 즉, 바울이 고린도 교회에 폐를 끼치지 않기 위해 그들의 후원금을 거부하는 동안 다른 여러 교회가 자발적으로 바울에게 소요 경비를 지원해 주었다. 그런 교회들은 분명 마케도니아 지방에 있는 교회들(빌립보 교회, 데살로니가 교회, 베뢰아 교회 등)을 가리킨다. 하지만 그곳 교회들의 어려운 형편을 감안할 때, 바울은 그들로부터 후원금을 받은 것에 대해 마치 '빼앗은 것'과 같은 송구한 느낌을 가졌다.

이는 성도의 후원금을 아주 귀하게 여기는 자비량 사도로서의 성숙한 인격을 보여준다. 바울의 선교 원칙은 언제나 '자비량 선교'였지만, 선교 사역을 감당하는 중에 부득이 개인 후원금을 받은 곳은 마케도니아 지방의 교회뿐이었다.

내가 여러분과 함께 지내는 동안 생활이 어려웠지만, 여러분 가운데 누구에게도 일체 폐를 끼치지 않았습니다. 그것은 마케도니아에서 나아온 형제들이 내가 필요로 하는 것들을 공급해 주었기 때문입니다. 나는 모든 면에 있어 여러분에게 하등 짐이 되지 않으려고 애썼고, 그 점은 앞으로도 마찬가지일 것입니다. 진실로 내 마음속에 있는 그리스도의 진리를 두고 맹세하건대, 아가야 지방에 살고 있는 어느 누구도 나에게서 이런 자랑거리를 멈추게 할 수 없을 것입니다.

'아가야'는 본래 고대 헬라(그리스)의 한 지역 이름이었으나 주전 146년에 로마의 행정 구역명이 되었다. 수도는 '고린도'였고, 바울 시대의 총독은 '갈리오'였다(행 18:12). 오늘날 '그리스의 남반부' 지방이다.

여러분, 내가 왜 이렇게 여러분에게서는 후원금을 받지 않는 것입니까? 내가 여러분을 사랑하지 않기 때문이겠습니까? 결코 아닙니다! 내가 여러분을 사랑한다는 것은 하나님께서 잘 알고 계십니다. 나는 지금 내가 행하는 대로 앞으로도 계속 여러분에게서 후원금을 받지 않고 사역할 것입니다. 그 까닭은, 우리와 같은 방법으로 하나님의 일을 하고 있다고 자랑하고 싶어서 항상 기회를 노리고 있는 위선적인 사람들에게 사적인 이익을 취할 수 있는 그런 기회를 아예 없애버리기 위해서입니다.

고린도 교회의 거짓 교사들은 바울의 사도권을 인정하지 않으면서 바울이 단지 돈이나 생계 때문에 사도인 척 행세하면서 주님의 일을 한다고 비난했다. 이런 비난에 대해 바울은, '타작할 때 곡식을 떠는 소의 입에 망을 씌우지 말라'는 율법의 말씀에 근거하여, 하나님의 사역자가 그 일한 대가를 받는 것이 마땅하다는 원칙을 갖고 있었지만(딤전 5:18), 대적자들에게 공격의 빌미조차 주지 않기 위해 손수 일해서 생활비를 충당하는 '자비량 선교'를 감당하고 있었다. 이런 사실을 고백하면서 바울은 다른 거짓되고 위선적인 사역자들도 자기처럼 무보수로 일하게 함으로써 교인들에게서 사적 이익을 취하려는 기회를 아예 없애고자 했다.

그런 사람들은 실상 거짓 사도들이고 속이는 일꾼들이고 그리스도의 사도로 가장한 자들입니다. 그러나 그런 것은 알고 보면 그리 놀랄 일도 아닙니다. 사탄도 종종 빛의 천사로 가장합니다. 그렇다면 사탄의 일꾼들도 의의 일꾼인 양 가장한다고 해서 놀랄 일이 아닌 것입니다. 하지만 그들은 결국 자신들의 행위대로 주님께 징벌을 받게 될 것입니다.

당시 고린도 교회에는 그리스도의 사도와 의의 일꾼으로 가장한 거짓 사도와 속이는 선생들이 침투해 있었다. 그들은 자신들의 업적을 자랑했고, 거짓 복음을 전했으며, 돈과 영예를 바라고 사역했다. 그런 자들의 그러한 위선적이고 거짓된 모습들은 바울이 지적한 대로 스스로를 사탄의 일꾼으로 증명하고 있었다.

바울의 수고와 고난 (11:16-33)

여러분, 다시 한번 말합니다. 나를 어리석은 사람으로 생각하지 마십시오. 그러나 만일 여러분이 나를 어리석은 사람으로 생각한다면, 나는 어쩔 수 없이 나를 어리석은 사람으로 받아들일 수밖에 없고, 그러니 내가 어리석은 사람처럼 내 자랑을 좀 하겠습니다. 지금 내가 하는 자랑은 주님의 명령을 받고 하는 것이 아니라, 그저 어리석은 사람인 양 나 개인이 자랑하는 말에 지나지 않습니다. 많은 사람들이 세상에서 하는 방식으로 육신을 따라 자랑을 하니, 나도 그렇게 육신을 따라

내 자랑을 좀 해보려고 합니다.

바울의 자기 자랑은 자신을 내세우고 뽐내기 위해서가 결코 아니다. 그것은 당시 고린도 교인들을 미혹하며 선동하고 있던 거짓 사도와 거짓 교사들의 자랑이 얼마나 위선적이고 거짓된 것이며 어처구니없는 것인지를 드러내기 위함이었다. 그렇게 밝히 드러내기 위해선 부득이 바울도 세상적인 방식으로 육신을 따라 자기자랑을 할 수밖에 없었다.

여러분은 스스로 지혜롭다고 생각하면서도 어리석은 사람들을 잘도 용납하고 있습니다. 누가 여러분을 종으로 부려도, 여러분을 착취해도, 여러분을 이용하여 이득을 취해도, 여러분을 업신여겨도, 여러분의 뺨을 때려도 여러분은 잘도 참아 줍니다. 부끄럽게도, 우리는 너무나 마음이 약해서 차마 여러분에게 그런 짓을 할 수 없었습니다. 그러나 만일 누가 무엇을 감히 자랑한다면, 나도 어리석은 사람마냥 내 자랑을 충분히 할 수 있습니다.

거짓 사도들과 거짓 교사들은 고린도 교인들을 철저히 농락했다. 그들은 스스로를 높여 교회의 지도자로 군림했고 교인들의 상전 노릇을 했다. 그러면서 교인들의 재산을 빼앗고, 거짓 복음으로 영혼을 유린했으며, 심지어 폭력도 행사했다. 마치 힘없는 양떼를 유린하는 포악한 늑대들과 같았다.

지금 고린도 교회에서 여러분의 지도자로 군림하는 그들이 히브리 사람입니까? 나도 히브리 사람입니다. 그들이 이스라엘 사람이라고 하던가요? 나도 역시 그러합니다. 그들이 아브라함의 자손입니까? 나도 그렇습니다. 그들이 그리스도의 일꾼이라고 말합니까? 지금 내가 정신 나간 사람처럼 말합니다만, 나는 그들보다 더욱더 그리스도의 일꾼입니다.

사실, 바울은 자신의 사도 직분을 변호하는 일을 매우 불편해했다. 그러려면 자신의 업적과 경력을 말해야 했고, 자칫 그것은 자기자랑으로 비칠 것이기 때문이다. 하지만 거짓 사도들과 교사들에 맞서 자신이 전한 십자가 복음의 진정성과 참됨을 교인들에게 확신시키기 위해서는 부득이 그 일을 해야 했다.

그럴지라도 바울에게 그 일은 평소의 설교 스타일과는 달리 아무래도 어색했고 서툴렀다. 그래서 자기자랑을 할 때 바울은 자신이 '어리석은 자'가 된 것 같은 느낌이 들었고, 자신이 '정신없는 말'을 하는 자처럼 여겨졌다. 그런 겸허한 자세로 바울은 그리스도의 일꾼이요 하나님의 사도 된 자의 자격으로서 자신의 복음 전도사역에 관해 말한다.

> 사실, 나는 그런 자들보다 훨씬 더 열심히 일했습니다. 그들보다 더 여러 번 감옥에 갇혔고, 그들보다 더 많이 채찍으로 맞았습니다. 심지어 복음을 전하다 죽을 뻔한 적이 한두 번이 아니었습니다. 복음을 핍박하는 극렬 유대인들에게서 마흔에서 하나를 뺀 서른아홉 번의 태형을 무려 다섯 번이나 당했습니다. 가죽채찍으로 맞은 것이 세 번이요, 돌로 맞은 것이 한 번이고, 파선을 당한 것이 세 번이며, 또한 밤낮 하루를 바다 위에서 이리저리 떠다니며 헤맨 적도 있었습니다.

마흔(40) 대의 매는 율법이 규정한 태형(笞刑)의 최고 형벌인데(신 25:3), 율법은 사람의 목숨을 위협할 수도 있는 40대 이상의 매는 금했다. 이에 따라 유대인들은 40에서 하나 감한 39대를 때렸는데, 왜 그랬을까? 40대까지는 때릴 수 있었지만 때린 수효를 셀 때 혹시라도 실수를 해서 40대를 넘길까 봐 한 대를 덜 때리고 태형을 마무리 짓게 한 것이다. 율법의 문자에는 충실하면서도 율법의 정신에는 무지한 유대인들의 율법관을 엿볼 수 있다.

내가 감옥에 갇히기도 많이 하고

뿐입니까. 끊임없이 이곳 저곳 전도여행을 다니는 동안에 강의 위험과 강도의 위험과 동족 유대인의 위험과 이방인들의 위험과 도시의 위험과 광야의 위험과 바다의 위험과 거짓 신자들의 위험을 시도 때도 없이 겪었습니다. 또한 힘든 노동에 시달렸고, 뜬눈으로 밤을 지새운 적도 수없이 많았습니다. 굶주리고 목말랐으며 먹을 것이 없어 굶은 적도 부지기수였습니다. 또한 몸에 걸칠 옷이 없어서 추위에 떨었던 적도 있었습니다.

지금 고린도 교회에서 지도자로 군림하고 있는 자칭 하나님의 사도이며 선생이라고 뽐내며 자랑하는 자들, 그리고 자기 혼자 온 세상의 모든 지역을 전도한 것처럼 떠들고 있는 자들은 복음 전파를 위해 사도 바울이 당한 환난과 고난의 백분의 일(1/100)만큼도 겪어보지 못한 자들이었다. 그들은 입만 살았고, 아무런 능력이나 간증이 없었다.

그런데 이런 험악한 일들을 다 제쳐놓고서라도, 무엇보다 날마다 나를 짓누르고 있는 것이 있었으니, 그것은 곧 모든 교회를 향한 내 마음의 무거운 염려입니다. 진실로 그러합니다. 형제들 가운데 누가 약해지면 내 마음도 한없이 약해지고, 누가 죄에 빠지면 내 마음도 아파 속이 뭉그러집니다. 그러하므로 여러 자랑 가운데서도 내가 꼭 해야 할 자랑이 있다면, 나는 나의 약한 점들을 자랑하겠습니다. 영원히 찬양받으실 하나님, 곧 주 예수 그리스도의 아버지 되시는 하나님께서는 내 말이 조금도 거짓이 아님을 밝히 아십니다.

참된 목자장이신 예수 그리스도를 본받아 사랑하는 형제들(교인들)과 하나 되어 함께 아파하고 함께 울고 웃는 참된 목자상을 잘 보여준다.

참, 그리고 수리아의 다마스쿠스에서는 아레다 왕의 총독이 나를 체포하려고 다마스쿠스 성문을 지키고 있었습니다. 그러나 그곳의 형제들이 나를 광주리에 담은 후 성벽 위에 있는 창문에서 아래로 달아 내려주어서 내가 그의 손에서 무사히 벗어날 수 있었습니다.

광주리를 타고 들창문으로 성벽을 내려갔노라

회심(주후 34년, 당시 바울의 나이 32세가량) 이후, 바울은 아라비아 광야에서 3년을 보냈다(갈 1:17-18). 이후 다마스쿠스로 돌아와 복음을 전파했을 때, 유대인들은 그를 유대교의 변절자로 여기고 기어코 죽이려 했다. 이때 모든 성문들이 유대인들에 의해 감시되고 있었으므로, 바울은 한밤중에 광주리를 타고 다마스쿠스 성벽을 타고 내려와 도피했다(행 9:23-25).

그 일은 목숨을 내건 위험스러운 행동이었다. 고대 도시의 성벽들은 매우 높았고, 또한 성읍들은 적들의 공격에 대비하기 위해 높은 언덕 위에 세워졌다. 게다가 감시자들의 눈을 피하기 위해 캄캄한 한밤중에 탈출해야 했다. 자칫 줄이 끊긴다거나 광주리가 엎어진다면 성벽 아래로 추락하여 크게 다치거나 죽을 수도 있었다.

12

바울의 사도권 변호

주께서는 내가 그처럼 놀라운 체험으로
교만할까 봐 몸에 가시를 주십니다
세 번씩이나 주께 간구해도
내 몸의 가시는 그대로 있습니다

'이거야 원…, 나를 내세우고 자랑을 하려니 참으로 힘들구나! 이런 어리석은 일은 아예 하지 않는 게 좋은데….'

바울은 한숨을 푹 내쉬며 내심 혼잣말로 중얼거렸다. 아무리 생각해도 스스로를 내세우고 자랑하는 일은 서툴고 어색했다. 그렇지만 부득이 해야만 했다. 믿음이 여리고 마음이 순진한 교인들을 대상으로 바울에 대해 온갖 중상모략으로 헐뜯고 이간질하는 고린도 교회의 거짓 사도들과 거짓 교사들, 그들의 사악한 책동을 깨뜨리기 위해서는 스스로를 내세우며 자랑하고 변호해야만 했다.

그래야만 바울의 사도적 권위가 고린도 교인들에게 공식적으로 인정받아 자신이 그들에게 애써 전한 십자가 복음이 그 진정성을 갖게 되고, 그래서 십자가 복음을 훼손시키는 거짓 교사들의 설 자리가 없어질 것이기 때문이다. 그리하여 바울은 마음을 굳게 다지고 다시금 펜을 들어 편지를 찬찬히 써 내려간다.

바울의 신비한 체험과 몸의 가시 (12:1-10)

사랑하는 형제들이여, 자랑해서 내게 사사로이 이로울 것은 하나도 없지만, 그럴지라도 좀 더 자랑하자면 이제부터 나는 주님께서 내게 보여주신 놀라운 환상과 계시에 대해 말하려고 합니다. 나는 그리스도 예수를 믿는 사람으로서 14년 전에 셋째 하늘에까지 붙들려 올라간 사람입니다. 그때 내가 몸을 지닌 채로 거기 올라갔는지, 아니면 몸을 떠나 영만 올라갔는지 나는 알지 못합니다. 하지만 하나님께서는 다 아십니다.

바울이 이끌려간 '셋째 하늘'이 어디인지는 확실히 알 수 없다. 하지만 그곳은 분명 지구의 대기권 및 천체의 물리적 영역 너머의 어떤 장소다. 아마도 예수님이 승천하신 '모든 하늘 위'일 가능성이 높다(엡 4:10). 바울은 그곳을 '낙원'과 동등시했는데(고후 12:4), 그곳은 구원받은 죽은 성도들이 예수님의 재림으로 부활할 때까지 한시적으로 머무는 지복(至福)의 장소다(눅 23:43).

내가 바로 그런 체험을 했습니다. (그때 내가 몸을 지닌 채로 거기 올라간 것인지, 아니면 몸을 떠나 영만 올라간 것인지 나는 모르지만, 하나님께서는 다 아십니다.) 어쨌든 나는 붙들려서 낙원으로 이끌려 올라갔습니다. 거기서 나는 말로 표현할 수도 없고, 또 사람이 말해서도 안 되는 말들을 들었습니다.

구약성경의 헬라어 역본인 70인역에 따르면, 낙원은 '(기쁨의) 동산'이란 뜻이다. 신약성경에서 이곳은 구원받은 죽은 성도가 부활의 때까지 들어가 한시적으로 거처하는 지복과 안식의 장소로 여겨졌다. 반면, 구원받지 못한 죽은 불신자들은 땅속의 지하세계인 음부(陰府)란 곳에 한시적으로 들어가 있게 되는데, 마지막 날 예수님의 재림 때 최후 심판을 통해 성도는 영생의 거처인 천국으로, 불신자는 영멸의 거처인 지옥으로 들어가게 된다.

이 같은 나의 신비한 낙원 체험은 신앙인에게 있어 그야말로 큰 자랑거리가 되겠지만, 나는 나 자신에 대해서라면 나의 약점 말고는 달리 자랑할 것이 없습니다. 그래도 내가 자랑한다면, 어디까지나 진실만을 말할 테니 나는 아주 어리석은 사람이 되지는 않을 것입니다. 그러나 나는 되도록 자랑을 삼가려고 합니다. 그 까닭은, 사람들이 내게서 보거나 들은 것 이상으로 나를 과대평가하지 않도록 하기 위해서입니다.

바울은 사도로 사역하면서 최선을 다해 주님께 죽도록 헌신하고 충성했다. 그런 과정에서 바울에게는 (세상적인 견지에서 바라보면) 자랑할 거리가 흘러넘치도록 아주 많았다. 하지만 바울은 자신의 사도권을 변호하는 데 도움이 되는 최소한의 이야기만 했을 뿐, 되도록이면 자랑을 하지 않았다. 그 까닭은, 교인들이 자신을 아주 크게 존경하고 받들어 도리어 자신을 우상시할까 봐 두려웠기 때문이다. 하나님의 참된 일꾼 된 바울의 겸손한 면모를 잘 보여준다.

내가 체험한 하늘의 놀라운 계시들이 이토록 지극히 크므로, 그로 인해 내가 자칫 교만에 빠질까 봐 하나님께서는 내 몸에 가시로 찌르는 것 같은 병 곧 '사탄의 사자'를 주셨습니다. 그 이유는, 주님께서 그것으로써 나를 쳐서 나로 하여금 교만해지지 않게 하시려는 것입니다. 그 몸의 가시가 내게 아주 힘들고 고통스러웠기에 그 가시에서 제발 벗어나게 해달라고 나는 세 번씩이나 하나님께 간절히 기도했습니다. 그러나 주님께서는 나의 기도를 들어주시지 않았습니다.

바울에게 있는 '몸(육체)의 가시'는 육체적인 질병이다. 그중에서도

'안질'이나 '간질'일 가능성을 크다. 안질일 가능성은, 회심(回心) 때 바울이 다마스쿠스 도상에서 겪은 강렬한 빛 쏘임의 후유증으로 생겼을 수 있기 때문이다(행 9:3; 갈 4:15). 또한 간질일 가능성은, 그 질병이 고대 세계에서 '사탄의 사자'와 동일시되고 있다는 점인데, 당시 사람들은 간질을 사탄이나 귀신이 일으키는 병으로 생각하고 있었다(마 17:14-18).

> 내가 내 몸의 가시를 없애달라고 주님께 기도했을 때, 주님께서는 내게 응답하시기를 "바울아, 나는 네게 충분한 은혜를 베풀었다. 내 능력은 네가 약한 데서 비로소 완전해지기 때문이다." 하셨습니다. 그러므로 나는 그리스도의 능력이 내게 온전히 머물도록 하기 위해 나의 연약함에 대해 크게 기뻐하며 더욱 자랑할 것입니다. 그리하여 나는 그리스도 예수를 위해 연약해지고 모욕당하고 궁핍을 겪고 핍박당하고 고통 받는 것을 도리어 기뻐합니다. 그것은, 주님께서 내게 말씀하신 대로 내가 연약할 그때에 실제로는 내가 더욱 강하기 때문입니다.

바울은 자신의 신앙 체험을 통해 소중한 역설의 진리를 터득했다. 그것은 자신의 약함을 깨닫고 주님의 능력을 온전히 의지할 때, 주님의 차고 넘치는 강력한 능력이 비로소 자신에게 임한다는 사실이었다. 약함이 약점이 아니라 오히려 능력의 근원이고 능력의 발전소라는 것이다. 영적으로는, 교만한 사람이 약자이고 겸손한 사람이 오히려 힘 있는 사람이다.

그러기에 약함이 배의 중심을 잡아주는 밸러스터 탱크(ballast tank), 곧 물탱크다. 사람의 약함은 교만을 예방한다. 이 진리는 모든 시대를 초월하여 주님의 일을 감당하는 모든 복음 사역자들이 가슴 깊이 새겨두어야 할 위대한 역설의 진리다.

고린도 교회에 대한 바울의 염려 (12:11-21)

여러분은 나를 자랑이나 늘어놓는 어리석은 사람으로 만들어버렸습니다. 그러나 내가 아무리 보잘것없는 사람이라고 할지라도, 저 위대한 사도들보다 조금도 뒤질 것이 없으므로 여러분은 마땅히 나를 인정해주어야 합니다. 일전에 나는 여러분과 함께 있으면서 내가 참된 사도라는 것을 입증하기 위해 많은 놀라운 일들과 표징들과 기적들을 참을성 있게 나타내 보였습니다.

거짓 교사들은 바울에게는 사도의 표식이 없다고 모함했다. 초자연적인 경험도 없고, 아무런 기적도 행하지 못한다고 비방했다. 사실, 바울은 그런 것들로 사도의 표식을 드러내길 원치 않았다. 바울은 그리스도 안에서 강하게 된 자신의 약함을 증언하기를 원했다.

하지만 거짓 교사들의 모함과 선동이 순진한 고린도 교인들의 나약한 심령을 흔들고 있었기 때문에, 바울은 자신이 전한 십자가 복음의 참됨을 확증하기 위해 부득이 교인들이 기대하는 방식대로 자신의 사도 된 표식을 드러내지 않을 수 없었다. 그래서 낙원으로 이끌려간 신비한 환상의 경험을 말했고, 이제는 고린도 교회에 있을 때 자신이 행한 수많은 표적과 기적과 능력을 회상시켰다.

내가 다른 교회들보다 여러분을 덜 생각해 준 것이 무엇이 있습니까? 여러분에게 경제적인 짐을 지우지 않았다는 점을 제외한다면 말입니다. 하지만 그렇게 한 것이 잘못이라면, 부디 나를 용서해주시기 바랍니다.

바울은 데살로니가 지방에 있는 다른 교회들로부터는 후원금을 받았지만, 고린도 교회로부터는 아무런 후원금도 받지 않았다(고후 11:8-9). 이런 사실을 들어, 고린도 교회의 거짓 교사들은 순진한 교인들에게 "보라, 바울이 사도가 아니기 때문에 양심의 가책을 받아 후원금을 받지 않은 것이다!"라고 선동했다.

> 형제들이여, 이제 나는 세 번째로 여러분을 찾아가려고 합니다. 이번 여행에서도 나는 여러분에게 아무런 폐를 끼치지 않을 생각입니다. 내가 구하는 것은 바로 여러분 자체이지, 여러분의 재물이 절대로 아니기 때문입니다. 부모가 자녀를 위해 재산을 모으는 것이 마땅한 것이고, 자녀가 부모를 위해 재산을 모으는 것이 아닙니다.

바울은 자신의 전도사역 중 고린도를 세 번 방문했다. 첫 번째 방문은 제2차 전도여행 중에 고린도에 들러 1년 6개월 동안 머물면서 복음을 전했던 기간을 말하고(주후 51년경, 행 18:1-17), 두 번째 방문은 제3차 전도여행 중 에베소에서 고린도전서를 써 보낸 후에 고린도 교회에서 발생한 문제들을 해결하기 위해 근심 가운데 잠시 방문했던 가슴 아픈 중간 방문을 가리킨다(주후 56년경 여름쯤, 고후 2:1). 그리고 마지막 세 번째 방문은 제3차 전도여행을 마무리 짓고 예루살렘으로 돌아가는 길에 마케도니아에서 고린도로 가서 3개월 동안 머문 것을 가리킨다(주후 56년 겨울, 행 20:2-3). 이 세 번째 방문 때 바울은 고린도에서 '로마서'를 썼다. 지금 바울은 이 세 번째 고린도 방문 계획에 대해 언급하고 있다.

> 여러분을 위해서라면 나는 내가 가진 모든 것들을 기쁘게 사용하고 나 자신마저도 기꺼이 희생할 것입니다. 내가 여러분을 더 많이 사랑할수록 여러분은 나를 더 적게 사랑할 것입니까? 지금껏 나는 여러분들에게 짐이 된 적이 한 번도 없었습니다. 그런데도 여러분 가운데 어떤 사람들은 내가 아주 간교한 속임수로 여러분을 사로잡아 여러분의 재물을 취했다고 모함하고 있는데, 진실로 나는 그런 적이 없습니다. 뿐만 아니라 내가 여러분에게 보낸 사람들 가운데 그 누구를 통해서라도 여러분을 착취한

바울이 천막 만드는 일을 하며 자비량 선교하다

적이 있습니까?

복음의 대적자들은 바울을 모함했다. 바울이 고린도 교회에서 직접 재물을 취하지는 않았지만, 다른 사람들을 시켜 교활하게 재물을 착복하고 있다고 비방했다. 이에 바울은 그런 터무니없는 모함에 대해 자신을 적극 변호했고 크게 분노했다(고후 13:2).

나는 나의 동역자인 디도에게 여러분을 방문하도록 권하면서 형제 한 사람을 딸려 보냈는데, 그렇다면 디도가 여러분을 착취한 적이 있습니까? 디도와 나는 똑같은 성령 안에서 올곧게 행동하고 똑같은 방식으로 사역을 감당해 왔습니다. 그렇지 않습니까? 내가 지금 여러분에게 변명이나 늘어놓고 있는 것으로 보입니까? 진실로 우리는 예수 그리스도를 믿는 신자로서 하나님 앞에서 양심의 가책 없이 떳떳하게 말하고 있는 것입니다. 사랑하는 형제들이여, 확실하게 말하지만 우리가 행하는 모든 것은 정녕 여러분을 올바르고 강하게 세우기 위함입니다.

바울은 고린도 교회에서 구제 헌금을 모으기 위해 자신의 신실한 동역자이며 제자인 디도를 보냈다. 그러나 디도 혼자만 보낼 경우에는 바울이 디도와 짜고 구제 헌금을 착복할 것이라는 대적자들의 비난을 받을 수 있기 때문에, 바울은 디도와 함께 다른 형제를 함께 딸려 보냈다. 아무런 오해의 소지가 없도록 일을 철저히 진행한 것이다.

내가 지금 크게 걱정하는 바는, 내가 여러분을 찾아갔을 때 여러분에게서 바람직스럽지 않은 일이 눈에 띄어 어쩔 수 없이 여러분이 원하지 않는 행동을 내가 해야 되지 않을까 하는 것입니다. 내가 방문했을 때 여러분 가운데서 다투는 것을 보거나 서로 질투하고 화를 내고 당을 지어 싸우고, 비난하고 험담하고, 거만하게 굴고 무질서하게 행동하는 것을 보게 될까 봐 심히 두렵습니다. 내가 다시금 여러분에게 나아갈 때, 여러분으로 인해 내가 하나님 앞에서 부끄러움을 당하지나 않을까 크게 걱정이 됩니다. 예전에 죄를 지었던 많은 형제들이 자신들이 범한 부정한 행위와 음란하고 방탕한 생활에 대해 전혀 회개하지 않고 있는 것을 보게 된다면, 정말이지, 나는 가슴 아프고 크게 슬플 것입니다.

바울은 자신의 세 번째 고린도 방문 때 기대한 것이 어긋날까 봐 두려워했고, 보아선 안 될 모습을 보게 될까 봐 크게 염려했다. 바울이 고린도 교회에 대하여 기대한 바는, 그동안 자신이 지적하고 책망한 고린도 교회 내의 여러 문제점과 죄악이 깨끗하게 제거된 상태를 보는 것이었다. 만일 그렇지 않을 경우, 바울은 부득이 사도권을 발휘해서 고린도 교인들을 징계하지 않을 수 없을 것이다. 바울은 그런 불미스러운 상황이 생겨나지 않기를 간절히 바랐다.

13
마지막 경고와 축도

두세 사람 증인으로 죄는 확정되는데
그런 죄인을 묵과하면 안 됩니다
이번에 내가 방문하면 경고한 대로
그런 사람을 그냥 두지 않겠습니다

'그래, 이대론 안 되겠어. 더는 좋은 말이 안 통해. 뭔가 강력한 경고를 해야겠다. 그렇지 않으면 거짓 교사들이 더욱 기고만장해져서 순진한 교인들을 미혹해서 그들의 영혼을 삼켜버리겠어.'

세 번째 고린도 교회의 방문을 앞두고 바울은 속으로 다짐했다. 앞서 두 번째 방문했을 때(주후 56년경 여름), 바울은 고린도 교회의 거짓 교사들과 복음의 대적자들에 의해 수모를 겪고 배척을 당했다. 그때 바울은 뼈저린 아픔을 느꼈다. 하지만 고린도 교회는 그런 자들을 징벌하거나 내쫓지 않았다. 그 결과, 그들은 더욱 기세등등하여 바울을 무시하고 얕잡아 보았다. 거리낌 없이 모함하고 폄훼했다.

"바울 그자는 막상 우리와 얼굴을 대하면 나약하여 아무것도 하지 못하면서 멀리 떨어져 있으면 큰소리치며 담대한 척한다."

"바울이 우리 교회에서 후원금을 받지 않는 것은 마음이 깨끗해서가 아니라 가짜 사도라 양심에 찔려서 그런 것이다."

"바울 그자는 자기 손으로 직접 돈을 받기가 염치없으니, 구제 헌금을 거둔다는 명분으로 다른 사람들을 보내 재물을 뒤로 슬쩍 착복하려는 것이다."

"바울 그자는 자기 말로는 부활의 주님을 직접 봤다고 하면서 '사도'라고 주장하지만, 사도로서 뭐 무슨 놀라운 체험이 있는 것도 아니고, 무슨 특별한 이적을 행한 적도 없는 순 엉터리 가짜 사도일 뿐이다."

온갖 말을 공교롭게 지어내어 바울을 깎아내리고 헐뜯었다. 바울의 입장에서 보면, 자신이 사도로서 제대로 대우받지 못하는 것에 대해서는 하등 상관없는 일이었다. 하지만 사도로서 자신의 정체성이 무너지면 무엇보다 자신이 전한 십자가 복음마저 그 진정성을 잃고 그 가치가 훼손되는 것이 문제였다. 더구나, 여린 믿음을 지닌 초보 신자들이 거짓 교사들에 의해 미혹을 받고 마음에 상처를 입어 교회에서 떨어져 나갈지도 모르는 일이었다. 그러니 그냥 두고 볼 수 없었다.

편지를 마무리하기 전에 고린도 교회의 거짓 교사들과 복음의 대적자들이 계속 설쳐대지 못하도록 강력하게 경고할 필요가 있었다. 그동안 참고 또 참으면서 그들 스스로 잘못을 깨닫고 회개하기를 간절히 바랐지만, 이젠 참는 데에도 한계가 이르렀다. 그리하여 바울은 사도의 권위로서 다시금 펜을 들어 그들을 향해 강력한 경고의 메시지를 보낸다. 바울의 이런 경고는 거짓 교사들의 폐부를 깊숙이 찌르는 예리한 말씀의 검이었다.

고린도 교회의 거짓 교사들에 대한 마지막 경고 (13:1-10)

앞서도 말했지만, 나는 지금 여러분을 세 번째로 방문하려 합니다. 성경에 기록되기를 "어떤 죄든지, 두세 사람의 증인이 있으면 확정될 수 있다"라고 했습니다.

그렇다. 모세 율법은 거짓 고소로부터 피고소인을 보호하기 위해 모든 정죄에 대해 최소한 두세 사람의 증인이 필요하다고 규정했다(신 17:6; 19:15). 만일 한 사람의 증인만으로 문제를 삼는다면, 많은 사람들이 사적인 반감으로 상대방을 거짓으로 고소할 수 있기 때문이다. 그래서 모든 고소 사건에서 두세 증인의 필요성은 예수님도 강조하셨고(마 8:16), 바울도 지지했다(딤전 5:19).

내가 지난번에 여러분을 방문했을 때, 그 이전에 죄를 지은 사람들과 그 밖의 다른 모든 사람들에게 회개하라고 이미 경고한 적이 있었습니다. 그렇게 경고한 것처럼, 이번에도 다시금 분명히 말해둡니다. 비록 내가 지금은 그곳에 없지만, 이번에 다시 가게 되면 그때까지 회개하지 않은 사람들을 그냥 놔두지 않겠습니다. 더는 용서하지 않고 징벌하겠습니다.

바울이 경고한 징벌은 교회 공동체에서 강제로 내쫓는 것, 곧 출교(黜教) 조치를 취하겠다는 말이다. 바울은 앞서 보낸 편지에서 죄 지은 자들에 대해 교회가 응당 징계를 내려야 한다고 강력하게 주장했고(고전 5:1-2), 이번에 방문하게 되면 자신은 그러한 원칙대로 집행할 것임을 분명히 알린 것이다. 그렇지만 바울은 회개한 자들에 대해서는 너그러운 마음으로 용서를 베풀어야 한다고 권고했다(고후 2:7-8).

여러분은 그리스도께서 정말로 나를 통해 말씀하고 계시는지 증거를 요구합니다. 그리스도께서 여러분을 대하실 때 그분은 결코 연약하신 분이 아닙니다. 그분은 언제나 여러분에게 강한 능력으로 나타나십니다. 그분의 연약한 육체는 십자가에 못 박혀 죽으셨지만, 지금은 부활하셔서 하나님의 능력으로 강력하게 살아계십니다. 마찬가지로 우리 역시 그분 안에서 연약하지만, 하나님의 능력으로 그분과 함께 살아나서 여러분의 문제를 강력하게 처리할 것입니다.

십자가에 못 박혀 죽으셨지만, 죽은 자들 가운데서 부활하신 그리스도의 삶을 통해 '약한 것이 강한 것'이라는 진리를 배울 수 있다. 바울이 이 같은 진리를 언급한 것은, 비록 자신이 육체적으로는 약하게 보일지라도 그리스도 안에서 고린도 교회를 향한 자신의 사도적인 권위를 능력 있게 회복하겠다는 강력한 의지를 표명하고자 했기 때문이다.

우리를 위해 십자가에 못 박히신 예수 그리스도

그러므로 여러분 각자는 자신의 믿음을 잘 살펴 자신을 스스로 시험해 보십시오. 여러분은 그리스도 예수께서 여러분 안에 계시다는 것을 실감하고 계십니까? 만일 그렇지 않다면, 말할 나위 없이 여러분은 시험에서 떨어진 것입니다. 그러나 나와 나의 동역자들은 그 시험에서 떨어지지 않았다는 것을 여러분이 알게 될 것이라고 믿습니다. 지금 나는 여러분이 잘못된 일을 저지르지 않기를 하나님께 간절히 기도하고 있습니다. 기도하는 바는, 우리가 시험에서 떨어지지 않은 합격자임을 알아달라는 것이 아니라, 비록 우리는 시험에서 떨어진 것처럼 보여도 좋으니 여러분만은 올바른 길을 걷게 해달라는 것입니다.

지금껏 고린도 교인들은 바울의 사도 직분에 대해 여러모로 시험했다. 이제 바울은 자신을 시험했던 고린도 교인들을 향해 스스로가 참된 신자인지 시험해 보라고 촉구했다. 그리고 그 시험은 외적인 요소가 아니라 내적인 요소로 해야 한다고 충고했다. 곧 자기 안에 그리스도가 함께 하고 있는지를 살펴보라고 했다. 그렇게 살펴본 결과, 그리스도가 있으면 참된 신자이지만, 만일 없으면 거짓 신자인 것이다.

형제들이여, 우리는 진리를 거슬러서는 아무것도 행할 수 없습니다. 우리는 오직 진리를 위해서만 무언가를 행할 수 있습니다. 비록 우리가 연약하더라도 여러분이 강하다면 우리는 진실로 기뻐합니다. 그러므로 우리는 여러분이 온전해질 수 있기를 항상 기도합니다. 이처럼 내가 여러분과 떨어져 있으면서 이런 편지를 쓰는 것은, 내가 여러분에게 나아갔을 때 주님께서 내게 주신 권위를 사용하여 여러분을 엄하게 대할 필요가 없게 되기를 바라는 마음에서입니다. 주님께서 내게 주신 권위는 여러분을 올바로 세우기 위한 것이지, 결코 여러분을 넘어뜨리고 징벌하기 위한 것이 아닙니다.

바울은 조만간 있을 자신의 3차 고린도 방문이 사도직을 사용하여 교인들을 징벌하는 그런 심판의 자리가 되지 않기를 아주 애틋한 심령으로 호소하고 있다. 달리 표현하면, 자신이 고린도를 방문하기 전에 모쪼록 자신의 잘못을 깨닫고 회개하라는 말이다.

마지막 당부와 문안인사 (13:11-13)

사랑하는 나의 형제들이여, 마지막으로 여러분에게 당부합니다. 기뻐하십시오! 온전하게 되기를 힘쓰십시오! 나의 권면에 귀를 기울이시고, 모쪼록 같은 마음을 품고 주님을 섬기도록 하십시오. 그리고 부디 피차 화목하게 지내십시오. 그리하면, 사랑과 평강의 하나님께서 여러분과 항상 함께하실 것입니다. 끝으로, 거룩한 입맞춤으로 서로에게 인사하십시오. 여기 있는 모든 성도가 여러분께 문안인사를 드립니다. 우리 주 예수 그리스도의 은혜와 하나님의 사랑, 그리고 성령의 교통하심이 여러분 모두에게 항상 함께하시기를 빕니다.

편지를 마무리 지으면서 바울은 고린도 교인들을 향해 마지막 당부를 한다. 기뻐할 것, 온전하게 되도록 힘쓸 것, 사도의 권면을 귀 기울여 듣고 그대로 순종할 것, 같은 마음을 품고 주님을 섬길 것, 피차 화목하게 지낼 것, 그리고 거룩한 입맞춤으로 서로 인사할 것 등.

'거룩한 입맞춤'은 신약성경의 편지들 마무리 부분에 자주 등장하는 관례적인 표현이다. 오늘날 서양의 악수나 포옹 같은 것으로 상호 존중과 친교의 표식이다. 이는 원래 유대교의 예배의식 가운데 하나였는데 초대교회에 계승되었다. 초대교회에서는 성찬식을 행하기에 앞서 서로의 잘못을 용서하고 화해하는 의미로 사용하였는데, 이는 그리스도 안에서 성도 간의 연합과 친교를 상징적으로 확인하는 행위였다.

바울은 펜을 놓았다. 고린도 교회에 보낼 또 하나의 편지가 마무리된 것이다. 첫 번째 편지(고린도전서)와 눈물의 편지(슬픔의 편지)에 이어 세 번째 편지(고린도후서)다. 그만큼 고린도 교회를 향한 바울의 관심과 사랑은 애틋하고 남달랐다. 펜을 놓고 다 쓴 편지를 다시금 찬찬히 읽어본 뒤, 바울은 편지를 둘둘 말면서 속으로 간절히 기도한다.

"주님, 모쪼록 고린도 교인들에게 크신 은혜를 베푸셔서, 저의 편지를 읽고 마음에 깨달음을 얻어 자신들의 잘못을 뉘우치고 돌이키는 회개의 자리로 인도해 주옵소서. 비록 이 몸은 오해받고 무시당해도 좋사오니, 제발 제가 전한 십자가 복음만큼은 조금도 훼손당하지 않도록 주님의 강력한 손길로 안전하게 보호해 주옵소서. 저의 이번 제3차 고린도 방문 계획이 순조롭게 이루어질 수 있도록 저의 모든 여정을 주관해 주옵시고, 저의 이번 방문이 징벌과 채찍의 시간이 아니라, 기쁨과

교회에 보낼 또 하나의 편지를 마무리한 사도 바울

친목의 시간이 될 수 있도록 강력하게 역사해 주옵소서. 주님께 모든 영광을 돌리면서, 우리 주 예수 그리스도의 이름으로, 아멘! 아멘!"

그리움이 깊은 탓일까? 고린도 시가지가 어렴풋이 눈앞에 나타난다. 고린도 항구에서 흘러나오는 비릿한 바다 냄새도 코끝에 와닿는 느낌이다. 고린도 교인들에 대한 안타까움과 그리움으로 눈에 눈물이 어린다.

어느새 밤은 많이 깊었다. 어디선가 짐승이 우는 소리가 들려온다. 길을 잃은 들짐승의 울음이다. 그 울음소리가 그냥 들짐승의 소리로 들리지 않는다. 온갖 상처를 앓고 있는 고린도 교인들의 신음소리처럼 들린다. 바울은 자신의 편지가 그런 상처의 신음소리를 잠재우고 기쁨의 웃음소리를 활짝 터뜨릴 수 있게 되기를 간절히 소원한다.

대필(代筆)과 친필(親筆)

— 성경 기록시대의 대필자(代筆者, amanuensis)들

민영진

감리교신학대학교 교수 역임

대한성서공회 번역실장, 총무 역임

세계성서공회연합회 번역컨설턴트 역임

로마서 대필자, 더디오

이번에 『스토리텔링성경 신약 제6권: 바울 서신 Ⅰ —로마서, 고린도전서, 고린도후서』를 읽는 독자들은 로마서 부분을 읽다가 참으로 흥미로운 사실 하나를 발견하게 될 것이다. 바울이 로마에 있는 성도들에게 편지를 보내면서 그 편지를 바울 자신이 직접 쓰지 않고, 더디오라는 사람에게 대필(代筆)시킨다. 이것은 바울이 자신의 동역자들을 거명하며 로마교회 성도들에게 마지막으로 문안을 하는 문맥(롬 16:21-23)의 틈새를 비집고, 대필자(代筆者) 더디오가 "이 편지를 받아쓰고 있는 나 더디오도 주님 안에서 여러분에게 문안인사를 드립니다."(스토리텔링성경 신약 제6권, 롬 16:22)라고 말하는 데서 확인된다. 이 편지에서 자주 나오는 대명사 '나'라는 주어로 말하는 바울과 더디오의 경우를 혼동되지 않게 하려면, 더디오의 말을 중문신역본(中文新譯本)처럼 괄

호 안에 넣거나, 더디오를 3인칭으로 처리하는 방법도 있다(FBV).

이름이 알려진 대필자들

성경 형성사를 보면, 그리스-로마시대 이전부터 구술(口述)을 받아 적어 작품으로 완성하는 대필자(代筆者 amanuensis)가 있었음을 알 수 있다. 예레미야나 바울이나 베드로가 자신들의 삶 속에서 육화(肉化)된 말씀을 구술할 때 그것을 받아 기록문학으로 완성한 이들이 있었다. 네리야의 아들 바룩이 예레미야서를 대필하고(렘 36:4), 바울의 로마서는 더디오가 대필하고(롬 16:22), 베드로전서는 실루아노가 대필한다(벧전 5:12a).

이러한 대필(代筆)에 관한 간접적 암시는 갈라디아서에서도 발견된다. 갈라디아서 끝부분에서 바울은 "보십시오. 이제 나는 여러분에게 이렇게 **직접 손으로 큰 글자**를 써서 강조합니다"(스토리텔링성경 신약 제7권, 갈 6:11). 바울이 대필자에게 내용을 구술하고 대필자는 그것을 글로 정리하고, 구술자(口述者)와 대필자(代筆者) 사이에 내용 확인의 단계가 있었을 것이고, 이어서 서명(署名)과 같은 기능을 지닌 친필(親筆) 기록이 편지 마무리 단계에서 있었을 것이다.

바울의 친필은 '큰 글짜'(large/big letters)였다고 진술되어 있다(갈 6:11). 왜 '큰 글자'(갈 6:11)였을까? 얼마나 큰 글자였을까? 친필임을 강조하기 위한 것이었을까? 친필과 대필을 구별하기 위한 것이었을까? 정답을 찾기보다는 독자가 자신의 상상력을 스스로 제한하지 않기를 바란다. 더 나아가서, 구술자와 대필자가 완성된 기록물에 각각 어느 정도의 공헌을 했는가 하는 것은 판단하기 어렵다. 내용은 구술자의 것이고, 문학적 표현은 대필자에게 의존했을 것이라는 개략적 추측 이외에는 더 추구할 방법이 없다.

친필과 대필

다른 서간에서는, 바울이 친필로 쓰는 것은 바울의 편지를 가려내는 방법[표시(標示), 표지(標識), 서명(署名), 구별하는 표]임을 말하기도 한다. "이제 나 바울은 친필로 여러분에게 문안인사를 드립니다. 이 같은 친필은, 내가 쓴 모든 편지의 **표식**이므로 내가 이렇게 손수 마지막 인사말을 나의 친필로 쓰는 바입니다"(스토리텔링성경 신약 제7권, 살후 3:17). 번역에 따라서는 '표적(表蹟)'(개역), '표시(標示)'(개정), '서명(署名)하는 표(表)'['the way I sign' TEV](새번역), '표(表)'["the token" ASV](공역), '표지(標識)'['the distinguishing mark' NIV](천주교) 등으로 번역하기도 한다.

발신자가 복수로 되어 있는 편지들

발신자가 복수로 되어 있는 편지들은 어떻게 이해해야 하는가? 고린도전서, 고린도후서, 빌립보서, 골로새서, 데살로니가전서, 데살로니가후서, 빌레몬서 등에 발신인으로 언급된 이름들, 곧 바울과의 공동 발신인들은 혹시 대필자들이었을까? 공동 발신인이 바울 포함 3인인 경우는 바울 이외의 두 사람 중 하나가, 혹은 바울 이외의 두 사람 다가 대필자 구실을 했다고 볼 수 있을까?

주석들은 신중하다. 아마도, "공동발신인(共同發信人)이 공동저자(共同著者)는 아니"라고 하는 견해(독일성서공회 해설성경, 살전 1:1)가 여러 주석의 견해를 대변한다고 볼 수 있다. 로마서에서 바울이 대필자 더디오를 공동발신인으로 언급하지 않은 것도 이런 문제 해결에 중요한 단서가 된다.

그러나 빌레몬서의 경우, 1-18절은 공동발신자인 디모데가 대필을 하고, 바울이 친필로 쓴다고 말한 19절 이하, 도망쳐 나온 노예 오네시모의 부채를 바울이 대신 갚겠다고 한 지불 보증과 끝인사 부분(19-23절)은 바울이 직접 친필로 쓴 것으로 보는 견해도 있다(취리히성경 해설). 우리의 스토리텔러들은 "그래서 나 바울이 이렇게 친필로 쓰고 있습니다. '내가 그것을 대신 갚아주겠습니다.'"라고 번역한다(스토리텔링성경 신약 제7권, 몬 1:19)